花津学术文丛
主编 ◎ 张德让 张孝荣

新时代商务日语教育体系构建与教材开发

仇文俊 ◎ 著

南京大学出版社

要　旨

　本研究は、中国におけるビジネス日本語教育に関する基礎的研究として、その教育の体系性と実用性に関する問題点を考察し、問題の解決に向けた改善案を提案するものである。本書の構成として、第一章では予備調査を通して問題の所在を見出す。第二章では先行研究の概観に基づき、本研究の課題を設定する。第三章では中国の大学におけるビジネス日本語教育の体系性について検討し、体系的なカリキュラムを提案する。第四章から第八章までは中国のビジネス日本語教科書の実用性について考察を行う。第九章では総合的に考察し、今後の課題について述べる。

　予備調査を通して、近年中国におけるビジネス日本語教育は急速に発展しているにもかかわらず、カリキュラムの体系性や教科書の実用性にまだ解決するべき課題が多いことが明らかになった。これまでの研究には、教育機関の現状と学習者のニーズ、また企業のニーズの三つの要素から総合的にビジネス日本語教育を検討するものがない。そこで本研究では、この三つの要素から中国の大学におけるビジネス日本語教育の目的は何か、その目的を達成するためにどのような内容が必要なのかを考察した上で、カリキュラムの体系性について検討した。また、実用性を持つ教科書とはどのような教科書なのかという課題を設定し、ビジネス日本語教育の重要な内容である待遇表現を分析考察対象とし、教科書や実際のビジネス場面における自然会話を分析し、教科書の実用性について検討した。

まず、ビジネス日本語教育の「学習者のキャリア形成を促進する」という目的から、中国の大学の教育現状と学習者のニーズに合わせた体系的なカリキュラムを再整理した。既存のビジネス日本語に関する言語教育や文化教育を含めた「キャリア教育」の枠組みをもとに、中国の大学におけるビジネス日本語教育に関する科目を「ビジネス日本語」「ビジネス事情」「ビジネス総合演習」という三つの科目に分け、それぞれ大学三年と四年に実施することを提案した。具体的には、大学三年で「ビジネス日本語」と「ビジネス事情」を開設する。「ビジネス日本語」では、ビジネス日本語知識を主な教育内容とし、学習者の基礎的日本語力や待遇表現の運用能力、専門用語の運用能力を高める。「ビジネス事情」では、ビジネス文化知識や専門知識を主な教育内容とし、学習者の異文化理解能力などを高める。そして、大学四年で「ビジネス総合演習」を開設し、言語運用、社会理解、課題対応などの総合的な能力を高めるものとする。

次に、待遇表現の観点から中国で使用されているビジネス日本語教科書の実用性について考察を行った。本研究では、待遇表現の産出には、「場面認識」「態度・きもち決定」「意図表出」「内容・形式選択」というプロセスがあり、各プロセスには社会的・文化的規範が働いていると捉える。こうした観点から、実用性を持つ教科書は、「充実した情報記述」「実際的な場面設定」「自然な会話文」「多様な練習方法」という4点に配慮する必要があると考えられる。これに基づいて、「情報記述」「場面設定」「会話文」「練習問題」の四つの面から中国で使用されているビジネス日本語教科書の実用性について検証した。さらにこの四つの観点の有効性を検証するために、中国の日系企業で働いている中国人従業員を対象に調査を行い、ビジネス現場における自然会話に対する分析を行った。それによって、中国で使用されている教科書には、「待遇表現に関する情報の記述が少ない」、「場面設定が実際のビジネス場面に合っていない」、「会話文には不自然な表現が多い」、「練習の量が少なく、練習方法が単一である」という予備調査の結果を補強する結果が得られた。

▶ ▶ ▶ ▶ 要　旨

　以上の考察をもとに、本研究はビジネス日本語教育の重要な内容の一つである「待遇表現」教育の体系的な実施及び実用性のある教科書の開発について提案した。
　本研究では、中国の大学の教育現状や学習者のニーズに合わせ、それらの内容を学年別、科目別に体系化し、また教育の実施案および教科書の開発案を提示した。このような提案を実施に移すことで、中国の大学における日本語専攻学習者が社会的・職業的自立に必要な能力と態度を育てていき、キャリア形成を目指すことを期待することができる。

目　次

第一章　序章……………………………………………………………… 1
　1.1　研究の背景 ……………………………………………………… 1
　1.2　研究の目的 ……………………………………………………… 19
　1.3　用語定義 ………………………………………………………… 20
　1.4　研究の方法 ……………………………………………………… 22
　1.5　研究の意義 ……………………………………………………… 23

第二章　ビジネス日本語教育に関する先行研究及び本研究の
　　　　課題 ……………………………………………………………… 25
　2.1　先行研究の分類 ………………………………………………… 25
　2.2　先行研究の概観 ………………………………………………… 28
　2.3　先行研究の問題点 ……………………………………………… 59
　2.4　本研究の課題 …………………………………………………… 61
　2.5　本書の構成 ……………………………………………………… 63

第三章　キャリア教育の視点から考える中国の大学における
　　　　ビジネス日本語教育 ………………………………………… 67
　3.1　中国の大学におけるビジネス日本語教育を検討す
　　　　るための視点 ………………………………………………… 68

3.2 キャリア教育の視点から考える中国の大学におけるビジネス日本語教育の目的 …………………… 74
3.3 中国の大学におけるビジネス日本語教育の体系化 …… 81
3.4 本章のまとめ ……………………………………………… 88

第四章 「待遇表現」から見た日本語教科書の「実用性」………… 89
4.1 「待遇表現」について ……………………………………… 90
4.2 第二言語習得理論から考える「待遇表現」の習得 …… 110
4.3 「実用性」を持つ日本語教科書のあり方 ……………… 114
4.4 本研究の分析対象となるビジネス日本語教科書 …… 119
4.5 本章のまとめ …………………………………………… 125

第五章 「情報記述」から見た中国のビジネス日本語教科書の「実用性」………………………………………………… 127
5.1 「待遇表現」から考える「情報記述」………………… 127
5.2 本章の分析項目 ………………………………………… 130
5.3 分析結果 ………………………………………………… 131
5.4 考　察 …………………………………………………… 144
5.5 本章のまとめ …………………………………………… 146

第六章 「場面設定」から見た中国のビジネス日本語教科書の「実用性」………………………………………………… 147
6.1 日本語教科書における「場面設定」…………………… 147
6.2 本章の考察項目 ………………………………………… 154
6.3 中国のビジネス日本語教科書における「場面設定」の実態 ……………………………………………………… 155
6.4 中国のビジネス日本語教科書における「場面設定」の実用性 …………………………………………………… 168

6.5　本章のまとめ …………………………………………… 178

第七章　会話の「自然さ」から見た中国のビジネス日本語教科書の実用性 …………………………………………………… 179
　　7.1　「待遇表現」から考える会話の「自然さ」 …………… 180
　　7.2　本章の考察対象 ………………………………………… 184
　　7.3　中国のビジネス日本語教科書の会話文における
　　　　「待遇表現」の使用実態 ………………………………… 185
　　7.4　中国のビジネス日本語教科書の会話文における
　　　　「待遇表現」の「自然さ」 ……………………………… 193
　　7.5　ビジネス会議場面の自然会話における「待遇表現」
　　　　の使用実態 ……………………………………………… 203
　　7.6　本章のまとめ …………………………………………… 209

第八章　「練習設定」から見た中国のビジネス日本語教科書の実用性 ………………………………………………………… 211
　　8.1　「待遇表現」の習得から考える「練習設定」 ………… 211
　　8.2　本章の分析項目 ………………………………………… 215
　　8.3　中国のビジネス日本語教科書における「練習設定」
　　　　の実態 …………………………………………………… 216
　　8.4　考察 ……………………………………………………… 224
　　8.5　本章のまとめ …………………………………………… 225

第九章　終章 ………………………………………………………… 227
　　9.1　本研究のまとめと総合的考察 ………………………… 227
　　9.2　中国の大学のビジネス日本語教育における待遇
　　　　表現教育への提言 ……………………………………… 231
　　9.3　今後の課題 ……………………………………………… 235

参考文献……………………………………………………………… 237

付　録……………………………………………………………… 253
　〈付録一〉　中国の大学におけるビジネス日本語教育の現状
　　　　　　に関する予備調査(教師インタビュー原文の
　　　　　　日訳文) ……………………………………………… 253
　〈付録二〉　中国の大学におけるビジネス日本語教育の
　　　　　　現状に関する予備調査(学習者用アンケート
　　　　　　用紙・日本語版) ……………………………………… 261
　〈付録三〉　中国のビジネス日本語教科書における「場面
　　　　　　設定」の実用性に関する調査票 ………………… 263
　〈付録四〉　中国のビジネス日本語教科書における「場面
　　　　　　設定」の実用性に関する調査の結果(第一部分
　　　　　　自由記述の原文の日訳文) ……………………… 270
　〈付録五〉　中国のビジネス日本語教科書の会議場面の
　　　　　　会話文における「待遇表現」の使用分析表……… 275
　〈付録六〉　中国のビジネス日本語教科書の会議場面にお
　　　　　　ける会話文の「自然さ」に関する調査票………… 289
　〈付録七〉　ビジネス会議場面の自然会話における「待遇
　　　　　　表現」の使用分析表 …………………………… 306

第一章　序　章

　日中経済関係の急速な緊密化に伴い、中国におけるビジネス日本語教育も急速に拡大している。しかし、中国におけるビジネス日本語教育に関する研究はまだ少なく、何を教えるのか、どのように教えるのかなど、基本的なことについて明らかでない点が多い。
　本研究は、中国の大学におけるビジネス日本語教育に関する基礎的研究として、教育の体系性と実用性に注目し、現在中国の大学におけるビジネス日本語教育は体系性と実用性の面ではどのような問題点があるのかについて、大学の教育現状や企業におけるビジネス日本語の使用実態などに関する調査、及び中国で使用されているビジネス日本語教科書に対する分析を通して、具体的に考察する。また、明らかになった問題点を改善するために、カリキュラムの体系性や教科書の実用性の面から改善案を提案する。

1.1　研究の背景

1.1.1　日中経済関係の緊密化に伴う中国におけるビジネス日本語教育の発展

　1980年代、中国の改革開放政策が実施されて以来、中国の経済は

急速に発展し、世界的な注目を集めてきた。2010年、中国のGDP[①]は日本を超え世界第二位になり、中国は世界第二の経済大国となった。このような中国の経済発展に伴い、日本企業の中国への進出が急速に増加した。

日本の外務省が在外公館などを通じて実施した「海外進出日系企業実態調査[②]」の結果によると、2014年10月1日時点で海外に進出している日系企業の総数（拠点数）は、6万8,573拠点で、前年より4,796拠点（約7.5％）の増加となり、過去最多を更新した。国別では中国3万2,667拠点（約48％）、米国7,816拠点（約11％）、インド3,880拠点（約5.7％）、インドネシア1,766拠点（約2.6％）、ドイツ1,684拠点（約2.5％）、タイ1,641拠点（約2.4％）の順となっている。また、日本貿易振興機構（ジェトロ）が行った「2015年度アジア・オセアニア進出日系企業実態調査[③]」によると、在中日系企業の今後1～2年の事業展開の方向性について、「拡大」と回答した企業の割合は38.1％、「現状維持」が51.3％、「縮小」が8.8％、「第3国・地域へ移転・撤退」は1.7％となっている。これらの調査結果は日中経済関係が将来的に更に緊密化するという方向性を示している。

中国における日系企業の発展を背景に、日本語ができる人材に対するニーズは飛躍に増大し、中国における日本語教育も飛躍的に拡大している。このような中国における日本語教育の発展は、日本語教育機関数と日本語学習者数の増加に如実に示されている。

国際交流基金が2012年に行った「海外日本語教育機関調査[④]」の結

[①] http://www.stats.gov.cn/tjsj/ndsj/2012/indexch.htm〈中華人民共和国国家統計局編　中国統計年鑑2012、2016年1月4日アクセス〉
[②] http://www.mofa.go.jp/mofaj/press/release/press4_002235.html〈外務省海外在留邦人数・進出日系企業数の調査結果、2016年1月4日アクセス〉
[③] https://www.jetro.go.jp/ext_images/_Reports/01/4be53510035c0688/20150115.pdf〈ジェトロ2015年度 アジア・オセアニア進出日系企業実態調査、2016年1月4日アクセス〉
[④] https://www.jpf.go.jp/j/project/japanese/survey/area/country/2014/china.html〈国際交流基金日本語教育国・地域別情報、20160104アクセス〉

果によると、中国では、1990年代から、各教育段階でのシラバス整備が進められた結果、それに準拠した教科書が次々に出版され、日本語は英語に次ぐ第二の外国語の地位を確立した。中国の日本語教育機関数は1998年の1,098機関から2012年の1,800機関に増加した（図1参照）。

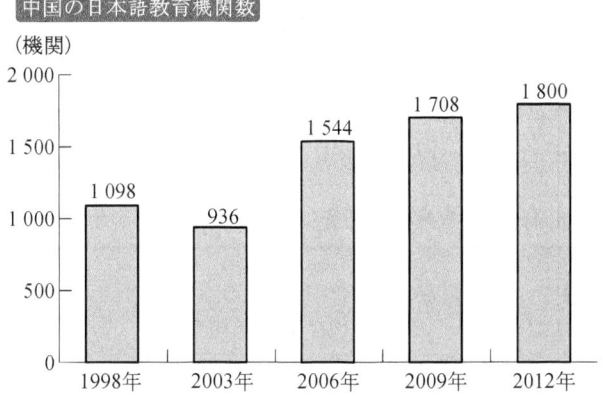

図1　中国の日本語教育機関数の変化（出所：国際交流基金ホームページ）①

　日本語学習者数も大幅に増加し、2012年には100万人を突破した。中国は世界で学習者数が最も多い国となっている（表1参照）。その中でも、大学教育を中心とする高等教育段階の学習者数が最も多く、全体の64.9％を占めている（図2参照）。これは中国の日本語教育の特徴の一つとして挙げられる。図2で示しているように、2012年度の学習者数は2009年度より約22万人増加している、そのうち、高等教育段階の学習者が約12万人（全体の56％）を占め、最も高い増加率を示している。つまり、中国での日本語学習者数の増加を押し上げた大きな要因は、大学で日本語を学ぶ学習者が増えたためである。
　国際交流基金の同調査では、学習者の学習目的についても調査を

---

① http://www.wochikochi.jp/special/2013/12/china-japanese-learning.php〈雑誌『をちこち』特別寄稿「世界第一位の日本語学習大国となった中国〜日中の未来をつむぐ日本語」、20160104アクセス〉

行っている。その結果によると、中国の日本語学習者の学習目的の特徴として、一つ目に日系企業等への就職、日本留学、受験、日本語でのコミュニケーション、現在の仕事で必要など、実利・実用を目的にあげる学習者が多い。二つ目には、日本のアニメ・マンガ・ファッションなどポップカルチャーへの関心が高いが、これは他の諸外国と同様である。その他に、言語としての日本語、歴史・文学、政治・経済・社会、科学技術への関心などが学習目的としてあげられている。その中でも、高等教育段階の学習者は、日系企業への就職など日本に関連した仕事に就くことを将来的な視野に入れて、日本語を専攻分野として選択する学生が多いことが示された。

表1　海外の日本語教育機関調査（出所：国際交流基金ホームページ）[1]

2012年順位	2009年順位	国・〈地域〉	学習者（人）			機関（機関）		
			2012年	2009年	増減率（％）	2012年	2009年	増減率（％）
1	2	中国	1,046,490	827,171	26.5	1,800	1,708	7.3
2	3	インドネシア	872,411	716,353	21.8	2,346	1,988	18.0
3	1	韓国	840,187	964,014	12.8	3,914	3,799	3.0
4	4	オーストラリア	296,672	275,710	7.6	1,401	1,245	12.5
5	5	〈台湾〉	233,417	247,641	5.7	774	927	16.5
6	6	米国	155,939	141,244	10.4	1,449	1,206	20.1
7	7	タイ	129,616	78,802	64.5	465	377	23.3
8	8	ベトナム	46,762	44,272	5.6	180	176	2.3
9	11	マレーシア	33,077	22,856	44.7	196	124	58.1
10	12	フィリピン	32,418	22,362	45.0	177	156	13.5

　要するに、日系企業の発展、日系企業の日本語人材に対するニーズ、そして、学習者の日系企業への就職という学習目的、これらの要因を背景に、中国のビジネス日本語教育が急速に発展し、多くの大学

---

[1] https://www.jpf.go.jp/j/project/japanese/survey/area/country/2014/china.html〈国際交流基金日本語教育国・地域別情報、20160104アクセス〉

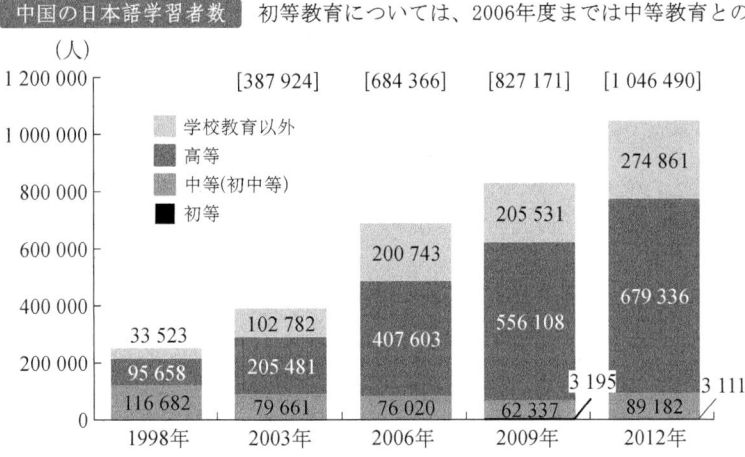

図2　中国の日本語学習者数の変化（出所：国際交流基金ホームページ）[1]

では「ビジネス日本語」に関する授業を開設している。中国の学術雑誌『日語学習与研究』が2011年に実施した調査[2]によると、日本語専攻を開設している大学は中国全国で671校あり、そのうち、「ビジネス日本語」という授業を開設している大学は235校で、日本語専攻を開設している大学の35％を占めている。

　以上のように、日中経済関係が発展、緊密化、中国における高度日本語人材に対するニーズが増大したため、中国での日本語教育も拡大発展し、ビジネス日本語教育はその一部分として重要視されるようになってきたのである。しかし、中国におけるビジネス日本語教育に関する研究は量的にも質的にもまだ不十分である。ビジネス日本語とは何か、ビジネス日本語教育において何を教えるべきか、どのように教えるべきか、中国のビジネス日本語教育の現状はどうなっ

---

[1]　http://www.wochikochi.jp/special/2013/12/china-japanese-learning.php〈雑誌『をちこち』特別寄稿「世界第一位の日本語学習大国となった中国〜日中の未来をつむぐ日本語」、20160104アクセス〉
[2]　李愛文（2011）に基づく。

ているのか、どのような問題点があるのか、などの基本的なことについて、不明な点が非常に多い。そこで、本研究ではまず、中国の大学におけるビジネス日本語教育の現状と問題点を明らかにするために、予備調査を行った。その詳細については次節で述べる。

1.1.2 中国の大学におけるビジネス日本語教育の現状に関する予備調査

2010年8月から10月にかけて、筆者は中国の4直轄市(北京、上海、天津、重慶)および4都市(広州、成都、武漢、南昌)にある国家重点大学8校を訪問し、教師8名、学生256名を対象として、中国の大学におけるビジネス日本語教育の現状と問題点について調査を行った。調査の詳細は次のとおりである。

1.1.2.1 予備調査の概要

1) 調査の目的

現在の中国の大学におけるビジネス日本語教育の目的、内容、カリキュラムなどについて明らかにし、その問題点を見出すことを予備調査の目的とする。

2) 調査の方法

調査は教師と学生に分けて行った。

まず、各大学を訪問し、教師に対して20分程度のインタビューを行い、内容を録音した。録音した内容を文字化してポイントをまとめた。インタビューの使用言語は中国語であるが、文字化した内容は日本語に翻訳した(付録一参照)。

また、学生に対する調査はアンケート調査である。事前にアンケート用紙(付録二[①]参照)を用意し、各大学の日本語学部の学生に配布し、回答後に回収した。調査の内容を充分に理解してもらうために、アンケート用紙は中国語で作成した。

---

① 予備調査の際、被調査者が調査の内容を充分に理解できるように、中国語版のアンケート用紙を使用した。付録二は日本語に翻訳したものである。

3) 調査の内容

調査の内容は以下のとおりである。

教師に対するインタビューは、① 中国の大学の日本語教育におけるビジネス日本語教育の位置づけ、② ビジネス日本語教育の目的、③ ビジネス日本語教育の内容、④ ビジネス日本語教育上の困難点、の四つの内容とした。

学生に対するアンケートは、① 学生のビジネス日本語へのニーズ、② 学生のビジネス日本語教育に関するフィードバックの二つの内容とした。

1.1.2.2　予備調査の結果

1) 教師に対するインタビュー

教師に対するインタビューのデータを文字化し、その内容を以下のように、教育の位置づけ、目的、内容、困難点の四つの面からまとめた。

① 教育の位置づけについて

教師に対するインタビューからわかるように、中国におけるビジネス日本語教育は基礎日本語教育の進化であるという位置づけもあるし、就職支援の一環であるという位置づけもある。しかし、前者の比重がより多い。つまり、就職支援のための独立した教育科目というよりも、全体の日本語教育に総括され、基礎日本語教育の専門化としての日本語教育科目という位置づけが多く認められている。

▼ 基礎日本語教育の専門化

インタビューの結果から、中国の大学における日本語教育は概ね基礎日本語教育と専門日本語教育の二つの段階に分けて行われていることが明らかとなった。基礎日本語教育は日本語の発音や文法から日常的な日本語総合運用までの教育であり、専門日本語教育は学生の将来の進路を考慮した専門的な日本語教育である。基礎日本語教育から専門日本語教育へ転換する時期は大学によってそれぞれ異なるが、大学1年と2年で基礎日本語教育を行い、大学3年或いは4

年から専門日本語教育を行うのが殆どである。専門日本語教育の内容は様々あり、大学院に進学するための日本文学教育や企業就職のためのビジネス日本語教育もある。大学3年或いは4年からの専門日本語教育について、教師Bは大学1年と2年に学んだ基礎的な日本語を学生の専攻と結び付け、学生の専門領域における日本語運用能力を高めることが専門日本語教育の目的であると明確に述べている。教師Dは教師Bに近い意見で、基礎的な教育で身に付けたものを専門と結び付け、職場での実践力を高めることがビジネス日本語教育の目的であると述べている。

　各教師の意見を総合的にみると、中国の大学におけるビジネス日本語教育は日本語教育に含まれ、基礎的な日本語教育の専門化と見なされていることが分かった。この位置づけによれば、中国の大学におけるビジネス日本語教育は日本語の枠内での教育にとどまるものと思われる。

▼ 就職支援の一環としての教育

　中国の大学におけるビジネス日本語教育は基礎日本語教育の専門化として位置づけられることが多いが、日本語教育とは切り離し、就職支援の一環として位置づけられることもあることがインタビューからわかった。教師Fの話によると、現在の中国の日系企業では、入社後の研修が少なく、新入社員に即戦力が要求される。そのため、各大学は自分の大学の就職率を上げるために、様々な対策を採っている。例えば、教師Fが勤務する大学では、日本語教育の他に、「経済学」の科目を開設し、日本語専攻の学生に経済や貿易に関する専門的知識を学習させている。授業では日本語を使用するため、日本語で経済や貿易の知識を学び理解することになる。このような教育は日本語の運用力を育成するための教育ではなく、就職のための教育であると言える。

② 教育の目的について

　中国の大学におけるビジネス日本語教育は、位置づけによっていくつかの目的が設定されている。インタビューの結果から、各教師

が以下の三つの目的を持ち、教育を行っていることが分かった。
▼ 学生に自信をつけさせること
　学生の自信をつけさせる必要があると考えられている背景には、現在の日本語専攻の学生は自分の日本語能力にあまり自信がないことがある。教師Aが述べているように、現在の学生は、大学で学んだ日本語を職場でどれほど使えるのかが分からないため、就職に対してあまり自信を持っていない。ビジネス日本語教育を受けることによって、実際に職場で使用する日本語を学び、自信をつけることが望まれている。教師Fも学生に自信を持たせることをビジネス日本語教育の目的の一つとして挙げている。
▼ ビジネス場面における日本語運用能力を高めること
　ビジネス場面での日本語運用能力を高めることがビジネス日本語教育の最も重要な目的として、殆どの教師が強調している。教師Aは「ビジネス日本語に関する授業を受けることを通して、学生のビジネス場面における日本語の運用能力を高めるのがビジネス日本語教育の一番大きな目的」であると明確に述べている。教師B、D、E、Gも同じように、ビジネス場面における日本語運用能力を高めることをビジネス日本語教育の重要な目的と見なしている。
▼ 日本のビジネス文化に対する理解力を高めること
　ビジネス場面における日本語の運用能力を高める他に、日本のビジネス文化に対する理解力を高めることがビジネス日本語教育のもう一つの目的であることがインタビューの結果からわかった。教師Bが述べているように、言語の学習や職場の行動において、その背景になる文化を理解しなければならないため、学生のビジネス文化などに対する理解力を育成することも中国の大学におけるビジネス日本語教育の重要な目的の一つと言える。
③ 教育内容と方法について
　インタビューの結果から、中国の大学におけるビジネス日本語のカリキュラムや授業内容を表2にまとめた。

表2　中国の大学におけるビジネス日本語教育
のカリキュラム設置と授業内容

被調査者		カリキュラム		授業内容	授業方法
大学	教師	科目名称	コマ数		
Ⅰ	A	ビジネス日本語	4年、週1コマ	専門用語、会話練習	教師解説、ロールプレイ
		ビジネス概論	4年、週1コマ	専門知識、文化情報	新聞記事講読
Ⅱ	B	ビジネス日本語会話	3年、週1コマ	専門用語、会話練習文化情報	暗記、ロールプレイ
		ビジネス文書	4年、週1コマ	ビジネス文書	暗記、教師解説
Ⅲ	C	開設していない	×	×	×
Ⅳ	D	ビジネス日本語会話	4年、週2コマ	専門用語、敬語、会話練習、文化情報	暗記、ロールプレイ
Ⅴ	E	ビジネス日本語	3年、週1コマ	専門用語、敬語、会話練習	リストアップ、暗記、ロールプレイ
Ⅵ	F	経済学	4年、週1コマ	専門知識	教師解説
Ⅶ	G	ビジネス日本語会話	3年、週1コマ	敬語、会話練習	暗記、実践練習
Ⅷ	H	ビジネス文書	3年、週1コマ	専門用語、文書、文化情報	暗記、文例観察

　表2が示しているように、各大学のカリキュラムはそれぞれ異なっているが、現在中国の大学におけるビジネス日本語教育には、主に「ビジネス場面における日本語の運用」「日本のビジネス文化」「ビジネス専門知識」の三つの内容が含まれている。そのうち、「ビジネス場面における日本語の運用」の教育が圧倒的に多い。

▼「ビジネス場面における日本語の運用」に関する教育内容

　「ビジネス場面における日本語の運用」に関する教育内容には、「ビジネス専門用語」「ビジネス場面における会話練習」「敬語」「ビジネス文書」の四つの内容が含まれている。8校のうち、「ビジネス専門用語」を教育内容に含む大学は5校、「ビジネス場面における会話練習」を行っているのは5校、「敬語」の教育を行っているのは3校、「ビジネ

ス文書」を教えているのは2校ある。
▼「日本のビジネス文化」に関する教育内容
　教師に対するインタビューでは、ビジネス文化に関する教育が、ビジネス日本語教育において重要な項目の一つとして挙げられている。しかし、各大学のカリキュラムでは、ビジネス文化を主な授業内容とする科目はあまり設置されていない。「ビジネス日本語会話」や「ビジネス文書」などの授業を通して、ビジネス文化に関する情報を学生に伝えるのは殆どである。例えば、教師Aによると、大学Iでは、「ビジネス概論」という授業で、ビジネス文化に関する教育を行っている。大学IIでは、「ビジネス日本語会話」という授業で、会話練習を行いながら、その会話に関連する文化情報を学習者に伝えることが教師Bに対するインタビューからわかった。他大学でもほとんど同じ状況である。
▼「ビジネス専門知識」に関する教育内容
　「ビジネス専門知識」に関する教育を行っている大学もあまり多くない。独立な科目を設置しているのは、「経済学」の授業科目を設置している大学VI一校のみである。その授業を担当する教師Fは、基礎的な経済理論や貿易に関する知識を主な内容としている。大学Iでは、「ビジネス専門知識」を教えるための独立した授業科目を設置していないが、「ビジネス概論」という授業を設置しており、ビジネス専門知識とビジネス文化知識に関する教育を行っている。
▼　各教育科目の授業方法
　教育科目によって、それぞれの授業の方法が異なっている。インタビューの結果では、ビジネス日本語会話を主要な教育内容とする授業では、用語の暗記や教師の一方的な説明、またロールプレイという方法が多く採用されている。ビジネス文書とビジネス専門知識に関する授業では、暗記や教師の一方的な説明が多い。
④　教育上の困難点
　インタビューの結果では、ビジネス日本語に関する科目を担当している各大学の教師が考える教育上の困難点として、「教科書が使いにくい」「教師がビジネス経験を持っていない」が挙げられた。

▼ 教科書が使いにくい

　「教科書が使いにくい」ことが多くの教師に指摘されたが、具体的には、「教科書の内容が古く、時代遅れである」「教科書には、解説と練習が少ない」「教科書の内容が体系性に欠けている」の3点が指摘されている。「教科書の内容が古く、時代遅れである」ことについて、教師Aは、「私は企業で働いた経験があるが、教科書の内容には実際に使わないものが多いと実感した」と指摘している。教師Bは、「ビジネス文書」という授業で使用されている教科書に対して、「最も感じたのは教科書の内容が古いため、学生が興味をあまり持っていない」と指摘している。また、「教科書には、解説と練習が少ない」ことについて、教師Dは、「練習が極めて少ない。教師が自分で練習問題を考えるのは非常に大変である」と述べている。教師Eも同様のことを指摘している。「教科書が体系性に欠けている」ことについて、教師Eは、「今の教科書はモデル会話を羅列するだけで、学習項目が体系的に整理されていないため、教師が事前に学習項目を整理しなければならない」と述べている。

▼ 教師がビジネス経験を持っていないこと。

　教師B、D、G、Hが指摘しているように、現在のところ、中国の大学で日本語を教える教師には、企業で働いた経験を持っている人があまり多くない。ビジネス日本語において何を教えるべきかが分からず、教科書に頼らざるを得ないことが多い。例えば、教師Bは、「私は企業で働いた経験がないため、教科書に沿って授業を行うことが多い」と述べている。教師Gは、「私はビジネスの経験を持っていないため、ビジネス場面で実際にどのように敬語を使用しているのか、どのような敬語を使用しているのか、についてあまり詳しくない。実際にビジネス経験を持つ編集者が編集した実用性の高い教科書があれば良いと思う」と述べ、実用性の高い教科書に対する要望を表している。

2）学生に対するアンケート調査[①]

[①] アンケート調査の内容については付録二を参照。

被調査者は全員で256名である。その中で、ビジネス日本語に関する授業を受講している学生は204名であり、受講していない学生が52名である。被調査者の全員に対し、ビジネス日本語へのニーズに関する質問を行い、回答を得た。また、ビジネス日本語に関する授業を履修している204名の被調査者に対し、ビジネス日本語の授業に関するフィードバックについての質問を行い、回答を得た。

① ビジネス日本語へのニーズ

ビジネス日本語へのニーズに関する質問は二つある。

一つは「ビジネス日本語の授業で一番教えてほしい内容は何ですか」で、選択肢は「A:ビジネス場面での会話の仕方、B:ビジネスに関する専門用語、C:ビジネス書類の書き方、D:ビジネスの習慣とマナー、E:その他」のように設定された。

もう一つは「ビジネス日本語の授業を受けることによって、一番伸ばしたい能力はどのような能力ですか」で、選択肢は「A:ビジネス場面で適切に会話する能力、B:語彙や文型を正しく使う能力、C:日本人のビジネス習慣を理解し、正しく行動する能力、D:その他」のように設定された。

結果を表3、4にまとめた。

表3からわかるように、学生がビジネス日本語授業で最も教えてほしい内容は、「ビジネス場面での会話の仕方」である。その次は「ビジネスの習慣とマナー」である。「ビジネス書類の書き方」と「ビジネスに関する専門用語」に対するニーズは少ない。

表3　ビジネス日本語に関する授業で習いたいもの

	項　目	比　率
習いたいもの	A:ビジネス場面での会話の仕方	52%
	B:ビジネスに関する専門用語	9%
	C:ビジネス書類の書き方	6%
	D:ビジネスの習慣とマナー	31%
	E:その他	2%

表4から明らかになったのは、ビジネス日本語授業を通して学生が最も伸ばしたい能力は、「ビジネス場面で適切に会話する能力」である。その次は「日本人のビジネス習慣を理解し、正しく行動する能力」である。「正しく語彙や文型を使う能力」を伸ばすことを望んでいる学生もいるが、その回答数は上位二つの項目に比べ少ない。

表4　ビジネス日本語に関する授業を通して、伸ばしたい能力

	項　目	比　率
伸ばしたい能力	A:ビジネス場面で適切に会話する能力	47%
	B:正しく語彙や文型を使う能力	10%
	C:日本人のビジネス習慣を理解し、正しく行動する能力	35%
	D:その他	8%

② 現在のビジネス日本語教育に対する満足度

まず、ビジネス日本語に関する授業を履修したことがある学生に対して、現在のビジネス日本語教育に対する満足度を調査した。その結果は表5のとおりである。

表5　ビジネス日本語教育に対する満足度

	項　目	比　率
ビジネス日本語教育に対する満足度	A:非常に満足している	8%
	B:やや満足している	26%
	C:あまり満足していない	56%
	D:全然満足していない	10%

表5では、現在のビジネス日本語授業にあまり満足していない学生と全然満足していない学生は合わせて66％を占めることが示されている。換言すれば、現在のビジネス日本語教育の効果はあまり学生に認められていないということが分かる。

満足度に関する質問の後、「なぜ満足していないか」ということについて、被調査者に自由記述の形で回答してもらった。被調査者が

回答したものからキーワードを抽出し分類を行い、その結果を表6にまとめた。

表6　ビジネス日本語教育に対して満足していない点

分類	項　　目	記述数(比率)
教育内容	語彙や文型の学習が多い、会話練習が少ない。	156(76.5％)
	ビジネス文書の学習が多い、会話能力を伸ばすことができない	61(29.9％)
	新聞記事の講読はあるが、文化知識と言語知識の関連性に関する説明が少ない。	43(21.1％)
	断片的な知識の学習が多い、体系性に欠けている。	128(62.7％)
教科書	内容が古く、時代感がない。	144(70.6％)
	モデル会話には実際に使えないものが多いと感じる。	87(42.6％)
	場面設定の種類が少ない。	52(25.5％)
	様々な場面や人間関係を考慮した会話練習が少ない。	67(32.8％)
教育方法	教師による一方的な説明が多い、実践練習が少ない。	123(60.3％)
授業の時間	授業の時間数が少ない、授業外での自主的な学習が必要である。	31(15.2％)

　表6に示されたように、中国の大学における日本語専攻学生がビジネス日本語教育に対して満足していない点は教育内容、教科書、教育方法、授業の時間の四つの領域にある。教育内容においては、最も満足していないこととして、「会話練習が少ない」ことと「体系性に欠けている」ことが挙げられる。前者は156名の被調査者に指摘され、204名の被調査者総数の76.5％を占めており、後者は128名の被調査者に指摘されている。教科書については、「内容が古い、時代遅れである」ことが多く指摘されている。また、教育方法について、「教師による一方的な説明が多い」ことが被調査者の60.3％から指摘されている。

1.1.2.3　予備調査から得た示唆

　予備調査の結果から、現在の中国の大学におけるビジネス日本語教育の問題点について、「教育目的と教育内容が全面的ではない」「教

育内容と学生のニーズに齟齬がある」「カリキュラムが体系性に欠けている」「教科書が体系性や実用性に欠けている」「教師の資質が不足している」ことが挙げられる。

　予備調査から明らかになった一つ目のことは、現在の中国の大学におけるビジネス日本語教育の目的と内容が網羅的ではないことである。ビジネス日本語教育では、その教育を通して、学生のどのような能力を育成するのか、学生が大学を卒業し、社会に出るには、どのような技能を身に付けなければならないのかを考え、より包括的な教育目的を設定し、また、それらの目的に基づいて、豊富な教育内容を設定する必要がある。しかし、予備調査の結果を見ると、中国の大学におけるビジネス日本語教育は、学生のビジネス場面における日本語運用能力とビジネス習慣文化に対する理解能力を育成することを主な教育目的として設定し、ビジネス場面の日本語や日本文化に関する知識を主な教育内容としている。ビジネス日本語教育においては、日本語や日本文化は重要な項目の一つであるが、学生の様々な能力を育成するために、企業や学生のニーズに関する十分な調査に基づいて、さらに広い視点からビジネス日本語教育の目的を検討する必要があるのではないかと考える。

　二つ目は実際の教育内容と学生のニーズの間には大きな齟齬があることである。学生のフィードバックから、中国の大学におけるビジネス日本語教育は、「語彙や文型の学習が多く、会話練習が少ない」「ビジネス文書の学習が多く、会話能力を伸ばすことができない」ため、学生の「ビジネス場面で適切に会話する能力を伸ばしたい」「ビジネス場面での会話の仕方」というニーズに応えていないことが分かった。

　三つ目はカリキュラムが体系性に欠けていることである。教師に対するインタビューからわかるように、各大学においては、「ビジネス日本語会話」や「ビジネス文書」などの科目の下で、ビジネスに関する専門用語やビジネス会話が教授されている。或いは、「ビジネス概論」や「経済学」などの授業の下で、経済知識やビジネス知識が教授さ

れている。ビジネス日本語について、何を教えるべきかを十分に検討し、体系的なカリキュラムを組む大学はほとんどない。

四つ目は教科書が体系性と実用性に欠けていることである。予備調査から、教科書には学習項目が体系的に整理されていないため、断片的な知識の学習が多く、体系性に欠けていることが分かった。また、教科書の内容が古く、時代遅れであることも多く指摘されている。

五つ目は教師の資質が不足していることである。本研究で言及した教師の資質は日本語を教える資質ではなく、ビジネスの面の資質を指している。予備調査からわかるように、中国の大学において、ビジネスの経験を持っている教師が少ないため、学生に何を教えるべきかについて深く理解しておらず、授業では教科書に頼らざるを得ないことが多い。

これらの問題点は互いに関係性があり、教育目的が全面的ではないため、それをもとに設定した教育内容も豊富ではないし、カリキュラムも体系的に設置することができない。また、教師はビジネス経験がないため、教科書に頼って教育を行うことが多いが、教科書の体系性や実用性に問題があり、教育の効果が上がらず、学習者のニーズを満たすことができない結果を招いているように思われる。

以上は、筆者が行った予備調査からわかったことである。近年、中国ではビジネス日本語に関する研究が次第に蓄積され、筆者が行った予備調査に類する結果を報告する研究もある。例えば、譚（2011）でも、中国のビジネス日本語教育について、「漠然とした開設目的で進めているケースが多い」「ビジネス日本語教科書は実用性が乏しい」「教師がビジネスを知らない」などが指摘されている。李（2011）では、「教科書の開発」「教師の資質アップ」「研究の深化」などの面から提言をしている。ト（2014）では、「ビジネス日本語教科書に関する研究がまだ初級段階である」「日本語専攻学習者向けのビジネス日本語教科書が非常に少ない」「現在のビジネス日本語教科書に対する学習者の満足度が非常に低い」ことが指摘されている。

これらの先行研究からも、「教育目的を再考し明確化すること」「体系的にカリキュラムを設置すること」「各カリキュラムに応じて、体系性や実用性を持つ教科書を開発すること」「教師の資質を向上させること」が、現在中国のビジネス日本語教育の急務となっていることが分かる。

1.2　研究の目的

　前節では、中国の大学におけるビジネス日本語教育の現状と問題点について、「教育目的と教育内容が全面的ではない」「カリキュラムが体系性に欠けている」「教科書が体系性や実用性に欠けている」「教師の資質が不足している」などの問題が指摘された。これらの問題を改善するには、教育目的を再考し、体系性を持つカリキュラムを設置することと、各カリキュラムに対応できる実用性を持つ教科書を開発することが大変重要であると考えられる。そこで、本研究では、「体系性」と「実用性」に焦点を当て、考察を行う。

　まず、中国の大学におけるビジネス日本語教育の目的はどういうものであるべきなのか、その目的を基に、どのような教育が体系性のある教育と言えるのか、どのような教育が実用性のある教育と言えるのかということを明確にする。

　次に、現在中国の大学におけるビジネス日本語教育は具体的にどのような問題点があるのか、その問題点を改善するために、どのような対策を取れば良いのかを検討する。

1.3 用語定義

　本研究では、「ビジネス日本語」「ビジネス日本語教育」「体系性」「実用性」などの用語がキーワードとして頻繁に使用される。しかしながら、研究の立場によって、これらの用語に対する理解が異なり、用法も異なる。従って、「ビジネス日本語」「ビジネス日本語教育」「体系性」「実用性」について、本研究ではどのように用いるのかを明確にするために、それぞれ定義づけを行う。

1.3.1　ビジネス日本語とビジネス日本語教育

　「ビジネス日本語」について、水谷(1994:14)によると、「ビジネス日本語」という表現は、まだ市民権を得た言葉とはなっておらず、使う人によって、意図している内容にはかなりの開きがある。「ビジネス日本語」という言い方がよく使われるようになったのは、外国人に対する日本語教育の中で、外国人ビジネスマンに対する教育機会が増え、教科書のタイトルなどにも使用されるようになってからであり、「ビジネス日本語」は、ビジネスの世界で必要とされる日本語を学習する、教えるという意味が出発点であると考えられる。池田(2001:11)は、「ビジネス日本語」は「商談」の日本語であるという割り切った考え方に対して、「日本人とのビジネスでは、仕事以外の場所でのコミュニケーションが成功への道だという意見もある」ことから、「ビジネス日本語」を「仕事場で行われる職務に関係したコミュニケーションのための日本語」と定義している。

　これらの定義は「ビジネス日本語」を「日本語」という言語の分野に限定しているため、これらの定義に基づくビジネス日本語の教育は「日本語」という言語を教育内容の中心とするように思われる。だが、このような教育では学習者の職務に必要な様々な能力を育成で

きるのかについて疑問が生じる。このため、本研究では、教育の立場から、「ビジネス日本語」に関する教育において、日本語を中心とした教育では不十分であると考え、「ビジネス日本語」を「日本語を含むビジネス職務に必要な知識と能力である」と定義し、「ビジネス日本語教育」を「日本語を含むビジネス職務に必要な様々な知識と能力を育成するための教育」と定義する。

1.3.2 体系性と実用性

本研究における「体系性」はカリキュラムの体系性を指している。どのような教育でも、まず学習者のニーズに合わせ、教育目的を明確に決めることが必須である。また、決めた目的を達成するために、どのような内容が必要なのか、どのような課題があるのかを考える。最後に、教育の目的に基づいて、カリキュラムを設置し、必要な内容を各カリキュラムに盛り込む。カリキュラムに体系性があるかどうかを判断する基準は、そのカリキュラムが教育目的を十分に反映しているのか、各カリキュラムの教育内容は教育目的の達成に有効であるのか、十分であるのか、という点である。この基準に基づき、そのカリキュラムは体系性があると判断できる。

本研究における「実用性」は教科書の内容の実用性を指している。どのような教科書が実用性を持っているのかについての判断基準は二つあり、一つは、その教科書がどれほど学習者のニーズに応じているかという点になる。学習者のニーズに応じる内容として、1) 学習者の学習目的を達成するために必要なもの、2) 学習者の学習や実践中で感じた困難点に対応するものが挙げられる。もう一つは、その教科書がどれほど実際の使用場面において実用的であるのかという点になる。つまり、現実社会において、その教科書の内容がどれほど実際に使えるのかということである。教科書がこの二つの内容を含めているならば、「実用性」があると判断できると考えられる。

1.4　研究の方法

　本研究の考察の焦点はカリキュラムの体系性と教科書の実用性であり、それぞれの焦点に対して、研究の方法が異なってくる。
　まず、カリキュラムの体系性については、文献調査を行う。文献調査に基づき、ビジネス日本語教育において、どのようなカリキュラムが体系性を持っているのかということを明らかにする。その上で、中国のビジネス日本語教育の現状に関する調査を行う。調査の結果に基づいて、中国の大学におけるビジネス日本語教育の体系化について提案する。
　次に、ビジネス日本語教科書の実用性について、中国の日系企業におけるビジネス日本語の使用実態に対する調査やビジネス現場における自然会話に対する分析に基づいて、現在中国で使用されているビジネス日本語教科書の実用性を検証する。
　最後に、体系性と実用性を総合的に考察し提案する。

1.5　研究の意義

　「ビジネス日本語」という用語に対する定義は様々あるが、ビジネス日本語教育において、「何を教えるのか」については定論がない。その理由として、各業種や職種で使用される日本語がそれぞれ異なり、各教育機関が設定したビジネス日本語教育の目的もそれぞれ異なる。また教育の対象者がビジネス日本語教育に対するニーズがそれぞれ異なることが挙げられる。ビジネス日本語教育は何を教えるのかを考える際に、企業のニーズと教育機関の現状、また学習者のニーズの三つの要素を総合的に考慮しなければならない。これまでの研究は、この三つの要素のいずれかに注目し、それぞれ研究成果を提出しているが、三つの要素を総合的に検討するものがない。本研究では、中国の大学におけるビジネス日本語教育に焦点を当て、中国の大学の教育現状や学習者のニーズについて調査を行い、先行研究で明らかになった企業のニーズに合わせ、中国の大学におけるビジネス日本語教育の目的を具体的に再考し、カリキュラムを体系的に整理する。それによって、中国の大学において「何のためにビジネス日本語を教えるのか、何を教えたらいいのか」という問題を解決するための方向性が明確になり、中国の大学におけるビジネス日本語教育の発展と向上に貢献し、中国の大学における日本語学習者のキャリア形成に対する有効な支援となるものと考えられる。

　また、教科書の開発はビジネス日本語教育にとって大変重要なことであり、教科書は教師に「何を教えるのか」「どのように教えるのか」を示すものでもあるし、学習者に「何を習うのか」「どのように習うのか」を示すものでもある。これまでの研究は教科書に関するものが多くない。特に体系的実用的な教科書を開発するための理論的な研究が少ない。本研究は言語習得理論をビジネス日本語教科書の

開発と関連付けるものであり、まず第二言語習得理論をもとに、実用性を持つ日本語教科書のあり方を明確にする。また、ビジネス現場における自然会話を分析する結果に基づき、中国のビジネス日本語教科書を対象とし分析を行う。これらのことによって、教科書の不足点を明らかにし、教科書開発の方向性を明確にすることができると思われる。

第二章　ビジネス日本語教育に関する先行研究及び本研究の課題

　本研究の目的の一つはビジネス日本語において、どのような教育が体系性と実用性があると言えるのかを明らかにすることである。本章では、先行研究において、ビジネス日本語の体系性と実用性についてどのような研究がなされているのかを概観し、本研究の課題を明確にする。

　ビジネス日本語教育に関する研究の歴史は長いとは言えないが、ビジネス日本語教育の発展に伴い、ビジネス日本語教育に関する研究も次第に盛んになり、様々な研究成果が出されている。これらの研究を概観するにあたり、研究の視点や目的の相違を考慮して、いくつかに分類する必要がある。本章では、まず分類基準を決め、その基準に基づいて、これまでの先行研究を分類し、その成果を概観する。

2.1　先行研究の分類

　「ビジネス日本語」または「ビジネス・コミュニケーション」に関する先行研究を分類して概観したものに、李(2002)と近藤(2004)がある。

　李(2002)は、先行研究を、① 企業内コミュニケーション、② 企業外

コミュニケーション、③ セールストークの三つに分けている。さらに、この三つの下位に、言語面であるか或いは文化面であるかによって二つの分類を設けている。

一方、近藤(2004:206)は、李(2002)の分類に対して、「それぞれの研究がいったい何についての研究なのかという研究の性質に関することはわかりにくい」と指摘し、研究の性質によって、新たに先行研究を四種類に分類した。第1は「ビジネス活動の研究」、第2は「ビジネスのやり取りの研究」、第3は「日本語学習に関する研究」、第4は「これまでの提言・助言」である。

近藤(2004)の分類から、確かに研究の性質は明らかになったが、それが「ビジネス日本語教育」とどのような関係があるのかについては明確にされていない。

また、李(2002)と近藤(2004)の研究から、すでに十数年の月日が経ち、その後、新しい研究が出ている。特に、近年中国におけるビジネス日本語教育に関する研究が始まり、中国の教育現状や改善に関して様々な研究成果が提出されている。

従って、本研究では、過去十数年の間に出ている新しい研究も含め、「ビジネス日本語教育」の立場から、それぞれの研究が、「ビジネス日本語教育」において、どのような位置づけであるのかを明確に示し、これまでのビジネス日本語教育に関する研究を次の2種類に分類する。

第1は「ビジネス日本語教育では何を教えるべきかに関する研究」である。また、これらの研究は、更に「ビジネス日本語教育に必要な日本語・日本文化教育」「ビジネス日本語教育内容の拡大」という二つのカテゴリーに分けられる。前者は日本語と日本文化に焦点をあて、ビジネス現場において、どのような日本語や日本文化の学習が必要なのかということを考察し、教育に反映するものである。後者は言語や文化の範疇を超えて、様々な面からビジネス人材に必要な能力を考慮し、これらの能力を養成するためにどのような教育が必要であるのかということを検討するものである。

▶ ▶ ▶ ▶ 第二章　ビジネス日本語教育に関する先行研究及び本研究の課題

　第2は「ビジネス日本語教育ではどのように教えるべきかに関する研究」である。これらの研究には、ビジネス日本語教育において、どのような教育目的を設定したらいいのか、どのようなカリキュラムを設定したらいいのか、どのように教科書を編集するのかなどについて提案するための研究があり、教育の現状、実践、また教材の現状などに関する研究もある。従って、この方面の先行研究は、「教育提案」「教育現状」「教育実践」「教材分析」の四つの下位項目に分類できる。

　本研究では、「ビジネス日本語教育」の立場から先行研究を6種類（下位分類を含む）に分類しているが、すべての研究が必ずしも一つの焦点に絞って書かれたわけではないため、分類する際は、研究の主要な内容によって分類を行う。

　これらの先行研究を分類して、表7にまとめた。

表7　ビジネス日本語教育に関する先行研究の分類

	分　類	先　行　研　究
何を教えるべきか	必要な日本語・日本文化教育	松井(1993)、清(1995、1998a)、池田(1996a)、島田・澁川(1999a、1999b)、石川・池田(2004)、茂住(2004)、原田(2004a)、工藤(2007)、辻(2007)
	内容の拡大	山田(1992)、板井(1999)、宮副ウォン(1999)、海外技術研修協会(2007)、経済産業省産業人財参事官室(2007)、野元(2007)、山本・他(2008)、堀井(2009)、戎谷(2012)、
どのように教えるべきか	教育提案	丸山(1991)、田丸(1994)、西尾(1994、1995)、野元(2004a)、向山・他(2009)、髙見澤(2010)
	教育現状	林・陳(2005)、馮(2007)、池田(2009)、宋・鄧(2009)、譚(2011)、李(2011)、上原・陶(2015)、
	教育実践	藤本(1993)、上田(1995)、清(1998b)、岸本(2000)、内海(2006、2007)、鈴木(2009)、髙江洲・中川(2009)、倪(2011)
	教材分析	王(1997)、松嶋(2003)、樋口(2008)、トムソン・尾辻(2009)

2.2　先行研究の概観

　前節では、ビジネス日本語教育に関する先行研究を大まかに「ビジネス日本語教育では何を教えるべきかに関する研究」と、「ビジネス日本語教育ではどのように教えるべきかに関する研究」の2種類に分け、それぞれ下位分類を行い、6種類に分類した。
　本節では、この分類に沿って先行研究を概観し、これらの研究の性質や内容、研究成果について整理する。研究の数は少なくないため、代表的なものを挙げて概観する。

2.2.1　「何を教えるべきか」に関する研究

　ビジネスを教えるために、まず考えなければならないのは「何を教えるのか」ということであるだろう。これまでの研究は主に二つの面からこの課題を考察している。一つはビジネス人材に対して企業が求めている能力はどのような能力であるのかということであり、もう一つは企業におけるビジネス日本語の使用実態はどうなっているのかということである。様々な調査を通して、この二つのことを明らかにし、その結果に基づいて、ビジネス日本語教育の内容を考えるものである。
　これらの研究は、焦点の違いによって2種類に分類できる。一つは言語や文化に焦点を当て、ビジネス日本語教育において、どのような日本語と日本文化を教えるのかを考察するものであり、もう一つは言語や文化の範疇を超えた広い視点からビジネス日本語教育の内容を考察するものである。
　次節では、この2種類の先行研究についてそれぞれ概観する。

2.2.1.1　ビジネス日本語教育に必要な日本語・日本文化教育

　ビジネス日本語教育と言えば、まず第一に考えられるのは日本語

であろう。ビジネス現場において、どのような日本語を使用しているのか、教育では何を教えたら良いのかということを先に考えなければならない。また、言語と結び付いて、文化の教育も不可欠である。ビジネスに関する文化はどのようなものであるのかということも考えなければならない。これまでの研究はビジネス現場に対する調査によって、これらの課題を解明している。これらの研究を整理し、表8のようにまとめる。

表8　ビジネス日本語教育の内容に関する
先行研究（日本語・日本文化教育）

研究	研究の内容	研究の対象	研究の結果
松井(1993)	ビジネス日本語の内容の提示	日本語学習者	共通の部分、専門語の部分、文化慣習
清(1995)	上級レベルのビジネスピープルが仕事を日本語で遂行する上で感じている支障点	上級レベルのビジネスピープル	待遇表現の使い分け、待遇表現の教育は覚えこみのものがほとんど
池田(1996a)	ビジネス日本語教育において取り上げる文化・習慣的項目を明らかにする	外国人ビジネスマン	日本語のあいまいさ、日本人ビジネスマン、日本企業へのアプローチの方法、彼らのコミュニケーションとの取り方、ビジネスと日本企業の体制
清(1998a)	仕事上の阻害要因	日本企業、外資系企業	言語面：意見の産出受容における敬語表現、待遇表現、婉曲表現 心理面：外国人社員に対する偏見と日本人の行動様式
島田・澁川(1999a)	日系企業におけるビジネス日本語のニーズ	アジア5都市の日系企業	「話す」：挨拶、社内一般会話、社内会議、電話、接客、プレゼン、など。「読む」：業務上文書、新聞記事など。「書く」：メモ、メール、fax、業務上文書
島田・澁川(1999b)	企業が求めているビジネス日本語	海外に出先機関を持つ日本企業と在日外資系企業	会話力：社内会話、社内会議、接客、電話、商談 （社内業務を熟せる日本語力が希望されている）
石川・池田(2004)	日系企業が期待する日本語能力	台湾の日系企業	日常場面の通訳、電話でのやり取り、ビジネス場面での通訳、Eメールのやり取り

続表

研究	研究の内容	研究の対象	研究の結果
茂住 (2004)	日本という異文化環境で働く外国人に必要な知識と能力	日中合併企業の中国人	語学力：コミュニケーション能力、業務に特有の日本語、問題解決のストラテジー
原田 (2004a)	日本語使用実態とニーズ	タイの日系企業	・大手企業：会議、本社との打ち合せ、取引先との折衝などの場面で日本語必要 ・中小企業と工場：通訳、マネージャー、秘書にとって日本語が必要
工藤 (2007)	どのような場面でどのような能力が求められる	台湾の日系企業	日本語使用場面：メール、電話、顧客対応、作業指示、社内文書、fax、接待、会議。日本語の困難場面：文書作成、電話、専門用語、会議・打合せ、文化理解など
辻(2007)	日本人駐在員と現地の中国人とのコミュニケーションにおいて、摩擦が起こる場面	中国の日系企業	中国人スタッフに注意する場面、中国人スタッフに指示を与える場面、中国人スタッフをほめる場面、中国人の意見要求を断る場面

　表8で示すように、これまでの先行研究は日本にある日本企業と外資系企業、また海外の日系企業を対象として調査を行い、その結果を教育に反映している。

　先行研究によると、ビジネス日本語教育に必要な日本語・日本文化教育には、二つの内容が必要である。「一つはどのビジネス分野にも共通の部分であり、もう一つは学習者が担当する業種業務に特有な専門語の部分である。共通の部分は日本のビジネス社会で好ましい人間関係を保つための待遇表現、話の運び方であり、個別の部分は各業種、業務における特別な専門語彙と特有な言い回し、特殊な表現である。それに、ビジネスにおける信頼関係の構築の重要性を考慮しながら、そのための日本の商取引の慣習や日本人の言語行動の文化的側面を理解し、日本のビジネス社会に仲間として受け入れられる日本語を学ぶ必要がある(松井1993：9)」ということである。

　待遇表現の学習について、清(1995)は、上級レベルのビジネスピー

プルが仕事を日本語で遂行する上で感じている支障点に着目し、外国人社員と日本人社員を対象としてインタビュー調査を行った。その結果として、言語行動上、言語能力の差に関係なく、「意見を述べる」ことが最も難しく、次いで「意見を聞く」ことが困難であることが明らかになった。その原因について、「ビジネス・コミュニケーションというものが、必ずある成果物を生み出さなければならないものであり、時間的にも効率性を重視するという前提に立って行われるということや、いかなる状況下でも絶対に人間関係を切らずに継続的な人間関係を保つべく配慮する必要性があることを、我々教師が十分認識せずに、それらの要素を教室活動に取り入れてこなかったことに起因する（清 1995：150）」と説明し、「待遇表現」の教え方や教科書について、「覚えこみのためのものがほとんどで、学習者自らが問題点を発見し、問題解決をしていくような気づきのための教科書や教室活動が不足し、刻々と変化する状況・利害関係の中で、妥当なスピーチレベルを選択し、婉曲表現を自在に操るには、何にプライオリティを置いて価値判断するのかを見極める能力を養う必要がある（清 1995：151）」と指摘している。

また、清(1998a)は、日本における日本企業と外資系企業において仕事の殆どを日本語で遂行している上級レベルの外国人社員と、共に働く日本人社員を対象に面接調査を行い、外国人社員は阻害要因を主に言語面に見出し、意見の産出・受容において適切な敬語表現、待遇表現、婉曲表現を駆使することが最も困難であり、特に「断り」の状況においてそれが顕著であることを明らかにした。

どのような場面において、日本語を使用しているのかについて、島田・澁川(1999a)の調査によると、「挨拶」「社内での一般会話」「社内での会議」「電話のとりつぎ」「接客」「取引先との打合せ・会議」「プレゼンテーション」「商談・交渉」「メモ」「E-mail」「FAX」「業務上の文書・書簡」「新聞記事」などの場面における日本語の使用が望まれていることが分かった。島田・澁川(1999b)の調査によると、企業が求める日本語力では、会話力はまず、「社内会話」「社内会議」など社内で

の運用能力が求められ、次いで実際の顧客とのやり取りが求められていることが指摘された。対外的な活動の中では、まず「電話」による応対の必要性が高くなっており、「接客」や「商談」などがこれに続いている。企業は外国人社員に会話力をもっとも求めており、次いで読む力、書く力の順であり、会話力では、対外的業務よりもまず社内の業務をこなせる日本語力を希望しているという結果が提示された。

石川・池田(2004)は、台湾における日系企業を対象として日系企業が期待する日本語能力についてアンケート調査を行った。その結果によると、面接において新卒者は「日本語の流暢さに欠けている」「自己紹介以外の会話が成り立たない」という傾向があることが指摘され、実践に役立つ会話能力の育成が要求されていることが分かった。また、採用時に求める能力は、「日常場面での通訳」「電話でのやり取り」「ビジネス場面での通訳」「Eメールでのやり取り」の順であった。日系企業の立場から見て、日本語学科の出身者に不足している能力は「書く能力」「ビジネスに関する知識」「日本的な慣習に関する知識」であるため、企業が日本語学科に求める教育は「ビジネスに関する知識」「日本的慣習に関する知識」が最も多く、次いで「書く能力」「話す能力」の順になっている。工藤(2007)も台湾にある日系企業を対象として調査を行った。その結果として、日本語使用場面は、「電子メール」「本社との電話」「顧客との対応」「作業指示」「社内文書」「電話での顧客との対応」「FAX」「接待」「会議」であり、日本語で困難を感じる場面は「文書作成」「電話用語」「専門用語」「会議・打合せ」「文化理解」などであった。

また、茂住(2004)は、「外国人が日本という異文化環境において働く上で身につけなければならない知識や能力は何なのか」ということに対して疑問を持ちながら、日中合弁企業の中国人に対する社員研修について調査を行い、その結果と日本におけるビジネス日本語教育と比較することによって、語学力については「話す」「聞く」というコミュニケーション能力、学習者の業務内容に特有の日本語を学

ぶ必要性を明らかにした。さらに、意思疎通に支障が出た場合の対処のための問題解決ストラテジーの重要性も調査の結果からわかった。

　ビジネス日本語教育における日本文化教育について、池田(1996a)は、実際に日本語でビジネス活動を行っている外国人ビジネスマンに対してアンケート調査を行った。その結果から、「① 日本語の曖昧さ(主語の欠如、文が途中で途切れるなど)、日本語の階層(相手、立場、場面による)など、日本語に直接反映されている文化的項目が必要と感じる人が多い。② 日本人ビジネスマン、日本企業へのアプローチの方法、彼らのコミュニケーションのとり方に関わる項目の必要性を感じている人が多い。③ ビジネスや日本企業体制に関する専門性の高い項目への必要性は低いが、0ではない(池田 1996a:20)」ということが明らかにされ、学習者の出身国つまり背景として持つ文化が異なっていても、ビジネス日本語教育で取り上げる必要のある文化・習慣的項目には大きな違いがないということが示されている。清(1998a)は、日本における日本企業と外資系企業において仕事の殆どを日本語で遂行している上級レベルの外国人社員と、共に働く日本人社員を対象とする面接調査によって、外国人社員に対する偏見や日本人の行動様式が外国人社員にとって実は切実な阻害要因であり、仕事の遂行を妨げているということを明らかにした。

　これらの先行研究から見ると、ビジネス日本語教育においては、まず待遇表現の教育が大変重要である。また、実際の業種や業務に必要な専門用語などの教育も不可欠である。その他に、「日常業務」「接客」「電話」「fax」「文書」など様々な場面における日本語の「話す」「聴く」「読む」「書く」能力の育成も重要である。文化のほうでは、日本人の行動様式を理解するための教育が必要である。

2.2.1.2　ビジネス日本語教育内容の拡大

　ビジネス日本語教育において、日本語や日本文化の教育のみによる教育内容には落し穴があるのではないかと多くの研究者に指摘さ

れ、時代の変遷により、従来の日本語や日本文化教育の他に、必要なものがあるのかについて、様々な研究が行われている。

　これらの研究は日本企業に入って就職しようとする留学生や海外の日系企業における現地の社員を対象として調査を行うことによって、ビジネス日本語教育の内容について更なる考察を加えている。これらの研究を整理し、表9にまとめた。

表9　ビジネス日本語教育の内容に関する先行研究（内容の拡大）

研　究	研究の内容	研究の対象	研究の結果
山田(1992)	接触場面に必要な能力	接触場面の会話分析	言語能力、社会言語能力、社会文化経済能力
板井(1999)	日系企業で活躍できるビジネス・パーソンのモデル化	香港日系企業	業務対応のための日本語能力の他に、異文化理解も不可欠
宮副ウォン(1999)	企業が期待されているビジネス日本語能力	香港日系企業	・多言語能力、多文化理解行動能力 ・ビジネス分野の能力 ・日本語のインターアクション能力
海外技術研究協会(2007)	留学生に必要なビジネス日本語教育	外国人留学生	社会人基礎力、日本の企業文化理解を含む広い意味でのビジネス日本語力
経済産業省産業人材参事官室(2007)	外国人留学生が取り組む課題	日本企業、留学生	ビジネス日本語能力、ビジネス文化・知識への理解、グローバル人材としての能力、社会人としての行動能力(社会人基礎力)の養成
野元(2007)	日系企業が中国人現地社員を採用する際に求める日本語能力	大連の日系企業	日本人とうまく仕事するための仕事能力(言語的能力、社会言語的能力、社会文化的能力)
山本他(2008)	日本企業が外国人人材に求める能力	日本企業の外国人人材	高度な幅広い日本語能力、日本社会一般に関する理解力、社会人基礎力

続表

研　究	研究の内容	研究の対象	研究の結果
堀井(2009)	日本留学経験者に対する採用と仕事についての実態調査	上海の日系企業	ビジネス日本語、文化、社会人基礎力の他に、ブリッジ人材としての役割の認識、異文化調整能力と問題解決能力が必要
戎谷(2012)	日本企業の外国人従業員に対する研究や留学生へのビジネス日本語教育の内容	日本企業の外国人従業員	特定場面の表現やマナーの習得にとどまらず、問題を解決しながらのコミュニケーション能力の養成が必要

　これらの研究は、企業が期待するビジネス日本語能力を整理している。

　山田(1992)は、日本人店員と日本人客による内的場面と、オーストラリア店員と日本人客による接触場面における談話を比較分析し、接触場面において、「① 商品説明に必要な語彙、文法、そして敬語生成などの言語能力、② 客への敬意や上品さの表現のための敬語行動、そして客のニーズにこたえる談話を客との協調で進展させる談話能力などを含む社会言語能力、③ 商品知識や日本人客の特徴をつかんで対応する社会文化(経済)能力(山田 1992:116)」が必要であると示している。

　板井(1999)は、香港における日系企業を対象にアンケートを行った結果に基づき、「日系企業において活躍できるビジネス・パーソン」のモデル化を試みた。その結果として、「日本語と専門的知識をどう組み合わせて生かすかというトータルな能力が香港人に求められ、日本語能力と別に、企業における香港人と日本人スタッフの相互コミュニケーションを考えるとき、異文化理解という視点が必要不可欠である(板井 1999:520)」と示し、言語と専門を組み合わせる能力と異文化理解能力の必要性を強調している。

　宮副ウォン(1999)は、「書く能力」に焦点を当て、香港における日系企業を対象とし、調査を行った。その結果、① 多言語能力、および多

文化理解行動能力、② ビジネス分野の能力、③ 日本語のインターアクション能力という三つの能力が日本語のできる香港人ビジネス・パーソンに期待される能力として挙げられている。

海外技術研修協会(2007)では、留学生が就職に至るためには、社会人基礎力、日本の企業文化理解を含む「広い意味でのビジネス日本語」力をもつことが必要であると示している。

経済産業省産業人財参事官室(2007)では、日本国内の企業と元留学生への調査結果に基づき、外国人留学生が取り組むべき課題として、① ビジネス日本語能力、② ビジネス文化・知識への理解、③ グローバル人材としての能力、④ 社会人としての行動能力(社会人基礎力)の養成、の4点を挙げ、この4分野の統合的な研修を提案している。

野元(2007)では、大連に進出した日系企業に対して行った聞き取り調査の報告をもとに、日系企業が中国人現地社員を採用し活用する際に求めている日本語能力を明らかにし、ビジネス日本語教育における課題を明らかにした。調査の結果によると、日系企業の人材採用や人事考査で日本語能力を測定・評価するために、現場のニーズにあった基準が求められていることがわかった。また、ビジネス現場では「日本人とうまく仕事をする」ための「仕事能力」が求められていることがわかった。また、ネウストプニー(1995)の「インターアクション(実質行動)能力」の分類に基づいて、仕事能力を、言語的能力、社会言語的能力、社会文化的能力に分けている。

山本他(2008)では、日本企業が期待する外国人人材の能力について、公開されている外国人社員、企業に対する四種のヒアリングやアンケート調査[①]の結果を日本語教育の観点から分析し、検討した。その結果によると、日本企業は大学卒・大学院卒、理系・文系、業

---

① 日本経団連教育問題委員会が2004年に行った「企業の求める人材像」についてのアンケート調査と海外技術者研究協会が2007年に行った調査と日本経済新聞が2007年に行った「ビジネス・パーソン1万人調査……本当に役立つ大学とは」という調査が含まれている。

種・職種を問わず、「高度な幅広い日本語能力」と「日本社会一般に関する理解力」、「社会人基礎力」を期待しているのに対して、外国人社員は資料の情報収集・分析、報告書・メールの文書作成、要点確認の口頭表現、社会人基礎力全般など、アカデミックジャパニーズで必要とされる学習項目を重視する傾向があり、企業側の期待に応えていないということが明らかになった。

　堀井(2009)では、中国上海における日系企業の担当者などを対象とした「日本留学経験者に対する採用と仕事についての実態調査」を分析、考察し、その上で、ビジネス日本語のシラバスに必要な要素を再考した。調査結果から、従来の「敬語教育」「ビジネスマナー」「就職活動対策」の教育と研修時の「ビジネス日本語」「ビジネス文化」「社会人基礎力」の教育の他に、留学生に対するビジネス日本語教育のシラバスに、日本留学経験者のメリットとなる「ブリッジ人材としての役割の認識、異文化調整者能力を高める項目」と「問題解決能力」を加える必要があると指摘している。

　戎谷(2012)では、野中(2010)[①]が示した概念に基づき、ビジネス・コミュニケーションを、企業であらゆる業務を遂行する際の情報授受として捉えて、ビジネス・コミュニケーション能力を「企業での就業場面において、状況に応じて必要な内容を判断し、その情報を適切なタイミングで適切な相手に伝達する、及び適切な相手から受け取る能力(戎谷 2012:16)」と定義している。この概念は、企業での外国人従業員に対する研修や留学生へのビジネス日本語教育の際に、特定の場面表現やビジネスマナーの習得にとどまらず、プロジェクトの全体像やチーム組織を見通し、そこで発生する問題を解決しながら行うコミュニケーション能力養成のためのコースデザインや教科

---

① 野中(2010)は、日本企業の製品開発における関係者間の「ビジョン共有」の重要性を指摘した際、企業でのコミュニケーションの主な目的が「ビジョン共有」であることを示した。ビジョン共有とは、企業の「価値観や背景、意味、文脈」などを含む「ビジョン」を「組織の隅々に浸透させる」ことであり、そのためには、「ビジョン実現に向けた各部門の進捗や取り組みについて定期的に」情報交換する必要がある(野中 2010:80－81)。

書開発が寄与すると指摘している。

　これらの先行研究から見ると、単一な日本語・日本文化教育によるビジネス日本語教育では、すでに時代の変化に対応できないことが明らかである。日本語・日本文化に関する知識だけの学習ではなく、それに基づく言語運用能力や、社会言語能力、また社会文化能力の養成が必要であるという指摘が多く見られる。

　また、企業の日本語人材に対するニーズによっては、ビジネス日本語教育においては、学習者の社会人基礎力やグローバル人材としての能力、また異文化調整能力や問題解決能力の養成も必要となっている。

　即ち、ビジネス日本語教育の内容は言語と文化知識だけでは十分でなく、学習者のビジネスに必要な総合的な能力を養成するための教育内容が望まれていることが示された。

2.2.2　「どのように教えるべきか」に関する研究

　ビジネス日本語教育に関する先行研究は、教育の内容を検討する他に、それらの内容についてどのように教えるのかということについても考察を行っている。

　「どのように教えるべきか」に関する研究には、まずビジネス日本語教育について提案するための研究があり、これらの研究は調査の結果によってビジネス日本語教育の方針やカリキュラム、また指導法などについて提案している。また、教育の現状、実践と教材について、調査や分析を行い、教育の問題点を明らかにする研究も少なくない。

　次は、これらの研究をそれぞれ概観する。

2.2.2.1　ビジネス日本語教育に関する提案

　ビジネス日本語教育について提案するための研究を表10に整理した。表10が示しているように、ビジネス日本語教育がどのように行われたらいいのかについて、各研究では教室活動や授業方法、また

カリキュラムの設置や教師の資質などのいくつかの面から提案されている。

表10　ビジネス日本語教育に関する提案

研究	研究の内容	研究の対象	研究の結果
丸山(1991)	ビジネス日本語教育プログラムのモデル提案	営業職ビジネスマン	営業職にある日本人ビジネスマンが専門家として参加し、日本語教師と役割分担
田丸(1994)	コースデザインの提案	大学のビジネス日本語学習者	問題解決方式の導入と実際の言語使用の場で自己評価の機会を作る
西尾(1994)	教育課題に対応する提案	ビジネス関係者	日本人自身のコミュニケーション・パターンの分析、専門語彙の研究、ビジネス実務経験者の参加、小クラス制から個人授業へ
西尾(1995)	カリキュラム、教科書、教授法、教師資質に関する提案	ビジネス関係者	日本語とビジネスを組み合わせるカリキュラム、パソコン利用の教科書、少人数のクラス、専門知識を持つ教師
野元(2004a)	ビジネス日本語教育の到達目的と方法	大学のビジネス日本語学習者	ビジネス関係者と交流する機会を作る、面接練習、実践的な自己表現スキル獲得
向山・他(2009)	タスク先行型ロールプレイの教科書の提案	大学のビジネス日本語学習者	学生の日本語能力、問題発見・解決能力、異文化調整能力の育成を図る
高見澤(2010)	ビジネス日本語教育の内容と指導方法の提案	海外のビジネス日本語学習者	カリキュラム、教科書内容、指導法に関する方針を提案している

　丸山(1991)では、専門教育において、「① 教師の考える学習者の専門領域の知識と学習者が真に求めている専門領域の知識との齟齬、② 担当に当たった教師がほとんど実務経験を持たなかったため、企業内の意思決定や職務の遂行がどのような手順で進行していくのかに関して知識がなく、極めて散発的な単元を設定した（丸山1991：35）」という二つの問題点があることを指摘し、日本人ビジネスマンが専門家として指導に参加するプログラムの可能性について検討した。日本語教師とビジネスマン教師双方の役割を分担し、ビジネス

マン教師の役割は、① ビジネス情報の提供、② 専門用語の指導、③ 単元全体の枠組み設定、④ 模擬練習における状況設定、の四つであり、日本語教師の役割は、① プログラム全体の運営、② 各単元の運営、③ 一般的な言語要素に関する指導、の三つであると設定している。

　田丸(1994)は、CIBER(Center for International Business Education and Research)プログラムの夏期日本語コース①の成功例を考察し、コースの成否の鍵を握る根本的な課題として、目的設定、授業の方法、目的到達評価のそれぞれの段階で学生を納得させ、学習に主体的に取り組ませることができるかどうかということを挙げ、そのために、教師からの一方的な授業と試験ではなく、問題(課題)解決方式の導入と実際の言語使用の場で自己評価の機会を作ることが重要であると述べている。

　西尾(1994)は、ビジネス関係者の日本語教育の課題について、「第一に日本語によるビジネス・コミュニケーションの能力をつける教育であるために、日本人自身のビジネス・コミュニケーション・パターンの分析という新たな研究課題を投げかけたことである。第二にはビジネス関係者を取り巻く言語環境と、ビジネス社会での表現形態、業種、職種などによる専門語彙の研究を促し、場面シラバス、機能シラバス、話題シラバスを含めて教育内容や教科書の開発に新しい試みを持ち込んだことである。第三には、ビジネスの実務経験者の参加が必要不可欠となり、この分野からの日本語教師の育成が行われたことである。第四は授業形態が、小クラス制から個人授業へ、コースデザインに応じて限りなく細分化され、専門家の手による一対一の授業形態、個人授業が確立されたことである(西尾 1994:11)」と示している。これらの課題を解決するために、西尾(1995)は、カリキュラムや教科書などから、これからの教育を展望した。カリキュ

---

① 詳しくは、佐野ひろみ(1993)「CIBERグループ夏期日本語コース報告」『ICU 夏期日本語教育論集十』、pp.83－87を参照。

ラムについて、「ビジネス関係者の場合、要点は素材である日本語の学習と、目的であるビジネスとの二つの指向をカリキュラムの中にどのように組み合わせるかということが課題である(西尾 1995：110)」と述べている。教科書について、「ビジネス関係者の教科書としては、特にパソコンの利用が効果を発揮する。世界の情報をパソコン通信で取り入れて教科書化したもの、また、パソコン通信による遠隔教育用の教科書、さらには自主的学習教科書など、パソコン利用の教科書の利用価値が非常に高い(西尾 1995：111)」と述べている。教授法について、「少人数のクラス」が薦められている。教師について、「① 教師の資質と資格は日本語教育の専門知識と教授能力は必ず備えていなければならない、② 学習者の職業、職種、職場、専門に、どこまで精通していることが望ましいかということがある、③ 柔軟性と忍耐力が必要である(西尾 1995：112)」ということを必要条件として考えられている。

　野元(2004a)では、これまでの「ビジネス日本語教育」に関する研究を概観し、大学におけるビジネス日本語教育の到達目的を、「① 日本の職場で求められる日本語コミュニケーション能力の基礎を培う、② 非言語的要素を含む言語運用力や社会的技能の手ほどきをする、③ 背景に潜む企業文化、すなわち、日本の企業人が無意識に期待しているビジネスマナーや考え方への理解を促す、④ 自己分析や企業研究を通して問題解決の基礎的な訓練を行う(野元 2004a：156)」の4点にまとめ、これらの授業目的を達成するための方法として、「① 学習者に日本人ビジネス関係者と交流する機会を作る、② 面接練習を十分に行う、③ 実践的な自己表現スキルを獲得させる(野元 2004a：156)」というような工夫が必要であると主張している。

　向山・他(2009)では、ブリッジ人材育成のために、ビジネスで通用する高度な日本語だけではなく、「社会人基礎力」や「異文化調整能力」を身に付けさせることが必要であるにもかかわらず、そのような能力を身に付けさせるために、教育現場でどのように指導するべきかに関してはまだ研究されていないということが指摘されている。

また、日本語教育で行われているロールプレイに関して、主に文型学習を目的とし、文型導入→ドリル→ロールプレイ、という手順で行われることが多いが、既存のビジネス日本語教科書においても、場面の提示→表現の練習→ロールプレイ、という手順でロールプレイが活動として組み込まれている。これらの教科書に共通しているのは、新出文型やビジネスにおける表現の定着を目的として、ある程度流れが決まった文脈でそれらの文型、表現を使って会話をするという点であるという教科書の現状も指摘されている。そこで、向山・他（2009）は、「タスクの遂行を目的とし、事前に表現などを学習せず、まずやってみる」という特徴を持つタスク先行型ロールプレイに、さらに異文化理解の視点を組み込んだ教科書を作成し、口頭表現クラスで使用した。また、教科書や使用方法の改善についての示唆を得る目的で、教科書に対する学生の評価について調査した。作成したロールプレイ教科書の目的としては、「① ビジネス現場において自分で考えて適切なコミュニケーション行動ができる能力を養う、② 自ら問題を発見し、解決する能力を養う、③ 上下関係、組織内の慣習など、日本の企業文化を理解する、④ ブリッジ人材としての能力（異文化調整能力）を養う（向山・他 2009：64）」の4点であり、これらの目的を達成することで、学生の「日本語能力」「問題発見・解決能力」「異文化調整能力」の育成を図ることが指導のゴールと設定されている。調査の結果からみると、全般的に肯定評価であったが、教科書のコンセプトは理解しても、実際のロールプレイをするのはそれほど簡単ではないと感じていることがわかった。また、日本語能力が低い場合は教科書からの学びがやや少ないことが示唆されている。
　高見澤（2010）は、現在のビジネス日本語教育について、「それぞれの教育機関や担当教師が目前のニーズに応えて考案した方法で行われ、ビジネス日本語の教育内容や指導方法に関する統合的な研究はなされていない（高見澤 2010：1）」と指摘し、「海外のビジネス日本語の在り方を再検討して現状に適合する教授法理論や学習理論、教科書作成理論を形成すべきである（高見澤 2010：1）」と主張している。

第二章　ビジネス日本語教育に関する先行研究及び本研究の課題

　そのために、高見澤(2010)は、ビジネス日本語教育が参照している言語教授理論(ESP、コミュニカティブ・アプローチ、CBI)[①]、またその応用方法を検討し、さらにビジネス日本語の学習者の特性を配慮して、妥当な学習の理論を探求した。その成果として、ビジネス日本語教育の基本方針が提出されている。

　その中に、「カリキュラムの方向」について、「① 学習者の目的達成を最優先すること、② 学習目的に沿った教科書を準備すること、③ 学習目的の達成に役立つ実践的練習を重視すること、④ 社会人学習者には、予習や復習を前提としないカリキュラムを使用すること、⑤ 学習者が進歩の実感が得られるような評価方法を採用するこ

[①] 「ビジネス日本語教育」が参考している言語教授理論について、高見澤(2010:2-10)は以下の3つの理論を挙げている。
- ESP(English for Specific Purposes)とビジネス日本語教育
　ESPは、大枠ではコミュニカティブ・アプローチの授業記述を借用しているが、教育内容は業務上の必要性優先を基本方針としている。ESPでは、社会人学習者は一般的に業務に役立つ語彙や表現に関心が高く、同じ文型の習得でも内容に関心のある表現の方が容易に記憶でき、その内容でのコミュニケーションを行うことによって習得も容易になると考える。これは、「学習者の関心が高い内容による教育は、学習効果が上がり、習得が容易になる」とする「ビジネス日本語教育」の学習理論と一致している。
- コミュニカティブ・アプローチとビジネス日本語教育
　文型教育中心の教授法への批判を基に、実用性の高いコミュニケーション重視の各種の教授法が開発され、それらを総称してコミュニカティブ・アプローチと名付けている。言語を伝達の手段とする言語観である。その言語観から、1) 文法能力(grammatical competence)、2) 社会言語能力(sociolinguistic competence)、3) 談話能力(discourse competence)、4) 方略的能力(strategic competence)の四つの能力が取り上げられている。「ビジネス日本語」でもこれらの能力はすべて必要な能力であり、教育の対象となるものと考えるが、その到達目的は言語的な正確さの獲得よりも、言語使用を通して実践的な「効果」を挙げることにおかれている。上記の①-④に加えて、日本語による業務遂行に伴う知識やマナーの適切な運用能力が必要になり、「ビジネス日本語教育」ではそれらも教育指導の対象になる。
- CBI(Content-based Instruction)(内容重視の教授法)とビジネス日本語教育
　CBIは、1989年に出版された"Content-based Second Language Instruction"(Brinton, Snow & Wesche著)によって提唱された言語教育と教科教育を融合した教授法である。この理論は、教科内容の興味で学習意欲を高め、学習効率を向上させるのが基本的な方針になっているので、言語的な熟達よりも、教科内容の理解を優先している。「ビジネス日本語」教育も同様な傾向にあるといえる。

と、⑥ 学習者の誇りを重んじる教育を実施すること(高見澤2010：12)」の6点が示されている。

　以上の点を考慮して、学習を効率化するには、学習内容の「強度」を高めることが必要だと示し、そのために、「① 学習者の興味を引く内容の教科書を使うこと、② 学習者が将来必要とする内容を盛り込んだ教科書を使うこと、③ 学習者が将来遭遇する可能性のある場面での練習を重視すること(高見澤2010：12)」の3点を強調している。それによって、「① 教科書はビジネス場面での会話を中心に構成され、日本語とビジネス用語を学びながら、ビジネス慣行やマナー、日本の企業文化を学習できるように考案する、② 練習は、現実のビジネス活動の場面でのコミュニケーションに役立つ実践的な言語使用を中心に行う、③ テキストには、ロールプレイなど、現実的な状況設定で様々な立場での敬語表現の実践訓練を織り込んでおく、④ 各課のテーマに関連したビジネス慣行や企業文化にかかわる情報を学習者の母語で提供する(高見澤2010：20)」ということが重要であるとする。

　さらに、「指導法の基本方針」については、「① 初級クラスにおいては、意志疎通中心の授業を重視し、実践的なコミュニケーション能力を育成する、② 音声、文法、用法などの誤用訂正は、受け入れ可能な正確さにとどめる、③ 学習者の学習環境を考慮して、無理のない進度で学習を行う、④ 中級クラスでは、特に、社会言語能力の育成に重点を置き、社会での活動で違和感を与えない尊敬表現や謙譲表現、丁寧表現の訓練を行う、⑤ 中上級では、通常の言語教育に加えて、即答能力や類推能力の育成に重点を置く(高見澤2010：20)」の5点が示されている。

　以上の先行研究をまとめると、ビジネス日本語教育では、まず日本語学習とビジネス専門学習を組み合わせたカリキュラムを設置する必要がある。また、教育の方法として、教師による一方的な授業ではなく、現実的な場面における日本語コミュニケーションの実践練習やビジネス関係者との交流、また問題解決方式の導入と実際の言語使用の場での自己評価の機会を作ることによって、学習者に実践的な自己表現スキルを獲得してもらうことが重要である。教科書の編

集もこの方向で考える必要がある。日本語教師がビジネス経験を持っていないことに対して、ビジネスマンの専門家の授業参加なども提案されている。

2.2.2.2　ビジネス日本語教育の現状

海外のビジネス日本語教育の歴史は長いとは言えない。ビジネス日本語教育に関して不明なところが多い。それを解明するために、多くの研究者が現状の調査を行った。教育の現状について調査を行い、問題点を明らかにし、今後の研究や教育の方向性を示している。これらの研究の中には、中国のビジネス日本語教育の現状に関する研究が多い。これらの研究を整理し、表11にまとめた。

表11が示しているように、各地域の教育の現状からみると、現在のビジネス日本語教育は教育方針、カリキュラム、教科書、教師の資質などの面において多くの課題が残っていることが分かった。

表11　ビジネス日本語教育の現状に関する先行研究

研究	研究の内容	研究の対象	研究の結果
林・陳（2005）	台湾の大学の日本語学科のビジネス日本語現状	台湾の大学	普及していない、学習者のニーズを満たさない、教科書開発待ち、教師のビジネス経験欠如、企業体験制度難航
馮（2007）	中国の職業高校のビジネス日本語教育のカリキュラム分析	中国の職業高校	会話、日本概況、コンピューター入力の三科目
池田（2007）	留学生への就職支援の課題	留学生	就職試験対策が実施されていない、専用の教科書がほとんどない、超上級レベルの教科書がない
宋・鄧（2009）	ビジネス日本語教育現状	中国広西大学	専門教育が重視されていない、カリキュラムの設定がニーズを満たしていない、教師の質が悪い
譚（2011）	中国のビジネス日本語教育の現状	中国	教育目標が明確にされていない、教科書は実用性がない、教師の質が悪い
李（2011）	中国のビジネス日本語教育の問題点	中国	統一的な教育方針と完備なカリキュラムの組み立てが急務
上原・陶（2015）	中国のビジネス日本語教育の現状	中国	教科書の実用性と体系性の欠如が多く指摘されている

林・陳(2005)では、台湾の大学の日本語学科ではどんなビジネス日本語教育が行われているのかについて、台湾の大学8校の日本語学科の卒業生と教師を対象として調査を行った。調査の結果、7割以上の卒業生が「ビジネス日本語」科目の重要性を認めているにもかかわらず、ビジネス日本語教育には、「① 普及していないビジネス日本語の会話教育、② 応用文に存在するビジネス文書教育、③ 理想と現実の不均衡のクラス人数、④ 学習者ニーズを満たさないシラバス、⑤ 開発を待たされる教科書、⑥ 教師のビジネス経験の欠如、⑦ 企業体験制度が難航状態(林・陳 2005：272)」という問題点が顕著である。これらの問題点に対して、「① ビジネスの視点を持つこと、② 台湾の学習者に適するビジネス日本語教科書の開発、③ 教師の再研修、④ 実習制度(インターン)の推進(林・陳 2005：272)」などの点が提案されている。

　馮(2007)では、中国の職業高校におけるビジネス日本語教育のカリキュラムを改善するために、中国平湖職業中等専業学校という教育機関の現行カリキュラムを分析した。その結果、ビジネス日本語教育は会話、日本概況、コンピューター入力という三つの科目に分けて行われているが、授業の内容や方法を改善しなければならないと指摘している。

　池田(2009)は、留学生の就職活動を取り巻く様々な現状を分析した。その結果として、「① 日本企業は留学生に対して、大学在学中に高度なビジネス日本語能力を獲得してほしい、② 企業の要望、様々な調査の結果を受けて、大学においてもビジネス日本語教育、ビジネスマナー教育が必要だという声が高まっている、③ 留学生が自分の日本語能力の低さを痛感するのは、就職後である、④ 留学生にとってまず突破しなければいけないのは書類選考、筆記試験、面接などの就職活動である、⑤ 就職試験対策のための支援は、現在ほとんど実施されていない、⑥ 留学生の就職支援のための教科書は、現在ほとんど出版されていない、⑦ 初級レベル、中級レベルのビジネス日本語教科書は多数あるが、本当に必要な超上級レベルのビジネス日本

語教科書が見られない(池田 2009:140)」と述べている。

　宋・鄧(2009)①では、中国広西省広西大学におけるビジネス日本語教育の現状を調べた結果に基づいて、改善案を提示している。教育の現状からみると、カリキュラムの設定がビジネス現場のニーズに対応できておらず、低学年学習者向けの基礎日本語教育が重視されていることに対して、高学年向けの専門的な日本語の教育が足りない、またビジネス日本語教育を担当する教師のレベルが低く、ビジネス経験を持つ教師が乏しいという問題点が指摘されている。

　譚(2011)は、教育実践に基づいて、現在中国のビジネス日本語教育の問題点として、教育目標が明確ではない、教科書に実用性が乏しい、教師の質が高くないということを指摘している。

　李(2011)②では、中国におけるビジネス日本語教育の歴史を概観し、現在の中国におけるビジネス日本語教育の問題点を指摘している。中国におけるビジネス日本語教育が急速に発展しているにもかかわらず、中国のビジネス日本語教育は、教材の開発、教師の質、研究の質などの面ではまだまだ不足しており、統一的な教育方針を立て、完備なカリキュラムを組み立てることが急務であることが示されている。

　上原・陶(2015)では、中国における南京農業大学外国語学院日本語学科の学生の日本文化学習への意識、キャリアアップとビジネス日本語教育への認識を明らかにするとともに、学生の回答を通して、日本文化関連の授業の現状、ビジネス日本語授業の現状の一端を明らかにすることを目的として調査を行った。調査の結果、ビジネス日本語教育がキャリアアップと深く関係していることが証明され、ビジネス日本語教育が学習者に大いに求められていることが分かった。教科書の実用性、体系性が多くの学習者に強く要望されているにもかかわらず、教員に対する調査から、「教科書の内容が古い」、「時

---

① 宋・鄧(2009)は中国語で書かれた論文であり、本研究では、筆者がその内容を日本語にまとめている。
② 李(2011)は中国語で書かれた論文であり、本研究では、筆者がその内容を日本語にまとめている。

代に遅れている」、「実用性が不足」、「新しい教科書は写真や絵などが豊富で分かりやすいが、誤字や脱字が多く、内容が浅い」、「学習内容は教員任せになっているが、教員の専門性や知識運用面が満足できるか」ということが多く指摘されている。

　これらの研究から、中国や台湾におけるビジネス日本語教育の現状がある程度明らかになった。ビジネス日本語教育の重要性が広範囲で認められているにもかかわらず、その教育の目的がまだ明確にされず、教育の方針もはっきり決められていないということがまず課題の一つである。また、カリキュラムが完備されず、教科書の体系性と実用性に欠けることが多く指摘され、教師の質も問題になっていることが明らかになった。

2.2.2.3　ビジネス日本語教育の実践

　ビジネス日本語教育において、様々な教育実践が行われている。これらの実践報告を整理し、表12にまとめた。

表12　ビジネス日本語教育の実践に関する先行研究

研究	研究の内容	研究の対象	研究の結果
藤本（1993）	待遇表現の教育実践	アメリカの学習者	実践のアプローチと実施が学習者に認められ、学習効果が見られる
上田（1995）	海外日本語教育における「テープ通信」の試み	香港の学習者	「テープ通信」によって、言語運用能力の向上に効果が表れた
清（1998b）	待遇表現の教育実践	外国人学習者	会社の業務の模擬体験、好評であった
岸本（2000）	日米文化を取り入れたビジネス日本語教育の試み	アメリカ人学習者	日本文化や日本人のものの考え方を盛り込んだ教育が望まれている
内海（2006）	敬語を含む待遇表現の教育実践	ビジネス・パーソン	会話観察、場面依存度の高い表現、想定場面練習
内海（2007）	待遇表現の指導実践	ビジネス関係者	実際のビジネス場面の観察
鈴木（2009）	問題発見解決型学習の実践検証	立教大学観光学部学生	体験することで、意識の強化

第二章　ビジネス日本語教育に関する先行研究及び本研究の課題

続表

研究	研究の内容	研究の対象	研究の結果
高江洲・中川(2009)	ビジネス会話クラスのカリキュラム紹介	要求される日本語水準に達していない学生	DVDの使用が日本語理解に役に立つ、ビジネス文書作成の習得が重要
倪(2011)	体験型教室活動を取り入れた実験授業	中国の大学の日本語学習者	待遇表現の教育にはまだ課題が残っている。中国のビジネス日本語教科書には待遇表現を配慮した記述が少ない

　これらの実践をみると、まず、「待遇表現」に関する教育実践が多い。その他に、新しい教授法がビジネス日本語教育でどのように活用できるのかを検証するための教育実践も行われている。

　「待遇表現」の教育について、まず藤本(1993)は、スタンフォード大学夏期講座"Japanese for Business"への出講依頼を受け、6週間のコース(週2回、計24時間)を担当し、カリキュラムの立案から、教科書の開発、授業活動に至るまでのすべてを報告している。藤本(1993：10)では、「ビジネスとは一つの組織に属している人間が同じ組織或いは、他の組織に属している人間と、その組織の機能、またはその目的を達するために何らかの関わりあいを持つ行為であり、ビジネス・ジャパニーズとはそうしたビジネスを通じて、人と人との関わり合いを持ちつつ、意思疎通を行う日本語による表現様式であると考えた。それは人間関係に関わる表現形式である」と定義し、「組織の中における上下関係、または外の組織に属する人との関係について言えば「内と外」に関わる表現でもあり、また、その場合にも上下の関係も入り込んでくることがある」と述べ、日本特有の「待遇表現」という要素の重要性を強調している。そして、日本語で多用される「断定回避表現」を一つの学習のポイントとしている。これを踏まえて、「ビジネス・ジャパニーズ」を特定業界の専門用語または表現としてではなく、どの業界にも存する普遍的な場面で用いられている人間関係に重きをおいた表現または言語形式として捉えて教科書を準備して授業を行った。その教科書の適否については、一回限りの結果

で結論を急ぐことはできないが、そのアプローチと実施に関しては学習者の示した関心や学習効果から見る限り、間違っていなかったという評価があった。

　清(1998b)では、早稲田大学国際部において1997年春学期に開講したビジネス会話ワークショップクラスで行った授業内容と、主に「待遇表現」学習に関する履修者の特徴についての考察をまとめた。まず学習者の履修理由を探るためのアンケート調査の結果によると、「丁寧な話し方を勉強したい」「将来、日本語を使ってビジネスをしたい」ということが殆どの履修者の理由となっていることがわかった。そこで、授業では、仕事上円満な人間関係をつくるための「待遇表現」を中心に行い、「丁寧な話し方を学習したい」という希望に沿うことにした。そこで、学習者全員に各々企業名を自分で決めさせ、各社の営業部の新入社員という役割と、それぞれ新しい客先を確保せねばならぬという状況を設定することにより、新規の会社に電話をし、アポイントメントを取る、訪問して自社商品をPRし、プレゼンテーションの機会をもらう、相手の反応を確認し商談、交渉成立、クレーム処理、といった一連の仕事の流れを模擬体験させるというような授業設定になった。授業は11回あり、シミュレーションワークとして、ロールプレイとそのフィードバックを教室活動の中心にしている。コース終了後の調査からみると、好評であったことがわかった。

　岸本(2000)は、アメリカの大学で行った日本語授業について報告し、日米文化の特徴を取り入れたビジネス日本語教育の試みとして企業の日本人を招いて行った「就職活動プロジェクトワーク」を紹介している。それによれば、面接が難しいため練習を十分に行う必要であり、日本文化や日本人のものの考え方を盛り込んだビジネス日本語教育が望まれると指摘している。

　内海(2006)では、外資系企業で日本企業を顧客としたビジネスに従事するビジネス・パーソンにとって、「敬語を含む待遇表現の習得」は重要な学習項目であることを示し、ビジネス場面に対応する敬語表現の習得を促すアプローチの方法を説明している。アプローチの基本

第二章　ビジネス日本語教育に関する先行研究及び本研究の課題

方針として、「① 学習者がすでに持っている待遇表現の力を日本語で発揮させ、学習者が各自の待遇表現運用基準の枠組みに照らした日本語の待遇表現の運用基準を構築することを促す、② 受信を先行させた授業の組み立て(会話観察)、③ 学習者の不利益や失敗の回避(内海2006：81)」の3点が挙げられている。アプローチの方法として、「① 会話の観察や分析によって、理解力を高める、② 場面依存度の高い表現から導入して、敬語表現の使用に自信を持たせる、③ 学習者主導で場面を設定した想定場面練習で、学習者自身が当事者となるビジネス場面のシミュレーションを行う(内海2006：85)」という三つの方法が提出されている。これを基に、「会話の観察」に重きを置いたクラス授業と個人授業を各1例、「場面依存度の高い表現の導入」を中心とした個人授業を6例、「想定場面練習」の個人授業5例を紹介した。これらの授業から、「① 学習者の環境を理解し、学習者の立場を尊重する、② 学習者の属する狭義のビジネス社会の規範を知る努力を怠らない、③ 教師自身の敬語表現の偏差を意識的に確認する機会を設ける(内海2006：107)」ということが教師に求められることとして挙げられている。

内海(2007)では、ピッツィコーニ(1997)、堀口(2000)、川口(2005)[①]、

[①] ① 川口(2005：4)によると、会話の成立条件〈1、ある場(空間的)で、2、ある動機(意図)を持った、3、二人以上の人間が、4、相互行為(やりとり)に参加する〉を満たし、できるだけ自然な展開を考え、一つ一つの段階を省略せずに書き出していくことで、「自然な会話」の会話文モデルとなる。

② 堀口(2000：11)は、会話の開始部について「会話の授業では、学習者が会話の状況設定を充分理解した上で、その状況に適した会話の始め方を学習できるように、授業を進めていくべきであろう」と述べている。

③ ピッツィコーニ(1997：110)では、「モデル会話はまとまったセッティングで行えば、つまり場面的に、機能的に整理されていれば、そこに出てくる参加者の発言は偶然のものではなく、その場で意義のある発言のはずであるから、その場で意味していることは、機能的にそして待遇的に、どんな役割を果たしているかについて触れなければならない。それは学習者に必ずスピーチアクト全体のイメージを持たせるためである。それぞれの登場人物の発言は、ただ何らかの形式を出現させるために現れているのではなく、その場の中では必ず意味・機能・待遇的に独特な価値を持っているからである。(教科書自体がそのように構成されていなければならないことはいうまでもない)」とまとめられている。

の三者の観点から示唆を受け、「教科書の会話例を実際的に有効な会話教科書とするには、まずその会話例が可能な限り自然な展開を考えた会話例であることが前提となり、教師にはその会話例を学習者に会話の状況設定と登場人物の発話意図が充分に理解されるように促す役割が課されるということになる(内海 2007:18)」と述べ、「ビジネス関係者を対象とした待遇表現の指導では、学習者が既に身につけているビジネス場面に対応する「待遇表現」の力を日本語で発揮させるためには、実際の会話の観察が欠かせない(内海 2007:18)」と示し、初級教科書の三つの会話を取り上げて、実際のビジネス場面の観察につなげる授業の例を報告した。授業は、① 会話例の理解と観察、② 実際のビジネス場面の観察、③ シナリオドラマ、の三つから成り立ち、会話を組み立てている敬語・「待遇表現」の意識化を図り、聞き取りの力を向上させ、場面に対応する柔軟な応用力を養うことができるようになったという評価がある。

　倪(2011)では、中国の大学の日本語学科の卒業生、採用企業、ビジネス日本語の教師に質問紙調査を実施し、ビジネス日本語の授業の問題点を明らかにした上で、改善を目指し、タスク先行型ロールプレイ、シミュレーション、ケース活動の体験型教室活動を取り入れた実験授業を行った。タスク先行型ロールプレイは言語の間違いへの気づき、シミュレーションは臨場感あふれる行動、ケース活動は話し合いを通して、ビジネスマナーの理解を促進することが窺えたと評価されている。実験授業は学習者と授業見学をした日本語教師から肯定的に受け止められたが、「待遇表現」の効果的な指導法に関しては課題が残され、学習者は敬語の言語形式ばかりではなく、状況などに応じて適切に使えないということが明らかになった。つまり、「待遇表現」の適切な使用は中国語母語話者にとって容易なことではないことが今回の実験授業で分かった。中国のビジネス日本語教科書に「待遇表現」を配慮した記述が少ないということも分かった。

　これらの「待遇表現」に関する教育実践からみると、「待遇表現」の教育はビジネス日本語教育においては大変重要な項目であることが

分かった。また、「待遇表現」の教育において、表現形式の練習の他に、ロールプレイや体験型教室活動によって、学習者の意識化を図り、場面に対応する応用力を養うことが重要であることが分かった。

　また、ビジネス日本語教育における新教授法の活用について、上田(1995)は、香港城市理工学院(現香港城市大学)、商業及び管理学系の日本語コースで、海外で日本語を学ぶ場合、問題となる言語教育環境を「質的」・「量的」に補強するために、教師と学習者との「テープ通信」を用いて改善を試みた。その結果、両者のインターアクションの機会が高まり、言語運用能力の向上にも効果が現れた。特に、学習者の談話の型で発展が見られ、ほとんどの学習者が「段落レベル」の談話を構成できるようになった。

　鈴木(2009)では、立教大学観光学部におけるPBL型(Project Based Learning、日本語では「問題発見解決型学習」と翻訳される)ビジネス日本語教育の授業実践を検証しながら、その可能性について論じている。このプロジェクトで求められる日本語スキルとは、表面的な日本語力ではなく、その日本語をどのように使ってビジネス場面のコミュニケーションを実践するかということである。授業の内容について、学生の実生活に直結したリアルなテーマ、もしくは彼らにとって問題解決に必須なテーマを設定した。前期の前半は電話会話やビジネスメールの作成により、言語側面の学習を行い、その後、前期の後半から後期にかけてPBL形式でのインタビュー活動を実施することになった。授業に対する満足度は平均点3.8であり、学んだ内容としておおむね妥当という評価で、授業の狙いも理解されていたと判断できている。また、「自ら体験できることがよかった、フォーマルな日本語を使う機会が多かったという評価があり、今回の学習活動を通して、発話内容や場面に応じて敬語使用を調整する必要があると意識し始めた(鈴木 2009：146)」という結果がある。

　高江洲・中川(2009)では、2007年秋にスタートしたアジア人財資金構想におけるビジネス日本語教育の一つであるビジネス会話クラスのカリキュラムの紹介と授業者の授業への取り組みとその結果を

まとめ、考察した。ビジネス会話クラスは日本語ビジネス教育を受講するときに要求される日本語水準に達していない学生に、日本語能力の強化を図るために設けられたクラスであり、「① 日常のビジネス場面において、ある程度の日本語によるコミュニケーションの技能を身に付ける、② 日本における就職活動やビジネスに対する知識を深め、日本語を使って適切に行動する能力、および異文化調整能力を身に付ける、③ 日本語及びビジネスに関することを自立的に学習できるようになり、積極的に社会にかかわっていける社会人としての基礎力(「前に踏み出す力」・「考え抜く力」・「チームで働く力」)を身に付ける(高江洲・中川 2009：26)」という三つの目標が設定されている。授業の内容は、「① 日常のビジネス場面で行われるコミュニケーション活動に必要な日本語を場面・機能シラバス中心に授業した。具体的には、ビジネス語彙と使用法、敬語表現の適切な使用法、電話応対の仕方、ビジネス文書の書き方などを取り上げた、② 日本における就職活動やビジネスに対する基礎知識、③ 社会人になるにあたって必要な態度や行動に関する情報、④ ビジネス語彙クイズ、⑤ ビジターセッション(高江洲・中川 2009：26)」の五つの内容がある。結果として、「① DVDを使用し、様々なビジネスシーンを具体的に映像としてみることはビジネス・コミュニケーションに必要な日本語を理解するのに容易である、② ビジネス文書作成というビジネススキルの習得は社会人になりビジネス場面に直面した際の自信の一つになるはずだとの学生の声があった(高江洲・中川 2009：29)」の2点が挙げられている。

　これらの先行研究からみると、ビジネス日本語教育において、様々な教育方法を採用し、様々な面から学習者のビジネス日本語能力を高めることが望まれており、その中でも、問題発見解決型の学習のような学習者の積極性を引き起こすことができる教育方法が学習者に評価されていることが分かった。

2.2.2.4　ビジネス日本語に関する教材の分析

　ビジネス日本語教育の発展に伴い、教材の開発が益々盛んになっ

第二章　ビジネス日本語教育に関する先行研究及び本研究の課題

ている。各教育機関で使用されている教科書や、市販のビデオ教材など、様々な種類がある。これらの教材はどのような方針で編集されているのか、どのような問題点があるのか、ということを明らかにするために、教材の分析が行われている。これらの研究を表13にまとめる。

　これらの分析によると、各教材における問題点はそれぞれ異なっている。

　王(1997)は、台湾におけるビジネス日本語関係の教科書の現状を明らかにするために、台湾におけるビジネス関係の教科書について、調査・分析した。調査の対象となる台湾のビジネス関係の教科書とは、台湾で出版されたものと、日本で出版されたものの著作権を得て、改めて台湾で出版されたものを指している。図書館と書店に限って、37冊の教科書を集め、年代別、出版国別、内容別という三つの点で分析した。また、ビジネス日本語の文型を中心として、各教科書に出ている文型・文法事項について分析した。その結果、「① 内容も多様化してきており、単一のテーマが1冊の教科書となるものもあるし、複数のテーマを1冊の教科書に入れる総合的なものもある、② 電話、訪問、商談、紹介、挨拶の五つは総合的な教科書に多く取り入れられている、③ 総合的な教科書とはいっても、会話に重点を置いたものが多く、ビジネス日本語の聴く、話す、読む、書くという四つの面を同時に配慮しているものは少ない、④ ビジネス日本語によく用いられる文型は敬語と授受表現であり、電話、紹介など、特定の場面である文型で構築された慣用句のような決まった表現がある（王 1997：140）」の4点が挙げられている。

　松嶋(2003)では、ビジネス日本語教育の中で、「待遇表現」の習得は大変重要な学習項目であり、海外で「待遇表現」を学習する際の困難点は、学習者は実際に日本社会を体験することが出来ず、教科書に頼らざるを得ないということを示し、「待遇表現」の扱われ方を焦点にして、中国のビジネス日本語教科書を集めて分析した。蒲谷・川

ロ・坂本(1994)①の「待遇表現」研究の考え方に依拠して、教科書分析時の留意点として、「① 待遇表現を考えていく上で表現主体・相手・話題の人物、それらの人物の人間関係・場(改まり度)・状況設定などの情報は重要である。そこで、対象教科書の冒頭、または各課の冒頭部にそれぞれ記述しているかどうか、② 上記の記述がある場合、具体的にどの程度あるのか、③ 非会話部分に、学習目的の設定があるのか、④ 待遇表現に配慮した記述・説明があるのか(松嶋2003：60)」の4点が挙げられている。これに基づいて教科書を分析した結果、① 教科書の冒頭部、または会話文の前に待遇表現を考えていく上で必要な情報が記述してある教科書は、1冊もない、② その他の情報の記載している教科書も全くない、③ 課ごとの学習目的を設定している教科書は1冊もない、④ 非会話部分の記述・説明に待遇表現に関する記述・説明がある教科書は、全13冊の調査対象の中に1冊だけ、解説の中に関連があると判断できるものがあった、⑤ 学習目的に基づいて表現練習・練習問題を作成している教科書も1冊もない、但し、表現練習・練習問題がある教科書は5冊あり、そのうち、待遇表現や日本人とのビジネスにおける文化を意識した設問が見られる教科書は3冊あることが明らかになった。

表13　ビジネス日本語の教材に関する先行研究

研究	研究の内容	研究の対象	研究の結果
王 (1997)	台湾のビジネス日本語教科書の分析	台湾の教科書	電話・訪問・商談・紹介・挨拶の設定が多い、聴く・話す・読む・書く四技能を配慮するものが少ない、敬語と授受表現が多い。
松嶋 (2003)	中国のビジネス日本語教科書の分析	中国の教科書	待遇表現の配慮が少ない。

① 蒲谷宏・川口義一・坂本恵(1994：1)は、「待遇表現」とは、「表現主体」が文化的・社会的諸条件に下で、「人間関係」や「場」、「表現形態」を認識しつつ、適切な「文話」を構成して「表現意図」を叶える一連の表現行為であると定義している。

续表

研究	研究の内容	研究の対象	研究の結果
樋口(2008)	ビジネスと非ビジネス教科書の敬語使用の比較分析	ビデオ教科書	ビジネス場面の敬語使用は非ビジネス場面の2倍を超えている。
トムソン・尾辻(2009)	ビジネス日本語教科書におけるジェンダーの使用分析	『ビジネスのための日本語』	会話の提示だけではなく、解説やタスクを入れる必要がある。

　樋口(2008)では、発話機能をテーマに作成されたビデオ教科書を分析対象としてビジネス場面と非ビジネス場面で使用される敬語を比較し、敬語使用の多さがビジネス場面を特徴づける要素の一つであることを示し、そこでの敬語使用の在り方を詳しく調べ、学部留学生に対する敬語教育において優先的に指導すべき点を明らかにした。その結果、「① 敬語使用はビジネス場面の日本語の特徴の一つと言え、その程度は非ビジネス場面の2倍を超える、② ビジネス場面では、『くださる』『いただく』に関連する授受表現が多く使用されている、③ ビジネス場面では、『お(ご)…なる』『…られる』のような表現はあまり用いられない、④ ビジネス場面の謙譲語は、『伺う』の使用が目立った、他に、『お(ご)…する/いたす』では『お待たせしました/いたしました』が多くみられる、⑤『…でございます』『…ております』のような文末表現を使って丁寧さを表す傾向がある(樋口2008：49)」の5点が挙げられている。

　トムソン・尾辻(2009)では、ビジネス日本語の教科書を取り上げ、その教科書を巡る日本語教育をジェンダーの視点から検討した。教科書の内容分析だけではなく、教科書著者チームとの質疑応答、授業観察、教師と学習者へのインタビューをデータとし、教科書がどのように作成され、ジェンダーが表現され、そして、それがどのように使われ、学ばれるかを考察した。分析対象となっている教科書は米田・他(1998)の『ビジネスのための日本語』[1]という教科書である。

---

[1]　米田隆介・他(1998)『ビジネスのための日本語』スリーエーネットワーク

調査では、教科書の分析、2回の授業観察、コース終了後に教師と、学習者2人にインタビューを行い、また、著者チームにメールで質問に対する回答を依頼した。分析の結果、熟練の教師が教えた場合でも教科書を批判的に使いこなすのは難しいこと、教科書にまつわる事象は非常に複雑であることが明確となり、言語資源としての「女ことば」「男ことば」を自分のものとして使いこなせるように学習者を支援するためには、女同士、男同士の会話の提示だけではなく、解説やタスクを入れる必要があると示している。

　これらの研究からみると、現在様々なビジネス日本語教科書が開発されているが、会話の場面と内容、また会話の提示などには、まだ不足している点があり、待遇表現の配慮や解説とタスクの取入れが要望されていることが分かった。

2.3　先行研究の問題点

　先行研究では、ビジネス日本語教育は何を教えるか、どのように教えるか、などの課題は、ビジネス現場や教育現場に対する調査・分析によってある程度明らかになっている。ビジネス日本語教育は日本語や日本文化の教育だけではなく、学習者の異文化調整能力や問題解決能力などの養成を含めて、もっと広い視点から教育の目的を検討し、完備なカリキュラムを設置することが必要であると多く指摘されている。また、教師による一方的な授業ではなく、学習者の積極性を引き起こすことができる授業方法が望まれていることが分かった。

　先行研究では、ビジネス日本語教育の方向性は充分検討されているが、具体的な教育項目や教育方法を検討する研究はまだ足りない。例えば、教育の体系性と実用性に関する研究から考えると、先行研究には二つの問題点が挙げられる。

　一つ目は、ビジネス日本語教育の内容について様々な研究はなされているが、教育の体系性とは具体的に何なのか、どのような教育が体系性を持っているのかということがまだ明確にされていない。教育の体系性を考えると、教育機関や学習者の差異に配慮する必要があると考えるが、先行研究では、教育機関や学習者の差異に配慮し、教育内容を体系化することに関する研究はまだなされていない。先行研究では、ビジネス日本語教育の内容について、企業の日本語人材に対するニーズや企業におけるビジネス日本語の使用実態に関する調査などを通して、待遇表現の運用能力や異文化調整能力などの育成がビジネス日本語教育の目的として取り上げられている。しかし、すべての教育機関が同じような内容を教えるのは不可能であり、学習者のニーズもそれぞれ異なっている。従って、教育内容を考え

るときに、その教育機関の現状や学習者のニーズに対応して、具体的に検討する必要がある。

　二つ目は、海外のビジネス日本語教育の現状についての調査から、実用性がないということが指摘されているが、実用性ということは何なのか、どのような教育が実用性を持っているのかについての研究がなされていない。例えば、中国のビジネス日本語教育の現状に関する調査から、「教科書の内容が古い、実用性がない」ということが明らかになったが、それらの教科書は具体的にどこが問題点であるのか、どの部分が実用性に欠けているのか、どのように解決するのかに関して、具体的に研究されていない。教科書をもっと深く分析し、その問題点を具体化することに基づいて、改善案を提出する研究が望ましいと考えている。

2.4　本研究の課題

　先行研究の問題点に基づいて、本研究では中国のビジネス日本語教育の体系性と実用性について課題を設定する。
　まず、中国の大学におけるビジネス日本語教育にとって、体系性を持つ教育とはどのような教育なのかという課題を明らかにするために、次の3点を検討する必要があると考える。

　① 中国の大学におけるビジネス日本語教育の目的は何なのか。
　② その目的を達成するために、どのような教育内容が必要なのか。
　③ これらの内容はどのようにカリキュラムに盛り込むのか。

　したがって、中国のビジネス日本語教育の体系性については、この三つの課題について文献調査や現状調査をもとに分析考察を行う。
　次に、教科書の実用性について分析考察を行う際に、どの観点から分析考察を行うのかが重要になってくると考えられる。例えば、ある教科書に対して、「文法教育」の観点から考察すれば、実際に使用されている文法項目がすべて総括されているため、実用性があると判断できるが、「会話能力の育成」の観点から考察すれば、会話練習が不足しているため、実用性に欠けていると判断できる。このように、観点が異なると、その教科書が実用性を持っているかどうかを判断する基準も異なる。
　予備調査や先行研究によれば、「待遇表現」の教育はビジネス日本語教育における重要な項目でもあり、中国の大学における日本語学習者が学習したい項目の一つでもある。従って、本研究は「待遇表現」の観点から中国のビジネス日本語教科書の実用性を分析考察す

る。そのために、次の2点を検討する必要があると考える。

　① 待遇表現から見ると、実用性を持つ日本語教科書はどのようなことを配慮しなければならないのか。
　② 中国のビジネス日本語教科書で、これらのことが配慮されているのか。どれほど配慮されているのか。

　よって、教科書の実用性に関しては、この二つの課題について、文献調査や教科書分析によって考察を行う。

2.5　本書の構成

　本書は九章で構成され、具体的な内容は図3のように図式化される。
　第一章では、研究の背景と目的を説明し、研究のキーワードを定義する。
　第二章では、先行研究を概観し、問題点を見出す。またこれに基づいて、研究の課題を設定する。
　第三章では、中国の大学におけるビジネス日本語教育の目的の再考とカリキュラムの体系化に焦点を当て、まずビジネス日本語教育に関する先行研究を概観し、また先行研究で明らかになったビジネス日本語教育の目的と教育内容をまとめ、中国におけるビジネス日本語教育の現状に照らし合わせ、キャリア教育の視点から中国の大学におけるビジネス日本語教育の目的を明確にする。また、それに基づいて、カリキュラムの体系化について提案する。
　第四章から第五章までは、「待遇表現」を取り上げ、その教育の実用性について考察する。
　第四章では、「待遇表現」に関する理論を整理し、本書における「待遇表現」について定義を行い、「待遇表現」を効果的に教えるために、実用性のある教科書にはどのような要素が重要であるのかについて検討する。
　第五章では、「待遇表現」に関する「情報記述」から中国のビジネス日本語教科書の実用性について考察する。
　第六章では、会話文の「場面設定」から中国のビジネス日本語教科書の実用性について考察する。
　第七章では、教科書の会話文と自然会話の比較から中国のビジネス日本語教科書の実用性について考察する。

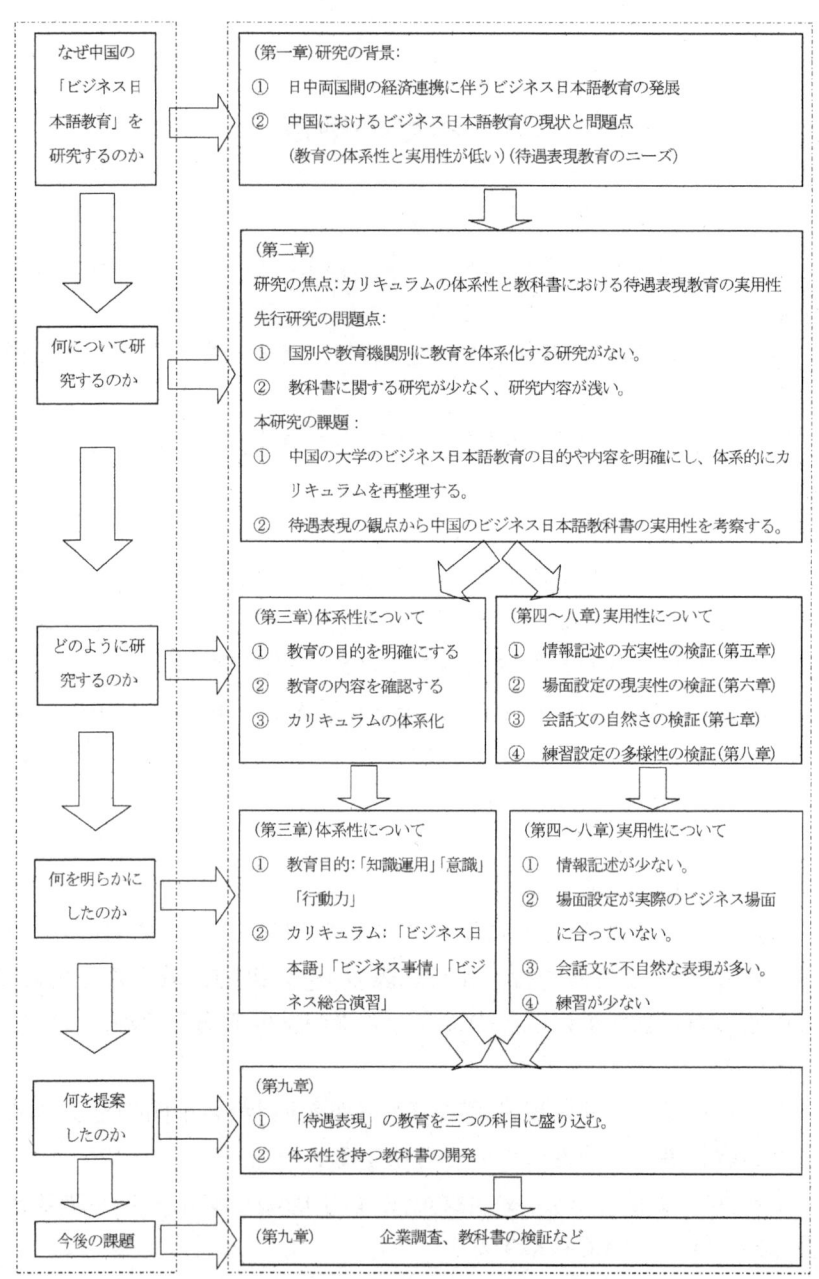

図3　本書の構成図

第八章では、教科書の「練習設定」から中国のビジネス日本語教科書の実用性について考察する。

　第九章では、研究の結果に基づいて、中国のビジネス日本語教育の体系性と実用性を総合的に考察し、問題の解決に向けた改善案を提案する。

第三章　キャリア教育の視点から考える中国の大学におけるビジネス日本語教育

　鐘(2005)では、『中国人民共和国高等教育法』に基づいて、高等教育の目的は中等教育を受けた学生を社会のニーズに応えられる専門的人材に育成することと規定され、この目的に達成するために、どのように各専攻の全体的なカリキュラムと各科目の具体的な目標を設置するのかが重要であると述べられている。しかし、予備調査や先行研究の結果からわかるように、中国の大学におけるビジネス日本語教育は、教育目的が全面的ではなく、教育内容には落とし穴がある。また、設定しているカリキュラムも体系性に欠け、断片的な内容が多い。そのため、教育の目的を再考し、それをもとに必要な教育内容を考え、体系的なカリキュラムを設置することが中国の大学におけるビジネス日本語教育では重要なこととなっている。しかし、教育目的を検討する際に、どの視点から検討するかが非常に重要なことであり、視点が異なれば、教育目的も異なってくる。

　本章では、まずビジネス日本語教育の教育目的を検討する視点を定め、また先行研究の結果を踏まえ、その視点からビジネス日本語教育の目的を明確化し、その目的を達成するために必要な教育内容を検討する。最後に、中国の大学の教育現状に合わせ、中国の大学におけるビジネス日本語教育のカリキュラムの体系化について提案する。

3.1 中国の大学におけるビジネス日本語教育を検討するための視点

　本研究では、ビジネス日本語教育の特性を考え、また現在の中国におけるビジネス日本語教育の現状と問題点を照らし合わせ、キャリア教育の視点から中国におけるビジネス日本語教育を検討することにする。そのため、本節において、キャリア教育とは何か、なぜキャリア教育の視点からビジネス日本語教育の目的を検討するのか、どのように検討するのかについて述べる。

3.1.1　キャリア教育とは

　日本では、キャリア教育の実践が初めて提唱されたのは1999年である。1999年12月、中央教育審議会は「初等中等教育と高等教育との接続の改善について(答申)[①]」において、「学校と社会及び学校間の円滑な接続を図るためのキャリア教育を小学校段階から発達段階に応じて実施する必要がある」と提唱した。このことは、その後キャリア教育推進施策が展開する大きな契機となった。文部省の政策関連文書において「キャリア教育」という用語を使用したのはこの答申が初めてである(藤田 2014:45)。この答申におけるキャリア教育は、「若年者雇用」をめぐる危機意識を背景として提唱されたものである。この答申では、「キャリア教育」について、「望ましい職業観・勤労観及び職業に関する知識や技能を身につけさせるとともに、自己の個性を理解し、主体的に進路を選択する能力・態度を育てる教育」と説明している。藤田(2014)はこの時期を「キャリア教育の草創

[①]　中央教育審議会「初等中等教育と高等教育との接続の改善について」(1999年12月16日)

> > > > 第三章　キャリア教育の視点から考える中国の大学におけるビジネス日本語教育

期」と位置付けている。

　2011年1月、中央教育審議会がまとめた答申「今後の学校におけるキャリア教育・職業教育の在り方について[①]」において、今の学校教育における実践を支えるキャリア教育概念が示されている。若年者雇用のみではなく、進学をめぐる問題にも言及し、進学・就職後の「社会的・職業的自立や生涯にわたるキャリア形成を支援する」ことが必要であると言われている。「草創期のキャリア教育」への中核的な期待がいわば「若者を職に就かせる」ことであったことは対照的である（藤田 2014）。この答申において、学校教育では、社会人・職業人として自立していくために必要な基盤となる能力や態度を育成することを通じて、一人一人の発達を促していくことが必要であることが主張された。このことを理解したうえで、藤田(2014)は、「一人一人の社会的・職業的自立に向け、必要な基盤となる能力や態度を育てることを通して、キャリア発達を促す教育」を「キャリア教育」と定義づけている。また、この答申において、「キャリア教育」の方法原理について、「特定の活動や指導方法に限定されるものではなく、様々な教育活動を通して実践される」という大原則が示され、その上で、「社会や職業にかかわる様々な現場における体験的な学習活動の機会を設ける」ことが必要であると示されている。

3.1.2　キャリア教育の視点から検討する理由

　予備調査の結果から分かるように、現在の中国のビジネス日本語教育は就職支援としての教育であると位置づけられている。ビジネス日本語教育を通して、学習者を自分が望んでいる職に就かせ、職場で必要な技能や能力を身につけさせることが目的である。しかし、予備調査から明らかになったのは、現在中国のビジネス日本語教育は断片的な内容が多くて、企業や学習者のニーズを満たすことがで

[①]　中央教育審議会「今後の学校におけるキャリア教育・職業教育の在り方について(答申)」(2011年1月31日)

きていないのが現実である。これらの断片的な内容について、相互につなぎ、体系的・系統的な指導へと転換していく必要がある。教育内容を体系的に整理するときに、視点によってその整理の仕方が変わってくる。本研究では、ビジネス日本語教育と職業キャリアの関係をもとに、キャリア教育の視点からビジネス日本語教育を検討することにする。以下、その理由をキャリア教育の意義と効果の点から述べる。

　キャリア教育の意義と効果について、中央教育審議会答申（2011）は次の3点を挙げている（答申の第一章2）。以下、そのまま引用する。

　　第一に、キャリア教育は、一人一人のキャリア発達や個人としての自立を促す視点から、学校教育を構成していくための理念と方向性を示すものである。各学校がこの視点に立って教育の在り方を幅広く見直すことにより、教職員に教育の理念と進むべき方向が共有されるとともに、教育課程の改善が促進される。
　　第二に、キャリア教育は、将来、社会人・職業人として自立していくために発達させるべき能力や態度があるという前提に立って、各学校段階で取り組むべき発達課題を明らかにし、日々の教育活動を通して達成させることを目指すものである。このような視点に立って教育活動を展開することにより、学校教育が目指す全人的成長・発達を促すことができる。
　　第三に、キャリア教育を実践し、学校生活と社会生活や職業生活を結び、関連づけ、将来の夢と学業を結びつけることにより、生徒・学生などの学習意欲を喚起することの大切さが確認できる。このような取り組みを進めることを通じて、学校教育が抱える様々な課題への対処に活路を開くことにもつながるものと考えられる。

以上のように、キャリア教育の意義と効果がまとめられている。「教

育の理念と方向性の明示」「教育課題の明示」「学生の学習意欲の喚起」の3点は、現在中国のビジネス日本語教育において解決しなければならない課題と合致する。キャリア教育の視点から中国のビジネス日本語教育を検討することによって、教育の目的は何なのか、その目的を達成するために何をどのように教育するのか、などの基本的なことを明らかにすることができる。以上の理由により、本研究では、「キャリア教育」の視点から中国のビジネス日本語教育を検討していくこととする。

3.1.3 キャリア教育の視点から検討する方法

　キャリア教育の視点からビジネス日本語教育を検討する際、何を切り口として考えるべきだろうか。

　前節で示したように、審議会答申（2011）において、キャリア教育について、「一人一人の社会的・職業的自立に向け、必要な基盤となる能力や態度を育てることを通して、キャリア発達を促す教育」と定義し、また、「社会的・職業的自立に向け、必要な基盤となる能力や態度」の具体化によって、各学校が取り組むべき課題を明らかにし、日々の教育活動を通して達成させると述べている。そして、「社会的・職業的自立に向け、必要な基盤となる能力や態度」のうち、その育成をキャリア教育が中核的に担うべきものとして、「基礎的・汎用的能力」が提示されている（表14参照）。

　表14で示すように、「基礎的・汎用的能力」は「人間関係形成・社会形成能力」「自己理解・自己管理能力」「課題対応能力」「キャリアプランニング能力」の四つの能力によって構成されている。この四つの能力について、審議会答申（2011）は、「これらの能力をどのようなまとまりで、どの程度身につけさせるかは、学校や地域の特色、専攻分野の特性や子供・若者の発達の段階によって異なると考えられる。各学校においては、この四つの能力を参考し、それぞれの課題を踏まえて具体的な能力を設定し、工夫された教育を通して達成することが望まれる」と述べている。

表14　基礎的・汎用的能力を構成する四つの能力（藤田 2014:63）

人間関係形成・社会形成能力 ○多様な他者の考えや立場を理解し、相手の意見を聴いて自分の考えを正確に伝えることができるとともに、自分の置かれている状況を受け止め、役割を果たしつつ他者と協力・協働して社会に参画し、今後の社会を積極的に形成することができる力 ○この能力は、社会とのかかわりの中で生活し仕事をしていくうえで、基礎となる能力である。特に、価値の多様化が進む現代社会においては、性別、年齢、個性、価値観などの多様な人材が活躍しており、様々な他者を認めつつ協働していく力が必要である。また、変化の激しい今日においては、既存の社会に参画し、適応しつつ、必要であれば、自ら新たな社会を創造・構築していくことが必要である。さらに、人や社会とのかかわりは、自分に必要な知識や技能、能力、態度を気付かせてくれるものでもあり、自らを育成するうえでも影響を与えるものである。 ○例えば、他者の個性を理解する力、他者に働きかける力、コミュニケーション・スキル、チームワーク、リーダーシップなど
自己理解・自己管理能力 ○自分が「できること」「意義を感じること」「したいこと」について、社会との相互関係を保ちつつ、今後の自分自身の可能性を含めた肯定的な理解に基づき主体的に行動すると同時に、自らの思考や感情を律し、かつ、今後の成長のために進んで学ぼうとする力 ○この能力は、子供や若者の自信や自己肯定感の低さが指摘される中、「やればできる」と考えて行動できる力である。また、変化の激しい社会にあって多様な他者との協力や協働が求められている中では、自らの思考や感情を律する力や自らを研さんする力がますます重要である。 ○例えば、自己の役割の理解、前向きに考える力、自己の動機づけ、忍耐力、ストレスマネジメント、主体的行動など
課題対応能力 ○自らが行うべきことに意欲的に取り組むうえで必要なもの ○また、知識基盤社会の到来やグローバル化などを踏まえ、従来の考え方や方法に囚われずに物事を前に進めていくために必要な力である。さらに、社会の情報化に伴い、情報及び情報手段を主体的に選択し活用する力を身につけることも重要である。 ○例えば、情報の理解・選択・処理など、本質の理解、原因の追究、課題発見、計画立案、実行力、評価・改善など
キャリアプランニング能力 ○「働くこと」の意義を理解し、自らが果たすべき様々な立場や役割との関連を踏まえて「働くこと」を位置付け、多様な生き方に関する様々な情報を適切に取捨選択・活用しながら、自ら主体的に判断してキャリアを形成していく力 ○この能力は、社会人・職業人として生活していくために生涯にわたって必要となる能力 ○例えば、学ぶこと・働くことの意義や役割の理解、多様性の理解、将来設計、選択、行動と改善など ○「プランニング」は単なる計画の立案や設計だけでなく、それを実行し、場合によっては修正しながら実現していくことを含む。

第三章　キャリア教育の視点から考える中国の大学におけるビジネス日本語教育

　これに基づいて、本研究では、キャリア教育の視点から中国のビジネス日本語教育を検討するということは、「基礎的・汎用的能力」を構成する四つの能力を育成するために、中国のビジネス日本語教育において、具体的にどのような能力を設定するのか、どのような課題があるのか、どのような方法で達成させるのか、などについて検討するものとして考える。

3.2 キャリア教育の視点から考える中国の大学におけるビジネス日本語教育の目的

　先行研究では、企業のニーズや使用実態などからビジネス日本語教育の目的と内容について考察し、様々な研究結果が提出されている。しかし、これらの先行研究の大部分は、ある一部の側面からビジネス日本語教育の目的と内容を考察するものであるため、それらの結果だけではビジネス日本語教育の全貌を明らかにすることに限界があると考えられている。例えば、「言語」に注目する研究は「言語」に関する教育の目的と内容を考察しているが、文化などについての考察はない。したがって、ビジネス日本語教育の目的と内容を検討するときに、限られた少数の研究ではなく、できる限り多くの研究の結果を参考にし、様々な側面を含めた全体的な教育目標と内容をまとめる必要がある。本研究は、ビジネス日本語教育に関する先行研究を多く概観し、キャリア教育の視点から、その結果を再度整理する。そして、ビジネス日本語教育の目的を明確化し、目的を達成するために必要な内容を検討する。キャリア教育は言語教育に限らず、学習者がキャリア形成のための様々な能力を育成することを目的としていることから、ビジネス日本語教育の目的と一致していると考えられる。そこで、本研究はキャリア教育の視点からビジネス日本語教育の目的と内容を検討することとする。

　前節で示しているように、キャリア教育の目的は、「社会的・職業自立に向け、必要な基盤となる能力や態度」を育成することであり、そのうち、キャリア教育が中核的に担うべきものとして、「基礎的・汎用的能力」が提示されている。「基礎的・汎用的能力」は、「人間関係形成・社会形成能力」「自己理解・自己管理能力」「課題対応能力」「キャリアプランニング能力」の四つの能力によって構成されて

▶ ▶ ▶ ▶ 第三章　キャリア教育の視点から考える中国の大学におけるビジネス日本語教育

いる。

　先行研究の結果に結び付けると、キャリア教育の「基礎的・汎用的能力」を育成するために、ビジネス日本語教育においては、「知識運用面」「意識面」「行動面」という三つの面の能力と意識を育成する必要がある。「知識運用面」能力とはキャリア形成に必要な専門的知識と運用能力を指している。「意識面」とは社会人意識のことを指し、キャリア形成に必要な他人尊重やチームワークなどに関する意識のことである。「行動面」能力は社会人行動力のことを指し、キャリア形成に必要な自己計画や課題対応などの実践的能力のことである。具体的な内容は表15のようにまとめられる。

表15　キャリア教育の視点から考えるビジネス日本語教育の目的

キャリア教育＼ビジネス日本語教育	知識運用面(専門的知識と運用能力)		意識面 (社会人意識)	行動面 (社会人行動力)
	ビジネス日本語知識	ビジネス専門知識		
人間関係形成・社会形成能力	・基礎的日本語力 ・「待遇表現」運用能力	・ビジネス文化習慣理解力	・他人尊重意識 ・協働、チームワーク意識	・異文化調整能力
自己理解・自己管理能力			・自己理解意識	・自己分析能力 ・自己計画能力
課題対応能力	・基礎的日本語力 ・専門用語運用能力	・専門知識理解運用能力	・主体性意識 ・協働意識	・情報収集、理解、分析、処理能力 ・計画、実行能力
キャリアプランニング能力			・自己理解意識 ・「働くこと」の意義を理解する意識	・キャリア計画、実行能力

　次に、「基礎的・汎用的能力」を育成するために、ビジネス日本語教育において、なぜこの三つの面の能力を育成しなければならないのかを具体的に述べる。

キャリア教育を通して育成するのはまず「人間関係形成・社会形成能力」である。「人間関係形成・社会形成能力」とは、多様な他者の考えや立場を理解し、相手の意見を聴いて、自分の考えを正確に伝えることができるとともに、自分の置かれている状況を受け止め、役割を果たしつつ、他者と協力・協働して社会に参画し、今後の社会を積極的に形成することができる力である（藤田 2014：63）。「人間関係形成・社会形成能力」を育成するために、ビジネス日本語教育においては、「知識運用面」「意識面」「行動面」の三つの面の能力の育成が必要である。

　「知識運用面」では、キャリア形成に必要な専門的知識と運用能力として、まず基礎的な日本語力が必要であり、様々な場面における日本語の「聴く」「話す」「読む」「書く」の四技能を高め、円滑にコミュニケーションができるようになることが重要である。この能力がない場合、相手の意見に対して、自分の考えを正確に伝えることができない。また、良い人間関係を築き、保つためには、日本語特有の「待遇表現」を適切に使う能力も必要である。さらに、ビジネス世界の文化や習慣などに対する理解力も必要である。相手の文化や習慣を理解できない場合、相手の考えや立場を理解することができないため、トラブルが発生する恐れが高くなる。

　「意識面」では、「社会人意識」を強化する必要がある。これは、「社会人意識」の一つとして、まずは他人を尊重するという意識である。文化背景が異なる人と仕事をするとき、相手の文化を尊重し、相手の考えや立場を理解しないと、問題が多く発生するという報告が多い。この他人を尊重することの他に、チームワークに対する意識も「社会人意識」の一つである。学校を卒業し社会に出ると、自分一人でできないことが多くなり、他者と協力・協働することが人間関係形成と社会形成にとって非常に重要であり、社会人として、このことを意識しなければならない。

　「行動面」では、「社会人行動力」の一つとしての「異文化調整能力」の育成が必要である。文化背景が異なっている人と一緒に仕事する

第三章　キャリア教育の視点から考える中国の大学におけるビジネス日本語教育

場合、文化が異なることにより、文化摩擦が頻繁に発生する。これらの摩擦が生じた場合、どのように異文化調整をし、摩擦を解消するのかは極めて重要である。その際に、「異文化調整能力」が要求される。実質的に文化摩擦を解消する能力である。

　以上、「人間関係形成・社会形成能力」を育成するために、ビジネス日本語教育で育成する必要がある能力について詳しく述べた。次は、「自己理解・自己管理能力」について述べる。

　「自己理解・自己管理能力」とは、「自分が『できること』『意義を感じること』『したいこと』について、社会との相互関係を保ちつつ、今後の自分自身の可能性を含めた肯定的な理解に基づき主体的に行動すると同時に、自ら思考や感情を律し、今後の成長のために進んで学ぼうとする力である（藤田 2014：63）」。従来の考えであれば、「自己理解・自己管理能力」の育成は、ビジネス日本語教育の目的になるのかという疑問があるであろう。「自己理解・自己管理能力」は学習者の自信や自己満足感の促進に関連している。予備調査の結果からわかるように、中国の大学におけるビジネス日本語教育の目的の一つは学習者の自信を高めるということであり、この面から考えると、学習者の「自己理解・自己管理能力」の育成は必要である。そのため、「自己理解・自己管理能力」を育成するために、ビジネス日本語教育においては、「意識面」と「行動面」の能力を育成しなければならない。

　「意識面」では、まず学習者に「自己理解」の必要性について意識を強化させる必要がある。自分は何ができるのか、何をしたいのか、将来についてどう考えているのかなどについて、あまり意識しておらず、とりあえず就職したいと考えている学習者が少なくない。この状態では、就職しても、その仕事の意義を理解できず、仕事の意欲が低下する恐れがある。そのため、その仕事に対して、自分は何ができるのかが分からず、自信も失ってしまう可能性がある。こうした点から考えた場合、「自己理解」に対する意識の強化は非常に重要なことである。

　「行動面」では、「自己理解」意識を持ち、自主的に自己分析・自己計

画ができる能力を育成する必要がある。意識を持つだけでは、自分自身について考えることだけに留まる。そのため、意識を持つだけではなく、実際に自己分析・自己計画という行動に移さなければならない。学習者がどのように自己分析・自己計画するのかについて教育し、学習者の「自己分析・自己計画」能力を育成しなければならない。

　キャリア教育では、「課題対応能力」の育成が極めて重要である。「課題対応能力」には、まずどんな課題があるのかという「課題発見能力」が必要であり、またなぜその課題があるのかという「課題分析能力」も必要である。さらに、課題を解決するために、計画を立案したり、実行したり、評価したりする「課題処理能力」が必要である。どの段階でも、情報の収集・理解・分析・処理する能力が必要である。これらの能力を育成するために、ビジネス日本語教育において、「知識運用面」「意識面」「行動面」の三つの面の能力を育成しなければならない。

　「知識運用面」では、まず情報の収集や理解に必要な「基礎的日本語力」と「専門用語運用力」の育成が不可欠である。課題を発見・分析・処理するときに、その領域の専門知識に対する理解・運用力が必要であり、この部分の教育も欠かしてはいけない。

　「意識面」では、学習者の主体的、積極的に課題を発見・分析・処理する意識を強化しなければならない。また、課題を発見・分析・処理するには、協働が必要であるという意識を強化しなければならない。個人だけではなく、チームワークで課題を解決する態度が必要である。

　「行動面」では、まず課題発見と課題分析に必要な情報の収集・理解・分析・処理の能力の育成が必要である。どのように情報を収集するのか、収集した情報をどのように分析し処理するのかについての教育と練習が必要である。また、課題解決のための計画を立案し実行する能力も必要なのである。

　最後に、キャリア教育を通して育成する能力は「キャリアプランニ

ング能力」である。「キャリアプランニング能力」とは、「働くこと」の意義を理解し、自らが果たすべき様々な立場や役割との関連を踏まえて、「働くこと」を位置づけ、多様な生き方に関する様々な情報を適切に取捨選択・活用しながら、自ら主体的に判断してキャリアを形成していく力である(藤田 2014:63)。ビジネス日本語教育がなぜ「キャリアプランニング能力」を育成する必要があるのか。その理由として、この能力は社会人・職業人として生活していくために生涯にわたって必要となる能力であるということが挙げられる。日本語学習者についても同様に、「なぜ日本語を学習するのか」「将来どんな仕事ができるのか」「仕事は自分にとってどんな意義があるのか」などについて明確に考えることにより、学習目的が明確になったり、学習意欲を高めたりすると思われる。そのため、ビジネス日本語教育では、「キャリアプランニング能力」を育成する必要がある。

「キャリアプランニング能力」を育成するために、「意識面」と「行動面」から能力を育成しなければならないと考える。「意識面」では、学習者の「自己認識」、または「働くこと」の意義に対する意識を強化する必要がある。学習者が自分のキャリアについてよく認識し、「働くこと」の意義に対して意識することができなければ、主体的にキャリアプランニングをすることもないだろう。「行動面」では、学習者のキャリア計画・実行能力を育成しなければならない。「どのように自分のキャリアを計画するのか」「どのように計画したことを実行するのか」について、教育、訓練により、学習者のキャリア計画・実行能力を実践的に育成するのが重要である。

以上の内容をまとめると、キャリア教育の視点から考えたビジネス日本語教育の目的は「知識運用面」「意識面」「行動面」という三つの面の能力を育成することである。「知識運用面」では、「ビジネス日本語知識」と「ビジネス専門知識」が含まれ、「ビジネス日本語知識」には、「基礎的日本語力」「待遇表現の運用能力」「専門用語の運用能力」の育成が含まれ、「ビジネス専門知識」には、「ビジネス文化・習慣に対する理解力」「専門的知識に対する理解運用力」の育成が含まれて

いる。「意識面」では、「他人尊重意識」「協働・チームワーク意識」「主体性意識」「働くことの意義を理解する意識」「自己理解意識」などの内容を含める「社会人意識」の育成が必要である。「行動面」では、実践的な「異文化調整能力」「自己分析・計画能力」「情報収集・理解・分析能力」「課題解決計画立案・実行能力」「キャリア計画・実行能力」などの内容を含める「社会人行動力」の育成が必要である。

3.3　中国の大学におけるビジネス日本語教育の体系化

　前節では、ビジネス日本語教育に関する先行研究を概観した上で、キャリア教育の視点からビジネス日本語教育の目的を明確に整理した。しかし、その目的は教育機関と対象者を限定しない、ビジネス日本語教育の一般的な目的である。ビジネス日本語教育を行う教育機関は様々であり、教育の対象も異なっている。そのため、各教育機関は自らの教育理念や学習者の状況に合わせて、学習者に相応しい教育目的を設定し、カリキュラムを組むべきであると思われる。中央教育審議会答申(2011)[①]が示すように、キャリア教育は、一人一人のキャリア発達や個人としての自立を促す視点から、学校教育を構成していくための理念と方向性を示すものである。各学校がこうした視点に立って教育の在り方を幅広く見直すことにより、教職員に教育の理念と進むべき方向が共有されるとともに、教育課程の改善が促進される。例えば、大学の留学生と入社後の一般社員はビジネス日本語に対するニーズはそれぞれ異なっている。そのため、大学の留学生向けのビジネス日本語教育と企業内の研修における一般社員向けのビジネス日本語教育の教育目的は、明らかに異なるものと考えられる。そこで、学習者の状況に合わせてそれぞれ設定する必要があるのである。従って、本節では、前節でまとめているビジネス日本語教育の目的に基づいて、中国の大学の教育現状と学習者の状況に合わせ、中国の大学におけるビジネス日本語教育の体系性を検討する。教育の体系性を検討するために、その教育の位置づけと対象

---

① 　中央教育審議会「今後の学校におけるキャリア教育・職業教育の在り方について(答申)」(2011年1月31日)第一章2参照

者を明確にし、またそれに基づいて、教育の内容とカリキュラムを体系化しなければならない。本節では、これらのことについて具体的に述べる。

3.3.1 中国の大学におけるビジネス日本語教育の位置づけ及び教育の対象者

予備調査の結果からわかるように、現在中国の大学におけるビジネス日本語教育は基礎日本語教育の専門化と就職支援の一環であると位置づけられている。換言すれば、中国の大学におけるビジネス日本語教育は学習者の日本語能力を高め、就職できるようになるための教育と言える。このような位置づけによれば、教育は日本語の教育に重点を置くことが多い。

本研究では、キャリア教育の視点からビジネス日本語教育を考える結果として、ビジネス日本語教育は日本語の教育に限らず、学習者のキャリア形成に必要な知識や能力を総合的に育成しなければならないと考える。従って、本研究で捉えた中国の大学におけるビジネス日本語教育は、基礎日本語の専門化と就職支援の一環ではなく、大学教育と職業キャリアを繋げる架橋であると位置づける（図4、5参照）。

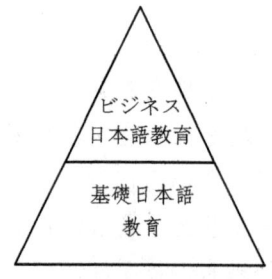

図4　現在中国の大学におけるビジネス日本語教育の位置づけ

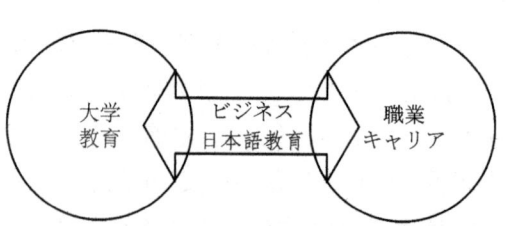

図5　本研究で考えた中国の大学におけるビジネス日本語教育の位置づけ

▶▶▶▶ 第三章　キャリア教育の視点から考える中国の大学におけるビジネス日本語教育

　このような位置づけで考えると、中国の大学におけるビジネス日本語教育は基礎日本語教育の専門化でもあるし、職業キャリア形成のための基礎的教育でもある。その結果、教育の目標や内容は現在の中国の大学でのものと比べ、大幅に拡大される。
　ビジネス日本語教育の対象となる学習者のレベルについては、基礎的日本語教育を受け、日本語能力試験N3レベル以上の学習者が適合すると考える。2009年までの旧日本語能力試験のレベル認定の目安[1]によると、日本語能力試験3級の合格者は、基本的な文法・漢字(300字程度)・語彙(1,500語程度)を習得し、日常生活に役立つ会話ができ、簡単な文章が読み書きできる能力(日本語を300時間程度学習し、初級日本語コースを修了したレベル)が要求され、日本語能力試験2級合格者は、やや高度の文法・漢字(1,000字程度)・語彙(6,000語程度)を習得し、一般的なことがらについて、会話ができ、読み書きできる能力(日本語を600時間程度学習し、中級日本語コースを修了したレベル)が要求される。2009年から、日本語能力試験の認定目安が4段階のレベル認定(1級～4級)から5段階のレベル認定(N1～N5)に変更され、旧2級と3級の間に、N3レベルが新設されている。N3レベル[2]の学習者は、読む能力について、日常的な話題について書かれた具体的な内容を表す文章を読で理解することができること、新聞の見出などから情報の概要をつかむことができること、日常的な場面で目にする範囲の難易度がやや高い文章は、言い換え表現が与えられれば、要旨を理解することができることが要求される。聞く能力について、日常的な場面で、やや自然に近いスピードのまとまりのある会話を聞いて、話の具体的な内容を登場人物の関係

---

[1]　https://www.jlpt.jp/about/pdf/comparison01.pdf#search=%27%E6%97%A5%E6%9C%AC%E8%AA%9E%E8%83%BD%E5%8A%9B+%E5%AD%A6%E7%BF%92%E6%99%82%E9%96%93%E6%95%B0%27〈JLPT日本語能力試験認定の目安（新旧比較）〉2016年8月28日アクセス

[2]　http://www.jlpt.jp/about/levelsummary.html〈JLPT日本語能力試験認定の目安（新）〉2016年8月28日アクセス

などとあわせて理解できることが要求される。このレベルの学習者はビジネス日本語に要求される「聞く」「話す」「読む」「書く」能力をある程度身につけているため、ビジネス日本語を履修するのに適切であると考える。

　中国の大学の教育現状を見ると、大学 3 年や 4 年からビジネス日本語教育を始めるのがほとんどである。大学 3 年の日本語学習者は 2 年間(500 時間程度)日本語を学習したため、レベル的には個人差はあるが、N3 に到達している学習者が多いことから、大学 3 年生を N3 レベルと読み替えて差支えないだろう。本研究では、学習時間や学習レベルの認定から、大学 3 年からビジネス日本語教育を実施し始めるのが適切であると考える。

3.3.2　中国の大学におけるビジネス日本語教育のカリキュラムの体系化

　予備調査の結果からわかるように、中国の大学におけるビジネス日本語教育は、「ビジネス日本語」という科目の下で、ビジネス場面の会話やビジネス専門用語などを教育内容とする場合もあれば、「ビジネス書類」という科目の下で、ビジネスの書類の書き方などを教育内容とすることもある。また、「経済学」という科目の下で、経済に関する知識やビジネス文化などを教育内容とすることもある。しかし、これらの内容をすべて体系的に実施している大学は一校もない。これは教育目的が明確化されておらず、何を教えるべきかについて漠然としていることが原因となっていると考えられる。この現状を考慮し、本研究は、前節でまとめている「知識運用面」「意識面」「行動面」能力を育成するために、中国の大学におけるビジネス日本語教育のカリキュラムを「ビジネス日本語」「ビジネス事情」「ビジネス総合演習」の三つに設定し、それぞれ大学 3 年と 4 年に実施するように設定した。そして、「知識運用面」「意識面」「行動面」能力の育成に必要な内容をこの三つの科目に盛り込んだ。その構成は表 16 にまとめた。

第三章　キャリア教育の視点から考える中国の大学におけるビジネス日本語教育

表16　中国の大学におけるビジネス日本語教育のカリキュラムの構想

対象者	科目	目的	内容	課題
大学3年生	ビジネス日本語	知識運用面： ・基礎的日本語力育成 ・「待遇表現」運用力育成 ・専門用語運用力育成 意識面： ・他人尊重意識養成	・専門用語と待遇表現を含むビジネス場面の「聴く」「話す」「読む」「書く」訓練 ・「待遇表現」教育	どのような場面が必要なのか
大学3年生	ビジネス事情	知識運用面： ・ビジネス文化習慣の理解力育成 ・ビジネス専門知識の理解力育成 意識面： ・異文化理解意識養成 ・他人尊重意識養成 ・自己認識意識養成 ・チームワーク意識育成 ・主体性意識育成	・ビジネス文化・習慣知識教育 ・ビジネス専門知識教育	どのような知識が必要なのか
大学4年生	ビジネス総合演習	知識運用面： ・日本語の総合運用能力育成 ・ビジネス文化習慣の理解力育成 ・ビジネス専門知識の運用力育成 意識面： ・社会人意識養成 ・異文化理解意識養成 行動面： ・社会人行動力 ・異文化調整力	・自己計画訓練 ・キャリア計画訓練 ・課題対応練習 ・異文化対応練習	どのような課題を設定するのか

　科目は三つ設定したが、各科目は「知識運用面」「意識面」「行動面」のいずれかの能力を育成するのではなく、一つの科目で複数の能力を育成することが望ましい。

　中国の大学における日本語学習者が最も伸ばしたい能力が日本語

の運用能力であり、特に様々な場面においてその場面や人間関係などによって適切に日本語を使うという「待遇表現」運用能力の育成に対するニーズが多いことが、予備調査の結果から分かっている。従って、「ビジネス日本語」という科目を設定し、ビジネス専門用語や慣用的表現などを含め、様々なビジネス場面の日本語使用の練習をし、学習者の「聴く」「話す」「読む」「書く」能力を更に伸ばすことを図る。また、学習者の「待遇表現」の学習に対するニーズに合わせ、「待遇表現」に重点を置いて教育を行い、学習者に日本語の「待遇表現」を深く理解させることで、「待遇表現」運用能力を育成する。「待遇表現」教育については、様々な研究や実践があり、様々な課題も存在する。

このような「ビジネス日本語」という科目においては、「どのような場面を設定するのか」をまず考えなければならない。「知識運用面」能力を育成するだけではなく、「待遇表現」の教育を通して、学習者の他人を尊重する意識の養成も望まれている。人間関係を重視することは「待遇表現」教育の重要なポイントであり、人間関係を重視することは他人を尊重する意識の養成が重要である。

「ビジネス事情」という科目においては、ビジネス文化・習慣などの知識とビジネスに関する専門的知識の教育を通して、まず学習者のビジネス文化・習慣、ビジネスに関する専門的知識に対する理解力を育成する。また、主体的に情報収集することによって、学習者の主体性意識を養成することができる。そして、自文化との比較によって、異文化理解意識や自己意識の養成を実現する。しかし、学習者が将来どのような業界で就職するのかは不明であることから、「どのような知識が必要であるのか」については、本研究では扱うことができない。したがって、これは「ビジネス事情」の課題となる。

「ビジネス総合演習」という科目では、中国の大学の日本語学習者は実戦力が弱いという問題点を解決するために、学習者の実戦力を強化することを目的として、実際に課題対応の練習を行う。「自己計画」「キャリア計画」「異文化対応」などについての様々なリアルな課題への対応の練習を通して、学習者の日本語の総合的な運用能力と

第三章　キャリア教育の視点から考える中国の大学におけるビジネス日本語教育

ビジネス文化、ビジネス専門知識に対する理解運用力を高めるものである。また、実践的な練習を通して、学習者のチームワークなどの社会人意識と異文化理解意識を養成し、異文化調整力などの社会人行動力も育成する。しかし、「どのような課題を設定するのか」はこの科目で考えなければならないことである。

　以上、中国の大学におけるビジネス日本語教育のカリキュラムの体系化に関する構想を提案した。この提案は方向性を示すものであり、具体的にどのような内容が必要なのか、どのような方法で教えるのか、どのような課題があるのかについて、研究や実践を通して、更に検討する必要がある。

3.4　本章のまとめ

　日本語や日本文化だけの教育は現在のビジネス日本語教育の発展に見合ったニーズを満たしていないため、本章では、キャリア教育の視点から中国の大学におけるビジネス日本語教育の目的を再考し、その目的を達成するための体系的なカリキュラムを検討した。
　本章では、中国の大学におけるビジネス日本語教育の現状を踏まえ、学習者のキャリア形成に必要な能力を養成するために、「知識運用面」「意識面」「行動面」の三つの面から教育を行う必要があることを示した。「知識運用面」の教育にはビジネス日本語知識やビジネス専門知識の教育が含まれ、「意識面」の教育には社会人意識の育成として学習者の自己理解や他人尊重などの育成のための教育が含まれている。また、「行動面」には、学習者の課題対応のための総合的な能力の養成が含まれている。これらの教育を体系的に行うために、「ビジネス日本語」「ビジネス事情」「ビジネス総合演習」という三つの教育科目を提案している。その中で、「ビジネス日本語」という科目では、待遇表現を含む日本語の運用やビジネスの専門用語などのビジネス日本語知識を教え、待遇表現の教育を通して他人尊重などの意識を養成する。「ビジネス日本語事情」という科目では、ビジネス文化やビジネス専門知識などの知識を教え、学習者の異文化理解能力や社会人意識を養成する。「ビジネス総合演習」という科目では、実践活動を通して、学習者の知識運用能力から課題対応能力までの総合的な能力を養成する。
　以上、中国の大学におけるビジネス日本語教育のカリキュラムの体系化について提案を行った。しかし、この提案はビジネス日本語教育の方向性を示しているが、各科目の具体的な教育内容や方法は更に検討する必要がある。従って、次章以降、ビジネス日本語教育における待遇表現の教育を取り上げ、具体的な教育の内容について考察を行う。

第四章　「待遇表現」から見た日本語教科書の「実用性」

　予備調査では、「教科書は実用性に欠けている」ということが中国の大学におけるビジネス日本語教育の問題点として指摘された。その理由として、「教科書で扱われている内容は実際の場面において使えないものが多い」「教科書の内容が古くて、時代感がない」などの理由が挙げられている。一方、学習者は「ビジネス日本語教育を通して、場面や人間関係に応じて適切に日本語を使える能力を伸ばしたい」というニーズを持っている。したがって、本研究は「場面や人間関係に応じて適切に日本語を使う」ということが「待遇表現」の使用に含まれると考え、それを取り上げて、「待遇表現」の扱われ方から現在の中国のビジネス日本語教科書の「実用性」について考察する。

　本章では、まず今までの「待遇表現」に関する定義や研究を概観し、それを踏まえて、本研究における「待遇表現」の定義を規定し、研究対象を決定する。また、第二言語習得の立場から、日本語教科書において「待遇表現」を扱う際に、何に配慮しなければならないのかを考察する。最後に、「待遇表現」の扱われ方から、「実用性」を持つ日本語教科書はどのような点について配慮する必要があるのかを検討する。

4.1 「待遇表現」について

「待遇表現」を考察するために、まず「待遇表現」とは何かを明らかにしなければならない。なぜなら、「待遇表現」に対する捉え方によって、研究の対象が変わるからである。「待遇表現」に対する定義は研究の立場によって様々である。本節では、「待遇表現」に対する定義を整理し、またそれぞれの定義に基づく研究の対象を考察する。それらを踏まえ、本研究における「待遇表現」の定義を規定し、研究対象を確認する。

4.1.1 「待遇表現」の定義の変遷

これまでの定義から見ると、「待遇表現」について3種類の定義が挙げられる。一つ目は「言語形式」としての「待遇表現」であり、二つ目は「言語行動」としての「待遇表現」であり、三つ目は「待遇コミュニケーション」としての「待遇表現」である。

まず、「言語形式」としての「待遇表現」というのは「言語形式」として「待遇表現」を捉えることである。

辻村(1958:325-326)は、「待遇表現」とは「話し手・聞き手・素材の間の(素材間を含む)尊卑・優劣・利害・親疎の関係に応じて変化する言語形式である」と定義している。辻村は、「関係に応じて変化する言語形式」を「待遇表現」として定義づけ、「言語形式」として「待遇表現」を捉えている。

山崎(1963:3)は、「話し手が、ある特定の人について(対して、又は関して)表現するとき、その人に関する諸種の条件を考慮して、その人にふさわしい言語上の待遇を与える。この配慮はその人に関する事物にも及ぶ。このような表現を待遇表現と呼ぶ」と述べ、「待遇表現」を「条件を考慮し」、「言語上の待遇を与える」表現だと定義して

いる。

　文化庁(1971:2)は、「待遇は人間相互の様々な関係(社会的関係や心理的関係)によって規定されるのだから、人間関係とは何かをまず考えざるを得なくなる」と前置きした上で、「待遇表現」は、このような意味では、〈人間関係とことばの結びつき〉とか、〈場面によることばの使い分け〉とか言い換えることができるかもしれない」と述べ、「待遇表現」は「場面」と「人間関係」に関わる言葉の使い分けということを示している。

　日本語記述文法研究会(2009:227)は、「待遇表現」を「同じ事態を述べるのに、対人関係や場面差などに配慮して使い分ける表現」と定義している。

　これらの定義は人間関係や場面と言語形式の関わりを重視して、「言語形式」として「待遇表現」を捉えている。

　これに対して、「待遇表現」の学習は表現形式だけでは不十分で、話し手が事物や人に対する認識を持ち、その認識に基づいて表現上の扱い方を決定するという「動的なプロセス」が重要であるということが示されている(菊池1997、尾崎2004参照)。これによって、「言語形式」として「待遇表現」を捉える立場と異なり、「言語行動」という視点から「待遇表現」を捉えている。

　国立国語研究所(1957)では、「敬語」より「待遇」という用語が適切であるが、「待遇」という用語が一般的でないという判断から、「敬語」という用語が用いられている。そこで、国立国語研究所(1957:2)では、「敬語行動」を「話し手と聞き手(第三者の加わることもある)との間の社会的・心理的関係の違いに応じて変わる言語行動」と定義している。

　杉戸(1983a)は発話された言語形式を個々の形式ではなく、言語を用いた行動のまとまりであると定義している。また、これを「言語行動」とし、その言語行動のまとまりを「待遇表現行動」として捉えている。いくつかの言語行動の中から選択された言語行動は、その選択に話し手の対人的顧慮や気配り(姿勢)が反映されているという点を

もって、杉戸は選択されたひとまとまりの言語行動を「待遇表現」として捉え、このような言語行動のまとまりを「待遇表現行動」と呼んでいる。

このように、「待遇表現」に関する定義は「言語形式」から「言語行動」に変化してきている。

この2種類の捉え方とは別に、2002年から「待遇コミュニケーション」という術語が提唱され始め、新しい視点から「待遇表現」を考察するようになった。

「待遇コミュニケーション」という術語を初めて用いたのは、蒲谷・川口・坂本(2002)である。2002年5月11日に開催された「言語文化教育学会」のシンポジウム〈ディスコースポライトネスと待遇コミュニケーション教育〉において、初めて明確な術語として公表され、「待遇表現」は「待遇コミュニケーション」の一部分として捉え、「主体」の一連の表現行為であると明確に定義されている。

この述語を提出する理由として、蒲谷・待遇表現研究室(2003)は2点を挙げている。第1は、実際の言語生活においては「表現行為」と「理解行為」のやりとり、「表現行為」と「理解行為」の繰り返しによってコミュニケーションが成立しているという当然の事実が「待遇表現」という術語では表しきれないという問題点がある。第2は、「待遇表現」を「敬語」に関する表現だけに矮小化されてしまうという危惧がある。このように、言語生活の実態、言語事実というものが、研究面でも教育面でも、より明確に反映される術語の必要性から、「待遇コミュニケーション」という術語を提唱した。

「待遇コミュニケーション」は、蒲谷(1995:1-2)が提出した「〈言語＝行為〉観」という言語観を前提として提出した述語である。

「〈言語＝行為〉観」という言語観は、「言語とは音声あるいは文字を媒材とした表現行為、または理解行為である」と規定され、その最も大きな特色は、「言語」というものを静態的な体系や構造ではなく、動態的な「主体の行為」と捉え、「主体の行為そのものが言語である」と規定する点にある。従来の「言語観」では、「行為」とは別に「言語」が

存在し、「その言語を用いること」を「言語行為」と規定している。これと違って、「〈言語＝行為〉観」においては、「主体の行為」そのものを「言語」と規定している(蒲谷1995：1-2)。

　この言語観を前提として、蒲谷(2003、2006、2012)は「待遇コミュニケーション」についてそれぞれ定義づけを行った。ここでは、そのまとまりとして、蒲谷(2012)の定義を引用する。蒲谷(2012：2-3)は、「① 待遇コミュニケーションとは、待遇表現と待遇理解の総称であり、待遇表現と待遇理解を相互交流の観点から捉えようとするものである。② 待遇コミュニケーションとは、コミュニケーションを待遇の観点から捉えたものである。これは、③ 待遇コミュニケーションが、コミュニケーションを場面(人間関係＋場)に重点を置いて捉えたものであることを示している。待遇コミュニケーションとは、コミュニケーション主体(表現主体・理解主体)が場面(人間関係＋場)の認識に基づき、意識・内容・形式を連動させたコミュニケーション行為(表現行為・理解行為)である」と定義している。

　この定義によれば、「待遇表現」は「表現行為」として捉えられており、「主体」「場面」「意識」「内容」「形式」などいろいろな面からの考察が必要になることが分かる。この意味では、「待遇コミュニケーション」という捉え方は「言語形式」や「言語行動」の二つの捉え方を総括していると理解してもよいであろう。

　それぞれの定義に基づく研究の視点が異なっているが、「待遇コミュニケーション」という術語の提唱は「待遇表現」の研究において新しい視点が与えられ、研究の範囲や対象が拡大されている。

4.1.2　「待遇表現」の研究対象の拡大

　「言語」についてどう捉えるのか、そして「待遇表現」についてどう捉えるのかによっても、「待遇表現」の定義が様々である。そして、定義の多様さにより、研究対象も多様となっている。本研究では、「待遇表現」に関する先行研究を概観し、それらの研究の立場や対象によって3種類に分類した。その内容を表17のようにまとめている。

表17で示しているように、「待遇表現」の捉え方について、「言語形式としての待遇表現」「言語行動としての待遇表現」と「待遇コミュニケーションとしての待遇表現」の三つがあり、これらの捉え方に基づく研究の立場や対象がそれぞれ異なっている。

表17　「待遇表現」に関する研究一覧

項目＼種類	「言語形式」として	「言語行動」として	「待遇コミュニケーション」として
研究の対象	言語の形式と意味	待遇表現選択のプロセスのモデル化・意識態度・非言語的要素	「主体」「場面」「意識」「内容」「形式」（待遇理解・非言語行為が含まれる）
研究の立場	構造論 意味論	ポライトネス語用論 社会言語学	コミュニケーション
研究の課題	・文法構造の分析 ・待遇的意味から表現形式の分類 ・表現形式の「丁寧さ」の考察	・言語使用の意識や心理、言語と社会のかかわりの考察 ・待遇表現選択のプロセスのモデル化 ・コンテクストや発話者の表現意図などを考慮した語用論的考察	・「場面」の認識 ・「意図」と「形式」の関係 ・「場面」「意識」「内容」「形式」の連動 ・「待遇コミュニケーション教育」の方法 ・「気づき」教育
研究例	文化庁(1971)、日本語記述文法研究会(2009)	国立国語研究所(1957、1971、1982、1983、1986、2002、2003)、宇佐美(2001)、杉戸(2001)、杉戸・尾崎(2006)、三宅(2011)、西尾(2015)、	蒲谷・川口・坂本(1998)、蒲谷・川口・坂本・清・内海(2006)、ウォーカー泉(2011)、蒲谷(2013)

●「言語形式」としての「待遇表現」に関する研究

　まず、「言語形式」として「待遇表現」を捉える研究は言語の形式と意味に焦点をあて、構造論や意味論から表現形式の文法構造を分析したり、表現形式を分類したり、表現形式の「丁寧さ」を考察したりすることが多い。これらは狭義的な「敬語」を中心として行う研究が多い。

　例えば、文化庁(1971)は、「待遇表現」について「場面」と「人間関係」に関わる言葉の使い分けということを示し、「待遇表現」の説明をしやすくするための枠づけとして、人間関係を「うち(親)」「よそ(疎)」

を含む「ヨコ」関係と「上(恩恵)」「下(被恩恵)」を含む「タテ」関係の2種類に分け、また「敬語」に焦点を当て、敬語の分類や使い方を考察し、また、文法的側面から、待遇表現の成り立ちの中で、語彙や文体がどのようなかかわりあいを持っているのかを考察している。

　日本語記述文法研究会(2009)は、「敬語」を上向きの待遇意図を表す専用の待遇表現として取り上げ分析を行っている。まず、敬語を「尊敬語」「謙譲語」「丁重語」「美化語」「丁寧語」に分類し、各種の敬語の形式と使い方について説明している。また、「丁寧体」と「普通体」の2種類の文体の特徴と表現効果について説明している。また、「意図性回避表現」「断定性回避表現」「婉曲表現」「言いさし表現」などの待遇的意味を持つ表現の特徴と使い方について考察している。

　これらの研究の優れた点としては、敬語の分類や意味を考察するという研究を促しているということである。

- 「言語行動」としての「待遇表現」に関する研究

　「待遇表現」に関する研究や習得は表現形式だけでは足りないということが多くの研究者に指摘され、「待遇表現」を「言語行動」として捉えられるようになってきた。この捉え方に基づく研究は、「待遇表現」が生成するまでの過程、または表現上の扱い方を決定する動的なプロセスに注目し、ポライトネス語用論や社会言語学の立場から研究を行うことが多い。表情や身振りなどの非言語要素も研究の対象の中に含まれるようになった。これに関連する研究は多くあるが、その代表的なものを以下に挙げる。

　国立国語研究所(1957、1971、1983、1986)では、地域社会での敬語の使用実態と意識に関して、愛知県岡崎市、島根県松江市、秋田県・富山県の小集落などにおいて調査を行い、結果を報告している。国立国語研究所(1982)では、職場での敬語について、ある企業内での社員間の敬語に関する調査研究を行った。また国立国語研究所(2002、2003)は職場で活動する前の世代である中学生・高校生を対象に、学校の中で生徒たちが敬語をどのように使い、意識しているかを調査・分析した。

これらの研究は、言語の使用実態と意識に注目し、社会言語学の立場から分析するものである。このような研究は多く挙げられる。しかし、これらの研究は主として単語レベルでの敬語形式の使い分けや出現傾向に注目した分析結果を報告するものであると指摘されている。単語選択のレベルのみならず、そもそも何を言うかといった相手への働きかけという方法までを視野に入れた言語形式の使い方、そしてその背後にある相手や場面への配慮や言語意識の在り方について知見を得ることを目指す必要がある（杉戸・尾崎 2006 参照）。

　そこで、待遇表現選択のプロセスのモデル化に関する研究がなされてきた。このプロセスをモデル化するのは菊地（1997）、杉戸（2001）、杉戸・尾崎（2006）が挙げられる。

　菊地（1997：78）は、「待遇表現」の生成は、「社会的諸ファクター（場及び話題・人間関係など）の把握・計算➡心理的諸ファクター（待遇意図・背景的なファクター・表現技術）の考慮➡待遇表現の選択」というような流れを順に追い、その中の様々なことを瞬時に判断することが欠かせないということを示し、「待遇表現」の使用には、単に表現の意味・用法の理解だけでは足りないということが強調されている。

　杉戸（2001：105）は、「待遇表現選択のプロセスのモデル化」として、「待遇表現行動」の枠組みを提案している。「待遇表現行動」は「狭義の言語形式も含めた言語行動の様々な構成要素の選択の適否について、言語行動に関する意識や態度の様々な基準に照らして判断し、その判断に最適な言語行動を選択する」というプロセスで実現すると示している。その中で、「言語行動の構成要素」として、主体、相手、聴衆、時、場所、状況、媒体、形式、調子、内容、談話構成、機能、などの各項目の選択肢が挙げられ、「判断の基準」として、言語行動に関する意識や態度である現状認識・評価感覚、自己の志向・信念・希望、相手の志向・信念・希望、言語社会の規範への認識などのものが挙げられている。このプロセスについて、杉戸（2001：105）は図6のように図式化している。

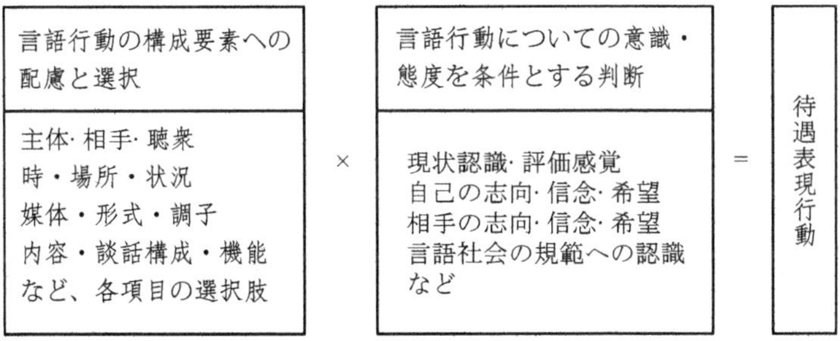

言語行動の構成要素への配慮と選択		言語行動についての意識・態度を条件とする判断		
主体・相手・聴衆 時・場所・状況 媒体・形式・調子 内容・談話構成・機能 など、各項目の選択肢	×	現状認識・評価感覚 自己の志向・信念・希望 相手の志向・信念・希望 言語社会の規範への認識 など	=	待遇表現行動

図6　待遇表現行動の枠組み(杉戸 2001：105)

　杉戸(2001)が提案した「待遇表現行動」の枠組みについて、杉戸・尾崎(2006)は「言語行動における配慮」の立場からさらにその枠組みを整理した。杉戸・尾崎(2006)によると、「言語行動」における配慮を捉える枠組みとして、「留意事項」「価値・目標」「判断基準」の三つが挙げられる。そのうち、「留意事項」は杉戸(2001)が提案した「言語行動の構成要素」であり、「価値・目標」とは自分の言語行動をどのようなものにしたいか、どのような表現効果を持たせたいかという点への配慮であり、「判断基準」とは杉戸(2001)が提案した「言語行動に関する意識や態度の様々な基準」である。つまり、話したり書いたりする際に、「① 我々は言語行動を構成するものごとのあれこれについて、② 何らかの価値や目標を実現できるような形に仕上げることに、③ そのつど何等かの判断基準に基づいて配慮する(杉戸・尾崎2006：4)」という考えである。

　この提案は、言語形式としての狭義の敬語形式や待遇表現形式だけにとどまらず、言語行動の構成要素として検討し、様々なものごとが、多面的かつ総合的なものごとであるという点がよく評価されている。しかしながら、「意向」「意識」「信念」「規範」などの内容についてさらに詳しく検討する必要があるということも指摘されている(杉戸2001参照)。そこで、熊谷・篠崎(2006)では、依頼場面での働きかけ方における世代差・地域差について、言語形式そのものではなく、言語形式が持つ機能やそれを担う言語単位を抽出し、それらの

出現量や連鎖の形などに注目し、そこに対人的・場面的な配慮の現れを考察している。尾崎(2006)は「受諾」と「断り」について、表現類型や言語機能単位から分析をしている。陣内(2006)は、「待遇表現行動」の枠組みの一つである「価値・目標」の側面に注目し、「ぼかし」という表現の持つ「近づき性」を焦点として分析を行っている。吉岡(2006)は「判断基準」の側面から、敬語や待遇表現の「規範意識」について分析を行っている。

「言語行動」として「待遇表現」を捉える研究の中には、待遇表現選択のプロセスをモデル化し、その表現を選択することに影響を与える意識・態度・社会的要素について分析するものの他に、語用論からコンテクストや発話者の表現意図などを考察する研究があり、これには「ポライトネス理論」に基づく研究が挙げられる。

「ポライトネス理論(Politeness theory)」はBrown and Levinson(1978、1987)が提出した理論である。その理論では、「フェイス(face)」という概念を鍵概念とし、人間には基本的欲求として「ポジティブ・フェイス(positive face)」と「ネガティブ・フェイス(negative face)」という2種類の「フェイス」があり、前者は他者に理解されたい、好まれたい、賞賛されたいというプラス方向への欲求であり、後者は賞賛されないまでも、少なくとも、他者に邪魔されたくなく、立ち入られたくないというマイナス方向への欲求である。Brown and Levinsonは、この基本的欲求としての二つのフェイスを脅かさないように配慮することがポライトネス[①]であると捉えている。それぞれポジティブ・フェイスに訴えかけるストラテジーを「ポジティブ・プライトネス」、ネガティブ・フェイスを配慮するストラテジーを「ネガティブ・プライトネス」と呼んでいる。Brown and Levinson(1978)は、フェイス保持のためのストラテジーという概念に基づいて、相手の「フェイス侵害度」を見積もる公式を提出した。「フェイス

---

① 宇佐美(2001:10)は、Brown and Levinsonの理論における「ポライトネス」の定義を「円滑な人間関係を確立・維持するための言語的ストラテジー」と簡潔に表している。

侵害度」とは「話者との社会的距離＋力関係＋特定の文化である行為が相手にかける負荷度などの社会的・文化的要因の重み(Brown and Levinson1978:76)」で見積もることができ、その「度合」に応じて言語行動を選ぶということである。この公式は文化差が重要な変数の一つとして含まれている。

「ポライトネス理論」の運用として、言語形式や言語形式の「丁寧さ」のみならず、「話題導入頻度」「あいづちの頻度」「スピーチレベルシフト」「中途終了型発話」「『ね』の適切な使用量」「依頼談話の構成」「メタ言語行動」など様々な面で分析が行われている(宇佐美2001参照)。

これらの研究はすべて言語形式や言語形式の側面から「待遇表現」を扱うのではなく、「待遇表現」を生成するための意識や態度、または社会的・文化的要因を探求するものである。この意味では、「待遇表現」に関する研究の対象が大幅に拡大されている。

● 「待遇コミュニケーション」としての「待遇表現」に関する研究

「待遇コミュニケーション」の定義に基づいて、筆者はそのプロセスを図7のように図式化した。図7で示しているように、「待遇コミュニケーション」のもっとも重要な観点として、「場面」「意識」「内容」「形式」の連動が挙げられる。「主体」がこの四つの柱を連動させることができるかどうかによって、そのコミュニケーション行為の適切さが評価される。

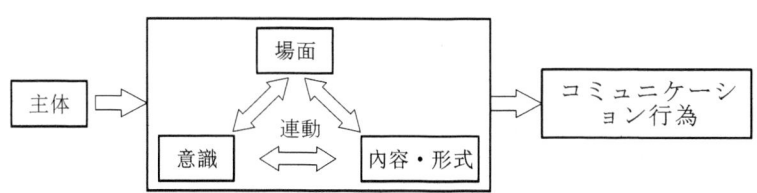

図7　「待遇コミュニケーション」のプロセス

したがって、「待遇コミュニケーション」の考察対象として、「場面」「意識」「内容」「形式」などの様々なものが含まれている。「場面」をど

う捉えるか、「意識」をどう捉えるか、「内容」をどう捉えるか、「形式」をどう捉えるか、この四つをどうように連動させるのか、などを考察し、またそれに基づいて、教育上では、主体としての「学習者」に、「どのようにして意図を持たせるか」、「どのようにして場を認識させるか」、「どのようにして人間関係を認識させるか」、「どのようにして言語形態を考慮させるか」、「どのようにして題材・内容を選択させるか」、「どのようにして言材を習得させるか」、「どのようにして言材を選択させるか」、「どのようにして音声・文字を適合させるか」、「どのようにして文話を構成させるか」、「どのようにして文話の構造を把握させるか」、「どのようにして音声化・文字化させるか」、「どのようにしてコミュニケーションを成立させるか」というような課題がすべて「待遇コミュニケーション」の研究対象となっている。

　「待遇コミュニケーション」を考察するための枠組みについて詳しく述べているものとしては蒲谷(2003、2006、2012)が挙げられる。これらの研究に基づいて、その枠組みについてまとめたのが表18である。

表18　「待遇コミュニケーション」考察の枠組み

考察対象		説　明
主体	表現主体	話し手・書き手
	理解主体	聞き手・読み手
場面	人間関係	自分・相手・話題の人物の相互関係、だれが、だれに、だれのことを
	場	時間的(文脈)・空間的(状況)な位置、いつ・どこで
意識 (きもち)	待遇意識	どういう気持ちで
	意図	表現意図・理解意図、なぜ・何のため
内容 (なかみ)	題材	何について
	内容	何を
形式 (かたち)	言材	コトバ、どんなコトバで
	文話	文章・談話、どういう文章・談話の構成や展開で
	媒材化	音声化・文字化
	待遇行動	非言語行動、どういう態度や表情や行動で

第四章　「待遇表現」から見た日本語教科書の「実用性」

　表18で示すように、「待遇コミュニケーション」において、第一に重要なのは「主体」の存在ということである。「主体」とは、「コミュニケーション主体」のことを指し、「表現行為」においては「表現主体」となり、「理解行為」においては「理解主体」となる（蒲谷2003、2012）。「主体」を考察するときに、注意しなければならないことがあり、それが「表現主体と理解主体を固定的に捉える」ことである。ある「主体A」が「表現行為」をするときに、この「主体」が「表現主体」となり、相手は「主体A」の「表現行為」を理解する「理解主体」となる。また、相手が「表現行為」をするときに、相手が「表現主体」となり、「主体A」は相手の「表現行為」を理解する「理解主体」となる。このように、同一主体における「表現行為」と「理解行為」との「くりかえし」が行われている他、異なる主体間での「表現行為」と「理解行為」の「やりとり」が行われていることになる（蒲谷2006）。すなわち、「主体」を考察するとき、その「主体」がずっと「表現主体」となり、その「表現行為」の特徴などを考察するのではなく、「理解主体」と見なし、どのように相手の行為を理解しているのか、ということも考察の項目の一つになると考えられている。

　次に、「待遇コミュニケーション」において、最も重要なのは「場面」の認識である。なぜなら、「待遇コミュニケーションは待遇という観点からコミュニケーションを捉えるものであり、待遇というのは、場面を重視するという観点である（蒲谷2012:2）」ためである。蒲谷（2003、2006）によると、「場面」は「人間関係」と「場」の総称であり、その中、「人間関係」とは、「コミュニケーション主体」が認識している、「自分」と「相手」との関係、および、「自分」「相手」と「話題の人物」との関係であり、「場」とは、「コミュニケーション主体」が認識している「自分」の置かれている「時間的位置・文脈」と「空間的位置・状況」である。教育上では、どのように「場面」を捉えるのかは課題になっている。蒲谷（2003）は、教育の観点から、学習者に捉えやすくさせるために、「場面」をある程度の類型化を施す必要があるとしている。蒲谷（2003）によると、「人間関係」の捉え方としては、基本的に「上下親

疎」が問題にされ、「場」の捉え方としては、基本的に「改まり―くだけ」の軸で扱われることになる。
　「上下親疎」の「人間関係」に関して、蒲谷(2013)は、自分と相手との関係においては「相手レベル」、自分と相手と話題の人物との関係においては「話題の人物レベル」というものを設定し、＋2、＋1、0、－1、－2の五段階や、＋1、0、－1の三段階で示している。「話題の人物レベル」についても、同様に位置づけている。蒲谷(2013:32)では、具体例を使って、「人間関係」の設定と敬語表現との関係を示している。

　　(例)「相手レベル・＋1」…「いらっしゃいますか」と表現するような相手のレベル
　　　　「相手レベル・0」…「行きますか」と表現するような相手レベル
　　　　「相手レベル・－1」…「行くの?」と表現するような相手レベル

「相手レベル」と同じように、「場」についても、＋2、＋1、0、－1、－2の五段階や、＋1、0、－1の三段階で「場」の改まり度を示している。蒲谷(2013:33)は次の例を使って、説明している

　　(例)「場レベル・＋1」…　改まった「場」
　　　　「場レベル・0」…　通常の「場」
　　　　「場レベル・－1」…　くだけた「場」

　このように、「場面」は「人間関係」の「上下親疎」と「場」の「改まり―くだけ」によってそれぞれ位置づけられる。
　「場面」の他に、「意識」に対する認識も「待遇コミュニケーション」において大変重要なものである。「待遇コミュニケーション」においては、「意識」という用語は、二つの意味を包含している。
　一つ目は、コミュニケーションする際に、「場面」の認識に基づい

て、「どのような気持ちで、どのような態度でコミュニケーションするのか」、という「きもち」を指している。蒲谷・金・高木(2009)が述べているように、「待遇コミュニケーション」では、お互いに気持ちのよい、満足のいくコミュニケーションを達成するということが前提であり、そして、それを達成するためには、自分だけでなく、相手の「きもち」を考え、尊重し、表現と理解の両面に様々な配慮や工夫をする必要がある。このような「きもち」について、蒲谷(2006)は「待遇意識」あるいは「待遇意図」と名付けている。「待遇コミュニケーション」における「意識」はまずこのような「待遇意識」が含まれている。

　二つ目は、コミュニケーションをする際に、「コミュニケーションを通して、どのような目的を実現しようとしているのか」というコミュニケーションの「意図」を指している。「意図」は「表現意図」と「理解意図」を含んでいる。蒲谷・「待遇表現」研究室(2003)は、それについて、更に分類を行った。その分類によれば、「意図」は、「表現主体が自覚する自分の表現意図」「理解主体が推測する相手の表現意図」「理解主体が自覚する自分の理解意図」「表現主体が推測する相手の理解意図」の四つを含んでいる。

　このように、教育上では、学習者が適切な「待遇意識」を持ち、自分の「意図」を十分に表すために、どのような工夫が必要であるのかを考えなければならない。また、相手の「意図」を理解するために、どのような工夫が必要であるのかも考えなければならない。

　その次に、「待遇コミュニケーション」において、「内容」の考察も極めて重要である。「内容(なかみ)」とは、コミュニケーション主体がそのコミュニケーションにおいて伝えようとする「何か」、理解しようとする「何か」のことであり、「何について」「何を」コミュニケーションするのか、というコミュニケーションの「なかみ」が問題となるわけである(蒲谷2013参照)。「待遇コミュニケーション」においては、ある「場面」において、どのような「内容」を選ぶかというような「場面」と「内容」の連動が課題となっている。「内容」を考察するときに、内容の「適切さ」が要求されている。「内容」が適切であるかどう

かを判断する基準は、「場面」と連動しているかどうかということである。連動していれば、適切であり、そうでなければ、適切ではないと判断できる。

　「内容」の他に、「場面」と「意図」を連動して考察しなければならないものは「形式」である。蒲谷(2006)では、「言材」「表現形式」「文話」「媒材化」(非言語行動含む)などがすべて「形式」という概念に包括されている。蒲谷(2003)では、従来、教育/学習の課題は「表現形式」によって示す傾向にあったということに対して、こうした扱われ方が形式偏重であると否定的に捉える必要がないと指摘している。その理由は、言語に限らず、何らかの「表現形式」なくしてコミュニケーションは成り立たないということである。問題になるのは、「主体」も「場面」も「意図」も曖昧なままにして、「表現形式」のみが示され、「表現形式」だけが採り上げられるということである。「待遇コミュニケーション」では、どのような「言材」を選ぶか、どのような「表現形式」を選ぶのか、どのように「文話」を構成するのか、どのような方法で「媒材化」(音声化・文字化)するのか、ということをすべて考えなければならない。

　このように、これらの研究によって、「待遇コミュニケーション」を考察するための枠組みが明らかになった。そして、この枠組みに基づいて、いろいろな言語行為について具体的な考察を行う研究がある。例えば、蒲谷・川口・坂本・清・内海(2006)は、「待遇コミュニケーション」の立場から「場面」「意図」「内容」「形式」という枠組みを含め、敬語表現について考察を行っている。

　また、「待遇コミュニケーション」の研究は、考察の枠組みを提案することにとどまるのではなく、それを教育上でどのように生かすのかについても研究の対象となっている。蒲谷(2006:8)が述べているように、「学習者は、自らこれらの枠組みが連動することを認識し、その認識に基づくコミュニケーションを実践していく能力を持ち、それを高めていく必要があり、教師は、それを支援していく必要がある。それは、教材、教授法、指導方法などとも深く関係してくる」。

そこで、「待遇コミュニケーション教育」について様々な研究がなされてきた。蒲谷・川口・坂本・清・内海(2006)は、「待遇コミュニケーション」の立場から敬語表現を考察し、またそれに基づいて、敬語表現教育の方法を検討している。ウォーカー泉(2011)は初級日本語学習者を対象に、スピーチスタイルに関する「気づき」を中心として「待遇コミュニケーション教育」の方法を実践し考察している。蒲谷(2012)では、「待遇コミュニケーション教育」はそれに関する知識や情報を与えることによって、学習者の意識化を高めることができ、また実践的な練習や活動を通じて、意識化を促すこともできることが示され、言語生活の実態に合わせた方法と言語的機能を重視した方法が提案されている。

このように、「待遇コミュニケーション」に関する研究は理論的な研究より、実際にどのように教育するのかに注目し、実践の面からその教育の内容や方法を検討するものが多い。実際の教育の改善に重要な意義があると考える。

4.1.3　本研究における「待遇表現」

4.1.3.1　本研究における「待遇表現」の定義

前節で示すように、「待遇表現」に関して言語形式から言語形式を選択するための意識や態度まで、様々な研究がなされ、「待遇表現」を産出するための重要な要素が明らかになった。本研究は、外国人、特に中国人日本語学習者を研究対象とし、これらの学習者にどのように日本語の「待遇表現」を理解させ運用できるようにさせるのかという点を明らかにするため、異文化コミュニケーションの立場から、「待遇表現」の産出に影響を与える「社会的・文化的規範」に注目したい。従来の「待遇表現」の定義を踏まえて、異文化コミュニケーションにおける「待遇表現行動」と「待遇表現」について、次のように定義する。

「待遇表現行動」とは、主体がある異文化コミュニケーションの場

面において、自文化と他文化における社会的・文化的規範の相違を配慮することに基づいて、その場面を適切に認識し、対人態度やきもち、いわゆる待遇意識を決め、また自分の表現意図を実現するための様々な形式や内容から、その待遇意識にふさわしいものを選び、言語行動や非言語行動にて表出するということである。このような行動で表出した言語表現や非言語要素が「待遇表現」と呼ばれる。

この定義に基づいて、本研究における「待遇表現」の産出プロセスについて図8のように図式化した。図8で示すように、「待遇表現」は六つのプロセスによって産出される。

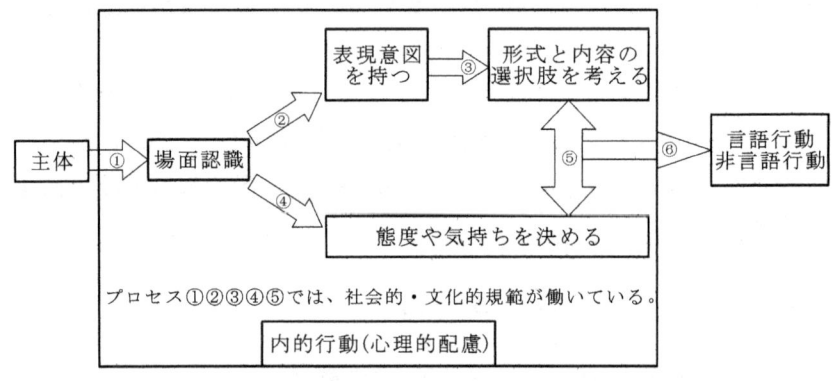

図8 本研究における「待遇表現」産出プロセス

プロセス①：主体が場面を認識する。即ち、主体は自分が置かれている場面について、「場」の改まり度や相手と話題人物との「人間関係」、また状況などを認識する。

プロセス②：主体が場面認識に基づいて、自分の意図を考える。即ち、自分の意図が何なのか、その場面において、その意図が実現できるのかということを考える。

プロセス③：自分の意図に基づいて、形式と内容の選択肢を考える。即ち、自分の意図を実現するために、どのようなことばがあるのか、どのような表現形式があるのか、どのような談話展開なのか、どのようなストラテジーがあるのか、どのような内容・話題があるの

かということを考える。

　プロセス④：場面認識に基づいて、自分の対人態度や気持ち（待遇意識）を決める。即ち、場の改まり度や相手や話題人物との関係を考えて、どのような態度と気持ちで対処するのかを決める。

　プロセス⑤：態度や気持ちと形式や内容をマッチングする。即ち、プロセス④で決めた態度や気持ちによって、プロセス③で考えた形式と内容の選択肢からもっとも相応しいものを選ぶ。

　プロセス⑥：表出する。即ち、プロセス⑤で選んだ形式と内容を言語行動や非言語行動によって表出する。

　プロセス①②③④⑤はすべて心理的な配慮であり、本研究では「内的行動」と呼ぶ。この「内的行動」において、すべてのプロセスが「社会的・文化的規範」によって制限されている。この定義のもっとも大きな特徴は、これらの「社会的・文化的規範」に重点を置くことである。この定義に基づく研究は、異文化コミュニケーションの場面において、「待遇表現」を産出する各プロセスにおける「社会的・文化的規範」がどのような相違があるのか、これらの「社会的・文化的規範」の相違がどのように働いているのかを明らかにすることを目的とする。また、教育上では、外国人日本語学習者にこれらの相違を理解し、適切に「待遇表現」を運用するには、どのような工夫が必要であるのかも研究の課題となっている。

　例えば、中国人と日本人は、「社会的・文化的規範」の相違によって、プロセス①において、同じ場面（場や人間関係）に対する認識にどのような違いがあるのか、プロセス②において、同じ場面（場や人間関係）における意図の表出にどのような違いがあるのか、その場面で表していいのか、実現できるのか、プロセス③において、意図を実現するための形式や内容にどのような違いがあるのか、プロセス④において、同じ場面認識に基づいて決めた態度やきもちにどのような違いがあるのか、プロセス⑤において、同じ態度やきもちに基づいて選んだ形式や内容にどのような違いがあるのか、などの様々なことが研究課題となっている。中国人日本語学習者が日本語の「待遇表

現」を習得するためには、これらの相違を理解することが重要であろう。教育現場では、学習者にこれらの相違をどのように理解させるのかも重要であろう。

4.1.3.2　従来の「待遇表現」との関連性と相違点

　本研究における「待遇表現」の定義は従来の「待遇表現」の定義に基づいたものであり、その関連性に関しては次の3点が挙げられる。一つ目は「待遇表現」の産出プロセスという概念を援用すること、二つ目は「待遇コミュニケーション」理論に従い、言語形式だけではなく、主体、場面、意識、内容、形式をすべて考察対象に含めること、三つ目は「場面」や「社会的・文化的規範」などの用語を借用することである。

　「待遇表現」の産出プロセスという概念については、菊地(1997)、杉戸(2001)、杉戸・尾崎(2006)が論じているが、蒲谷(2003、2006、2012)も「待遇コミュニケーション」を主体の場面認識や意図、内容、形式の連動という一連の行為として捉え、「待遇表現」の産出プロセスを明確にしている。本研究では、これらの研究で述べられている産出プロセスの概念を援用し、本研究における「待遇表現」の産出プロセスを図10に図式化している。

　しかし、菊地(1997)などの研究は言語行動として待遇表現を捉え、社会的・文化的規範や人間の意識と言語形式の関係を考察対象とすることが多い。本研究では、それだけの考察では言語の全貌を反映することが難しいと考え、蒲谷(2003)などの「待遇コミュニケーション」理論に従い、考察対象を言語形式から場面認識、意図表出、態度・きもち決定まで広げることにする。

　また、これらの研究から用語を借用する。「待遇表現」を考察するための枠組みとして、Brown and Levinson(1978、1987)が提出した「ポライトネス理論(Politeness theory)」では、「社会的距離」「力関係」「社会的・文化的要因」という用語、菊地(1997)では、「社会的諸ファクター(場・話題・人間関係など)」「心理的諸ファクター」などの用

語、杉戸(2001)では、「意向」「意識」「信念」「規範」などの用語、蒲谷(2003、2006、2012)では、「主体」「場面」「意識」「内容」「形式」という用語が使用されている。本研究では、これらの用語をそのまま借用している。

　本研究における「待遇表現」の定義と従来の「待遇表現」の定義の相違点について言うと、考察対象の一つとしての「社会的・文化的規範」の働く範囲の拡大ということである。即ち、本研究では、「社会的・文化的規範」が言語形式を選択する段階でしか働かないのではなく、場面の認識、意図の表出、態度・きもちの決定などのすべての段階で働いているという立場をとり、この点で従来の「待遇表現」の立場と大きく異なる。

　従来の「待遇表現」研究の立場については、4.1.2で既に述べているとおり、構造論や意味論の立場から言語形式と意味を分類したり、語用論や社会言語学の立場から言語形式と社会の関わりを考察したり、待遇の観点からコミュニケーションを分析したりするが、本研究は異文化コミュニケーションの立場から、「待遇表現」を産出する各プロセスにおける「社会的・文化的規範」の相違と教育上の活用を検討するものである。「社会的・文化的規範」について、すでに様々な研究が行われているが、これらの研究は言語形式と社会・文化の関わりに焦点をあてることが多い。ある特定場面において、異なる文化背景の人々が選んだ言語形式がどのように異なっているのかということについての考察が多い。本研究では、言語形式と社会・文化の関わりだけではなく、「社会的・文化的規範」に関する考察範囲は、「待遇表現」を産出するためのすべてのプロセスにおける「社会的・文化的規範」まで広げられている。「社会的・文化的規範」による「場面認識」「意図表出」「態度・きもち決定」「内容・形式選択」の相違がすべて考察対象となっている。

4.2 第二言語習得理論から考える「待遇表現」の習得

前節では、「待遇表現」に関する研究を踏まえて、本研究における「待遇表現」について定義づけを行った。本節では、「教科書が実用性に欠けている」という中国の大学におけるビジネス日本語教育の問題点に戻り、「待遇表現」教育の立場から、「実用性」を持つ日本語教科書のあり方について検討する。

本節では、まず本研究における日本語教科書はどのような教科書かを定める。また、第二言語習得理論から日本語教科書における「待遇表現」の扱われ方を検討する。それを踏まえて、最後に「実用性」を持つ日本語教科書が配慮すべき点について提案する。

4.2.1 インプット仮説とアウトプット仮説

第二言語習得に関して様々な立場から研究がなされている。第二言語の発達過程に注目する研究や、言語習得のメカニズムや、第二言語習得に影響を及ぼす環境と学習者要因などについて、様々な研究が行われている。本研究は「待遇表現」の習得に注目し、その習得の過程を分析し、その習得を促す教育を考察するものであるため、第二言語習得における「インプット仮説」と「アウトプット仮説」に基づいて検討する。

人の脳の働きは、コンピューターのように、インプット（入力）からアウトプット（出力）への情報処理の場として捉えられ、言語使用も情報処理の一つの形態である。言語処理における情報処理では、耳から、または目から入ってきた情報を理解したり、頭の中に浮かんだ感情や考えをことばとして構築し産出したりしている、そのプロセスが言語を処理するということであり、そのような言語処理のプロ

セスは、脳の中で起きている（小柳 2004 参照）。

これに基づいて、第二言語習得には「インプット仮説」と「アウトプット仮説」が提唱されている。「インプット仮説(Input Hypothesis)」はKrashen(1982)が提唱した言語習得観であり、学習者が聞いたり読んだりする言語活動を通して目標言語の理解可能なインプットを十分に受けさえすれば、その言語は習得されるというものである。またKrashen(1982)によると、このインプット活動によりインプットする能力を身につけることで、アウトプットの能力も自然に身に付くであろうと考えられる。

このようなインプット中心の言語習得観に対して、多くの研究者が批判している。Swain(1985)は、インプットは必要条件ではあるが十分条件ではないと主張し、第二言語学習者が目標言語を習得するためには聞くことや読むことだけでは十分ではなく、話すことや書くことといったアウトプットが必要であるという「アウトプット仮説(Output Hypothesis)」を提唱している。また、アウトプットが言語習得に果たす具体的な機能とその役割について、鈴木・斉藤(2015:224)が次の4種類にまとめている。

① 気づき(noticing)：学習者が表現したいことと表現できることのギャップに気づき、自身の知識に穴があることに気づく。
② 仮説生成と検証(hypothesis formation and testing)：自身の知っている知識を総動員して仮説を立てて表現し、その仮説が相手に通じるかどうかを試す。
③ メタ言語的熟考(metalinguistic reflection)：表現したい内容をどのような言語形式で表すのかを意識的に考えること。
④ 自動化(automatization)：アウトプットを繰り返すことにより知識へのアクセス速度が上昇し、流暢な言語処理が可能となる。

これらの論説によると、第二言語習得では、外の言語環境からの情

報のインプットと内面的認知に至るアウトプットが両方とも必要である。大量の質の高いインプットや効果的なアウトプットによって、第二言語の習得が促進されることになる。

4.2.2 「待遇表現」習得におけるインプットとアウトプット

第二言語習得の「インプット仮説」と「アウトプット仮説」に基づいて、学習者が「待遇表現」を習得するために、「待遇表現」を理解するための「インプット」と「待遇表現」を運用するための「アウトプット」が必要であると考えられる。

本研究における「待遇表現」の定義によると、「社会的・文化的規範」を理解するための「知識」を身につけることが必要である。「待遇表現」を理解するために、その「インプット」として、学習者が「待遇表現」に関する「情報の吸収」と「会話の観察」が必要であると考えている。

「情報の吸収」とは、様々なメディア(本・授業など)から「待遇表現」を理解するための「知識」情報を吸収することである。「場面(場と人間関係)」の認識に関する情報、「表現意図」に関する情報、「社会的・文化的規範」に関する情報、「ことばや表現の待遇的意味」に関する情報、「談話の展開ストラテジー」に関する情報、「非言語行動の待遇的意味」に関する情報など、様々な情報が含まれている。これらの「情報の吸収」が大変重要であり、「待遇表現」を理解するための基盤となるのではないかと考える。

「会話の観察」とは、教科書の会話や生活における自然会話などを読んだり聞いたりすることによって、「待遇表現」の使用実態を観察し、「ある場面においてどう行動するのか」「ある表現意図を表すために、どう表現するのか、どのように会話を展開するのか」「ある表現の使用はどのような社会的・文化的要因に制限されているのか」などのことを理解することである。「会話の観察」により、自文化の規範とどこが異なっているのかに気づき、検証できる。

「待遇表現」を理解する最終目標はもちろん「待遇表現」を適切に運

用することにある。従って、「待遇表現」を運用するための「アウトプット」には様々な練習が必要であろう。様々な練習を通して、学習者が吸収した情報や会話観察により身につけた知識を総動員し、表現したい内容をどのような言語形式で表すのかを意識的に考えられる。また、自分が表現したいことと表現できることのギャップに気づき、その後の「インプット」で補おうとする。

　このようなサイクルにより、学習者の「待遇表現」使用の習熟度が高められると考えられる。実際の教育では、どのような情報が必要であるのか、どのような会話を観察したらよいのか、どのような練習が有効であるのかということを考えなければならない。

4.3 「実用性」を持つ日本語教科書のあり方

　日本語教科書は教科書の対象者や教育の内容などによって様々な種類がある。日本語教材リスト編集委員会(2015)が編集した日本語教材リストによると、現在日本の日本語教材は日本語学習者用教科書、視聴覚補助教材、辞典、教師用参考書の4種類に分けられる。そのうち、日本語学習者用教科書は、学習者の属性によって留学生向けの教科書や短期滞在者向けの教科書、またはビジネス・パーソン・研修者向けの教科書などに分けられ、教科書の内容によって① 総合教科書、② 文法、③ 読解、④ 発音・聴解、⑤ 作文、⑥ 会話、⑦ 語彙・表現、⑧ 表記(かな・漢字)、⑨ 練習問題、⑩ 日本語能力試験対策、⑪ 日本語留学試験対策、⑫ 大学入試対策、⑬ 日本語学習関連副読本、⑭ 日本事情などに分けられる。

　松嶋(2003)は中国のビジネス日本語教科書を収集し分類を行った。その結果によると、中国のビジネス日本語教科書は、① 総合教科書(いわゆる会話・語彙・文法説明・参考文章などがあるもの)、② ビジネス(経済・貿易取引)に関する案内書的な教科書、③ 実用性商用文例集的教科書、④ 会話中心の日本人の商習慣理解に重点を置いた教科書(ビジネスをする際に理解しておかねばならないことを挙げている)、⑤ 通翻訳者養成のためのもの、⑥ その他(A:① ほどではないが、部分的に上の一部を組み合わせた内容の教科書、B: 一言用語集的な内容のもの)の6種類に分類できる。

　各教科書において設定している目標はそれぞれ異なっている。本研究では、中国の日本語学習者の会話能力を伸ばしたいというニーズ(予備調査の結果)に合わせ、日本語学習者用の総合的教科書を研究の対象として選定する。総合的教科書は学習者の日本語の表現力やコミュニケーション能力を育成するために、場面別の表現、様々な

第四章 「待遇表現」から見た日本語教科書の「実用性」

トピック、言葉の使い方、日本社会の紹介、日常場面を想定したロールプレイなど、様々な内容が盛り込まれている。この点で、「待遇表現」教育の目的や学習者のニーズと合致している。

前節で述べた「待遇表現」習得における「インプット」と「アウトプット」に基づいて、日本語教科書において「待遇表現」を扱うときに、「情報記述」「会話文」「練習問題」の三つの面から配慮する必要があると考える。

また、教科書の「実用性」については、序章ですでに定義を行った。即ち、その教科書が学習者の学習目的の達成にどれほど役立つのか、教科書の内容はどれほど現実の社会生活に近いのかということを、その教科書に「実用性」があるかないかの判断基準とする。

本研究における「待遇表現」の定義によって、「待遇表現」についての学習目的は「待遇表現」産出における「社会的・文化的規範」を理解し、「待遇表現」に関する知識を身につけることによって、適切に「待遇表現」を表出することであると言える。このような目的を達成するために、「待遇表現」の教育において、「実用性」を持つ日本語教科書には「① 充実した情報記述、② 実際的な場面設定、③ 自然な会話文、④ 多様な練習方式」という四つの点が配慮される必要があると筆者が考え、以下、この四つの配慮すべき点について詳しく述べる。

- 充実した情報記述

学習者が「待遇表現」を習得するために、大量のインプットが必要であり、そのインプットとして、様々な情報を吸収しなければならないということについては前節ですでに述べている。Krashen(1982)が提唱した「インプット仮説」によれば、言語の習得に重要なのは学習者に理解可能なインプットを受けさせることである。どのような情報が理解可能なインプットと言えるのだろうか。それは情報の「量」と「質」から考えられる。

まず、教科書においては、学習者に多くの情報を提供するために、情報の量と種類を配慮し、充実した情報を記述しなければならない。前節では、学習者が「待遇表現」を習得するには、「待遇表現」産出にお

ける「社会的・文化的規範」を理解し、それに関する「知識」を身につけることが重要であると述べ、「場面」の認識に関する情報、また「社会的・文化的規範」に関する情報などを吸収する必要があり、「言語形式」と「非言語行動」の待遇的意味や談話展開のストラテジーに関する知識を吸収する必要もあると指摘した。従って、教科書には「待遇表現」とは何かに関する説明、「場面」を認識するための「場面」情報、「待遇表現」に関する社会的・文化的情報などをインプットの内容として記述する必要があり、学習者が「待遇表現」に関する「知識」を身につけるために、「語彙」や「表現」の待遇的意味に関する情報、そして、会話の展開や非言語行動に関する情報、などを記述しなければならないと考える。これらの情報はインプットとして学習者の脳に取り込まれ、学習者の脳の中で処理されることによって、学習者の「待遇表現」に対する「気づき」になる。これらの情報を豊富に記述すればするほど、学習者の「待遇表現」に対する理解が深くなると考えられる。

　次に、「質」の面では、情報の整合性を確保する必要があると考える。整合性のある情報とは、あるテーマについて、統合できる情報である。「待遇表現」に関して、どのような情報を提示するのか、どのような流れで提示するのか、どのような形で提示するのか、などのことはすべて「待遇表現」の学習目的に統合する必要がある。整合性のない断片的な情報は学習者の理解と学習を妨げる可能性がある。例えば、「～いただきます」という表現を教える際に、ある流れに沿ってその表現に関する場面情報、文化情報、文法情報などの様々な情報を統合的に提示するほうが、学習者に理解しやすいと考える。

● 実際的な場面設定

　学習者が「待遇表現」を習得するために、「会話観察」はもう一つのインプットになる。教科書にはどのような会話を提示するのかということは学習者の習得に影響を与える。最初に考えなければならないのは、その会話の場面設定である。設定した会話の場面が現実の社会生活に近いことが要求される。その会話の場面設定が現実の社

第四章 「待遇表現」から見た日本語教科書の「実用性」

会生活に反映できないなら、学習者にとってはあまりにも有用性の低い会話になる。

　会話の場面設定について、もう一つ考える必要があるのは、学習者に必要な場面はどのような場面であるのかということである。学習者に必要な場面とは、学習者が「待遇表現」の使用に問題がある場面と理解してもよい。学習者がどの場面において、「社会的・文化的規範」に対する理解が足りず、場面認識や形式・内容の選択に問題が生じることを調べなければならない。そのような調査結果による場面設定は学習者に有用な場面と言えるであろう。

　場面設定の内容について、本研究における「場面」は「場」と「人間関係」の総称であり、場面設定はまず「場」と「人間関係」の設定が含まれている。しかし、会話の成り立ちは「場」と「人間関係」だけでは不十分であり、「主体」「意図」「状況」などの設定も含める必要があると考える。そのうち、「主体」の設定は学習者の立場から考えて設定したほうが、学習者の学習意欲を引き出すことができると考える。例えば、学習者が将来会社で就職することを想定し、主体を会社の課長と部長に設定するより、入社したばかりの新人に設定したほうが学習者の実際の状況を反映できるのではないかということである。

- 自然な会話文

　「会話観察」において、もう一つの重要なことは、会話文の自然さである。自然な会話文というものは、その会話に使用されている言語形式や話題、そして会話の展開方式などが設定した場面においてふさわしいかどうか、意図の実現に有効であるかどうかなどのことによって判断する。そうであれば、自然と判断でき、そうでなければ、自然ではないと判断できる。

　難しいのはその場面において、どのような言語形式がふさわしいのか、どのような話題がふさわしいのか、どのような展開が自然なのかを判断することである。これは、現実場面における母語話者の自然会話を多く分析し、その結果を教科書に反映する必要があるだろう。

● 多様な練習方式

「待遇表現」の習得にはアウトプットも大変重要である。教科書においては、アウトプットとして、練習問題の設定が重要である。

その練習を通して、学習者にどのような知識を身に付けさせ、どのような能力を高めるのかを明確にする必要がある。また、単一的な練習ではなく、多種多彩な練習方式が望まれる。ある「意図」を実現するために、どのような言語形式があるのかという表現レベルの知識について、「機能別の練習」を通して検証し、自分の落とし穴に気づく。ある「場面」において、どのような言語形式や話題がふさわしいのかということについて、「場面別の練習」を通して検証できる。ある「タスク」を完成するために、どのようなプロセスが必要なのか、どのような作業が必要であるのかということについて、「タスク別の練習」を通して検証できる。

練習問題の設定にはどのような機能を設定するのか、どのような場面を設定するのか、どのようなタスクを設定するのかということを考える必要がある。学習者のニーズに合わせて設定することが要求される。そこで、学習者のニーズ調査が重要になる。

4.4 本研究の分析対象となるビジネス日本語教科書

　中国におけるビジネス日本語教育が急速に発展しているにもかかわらず、中国において、広い範囲で使用されているビジネス日本語教科書が殆ど見当たらないということが本研究の予備調査から明らかになった。本研究の予備調査の対象となる8校の大学の状況からみると、ビジネス日本語に関するカリキュラムはそれぞれ異なっており、同じ教科書を使用している大学は一つもない。各教育機関が、各々の教育資源に基づいて、市販している教科書から学習者に向いているものを選んで使うことが多い。

　近年、ビジネス日本語教育の発展に応じて、市販される教科書の数が年々増えている。これらの教科書の種類は様々である[①]。

　これらの教科書の中で、最も多いのは総合教科書である。表現の理解や会話の練習、またビジネス文化の理解などの内容をすべて含めている。本研究では、中国で市販しているビジネス日本語総合教科書を収集して、編集元によって3種類に分けている。一つ目は中国の教科書編集者や編集機関が独自で編集した教科書(以下、すべて「中編教科書」)であり、二つ目は日本の教科書編集者や編集機関が編集し、中国の編集者や編集機関が翻訳して中国に導入する教科書(以下、すべて「日編教科書」)であり、三つ目は両国の教科書編集者や編集機関が共同で編集した教科書(以下、すべて「日中編教科書」)である。

　本研究では、以上の分類によって、分析対象となる教科書を選ぶことにする。

---

① 松嶋(2003)を参照

近年、中国では、数多くのビジネス日本語教科書が出版されている。全ての教科書を分析することは不可能であるため、本研究では、十六冊の教科書を分析の対象として選んだ。選定の基準として次の4点を考慮した。

　① 1990年代から、中国ではビジネス日本語教科書は続々と出版されている。本研究は最新の教科書の現状を明らかにするため、分析の対象を2000年から2015年にかけて出版された教科書に絞る。

　② 予備調査の結果によると、現在中国では全国規模で使用されているビジネス日本語教科書はないということが明らかになった。このため、分析対象となる教科書が広範囲で使用されていることを条件として、北京、上海、広州、大連の四大都市にある中国最大の書店である「新華書店」の支店にて分析対象となるビジネス日本語教科書を購入した。

　③ その教科書を使用する学習者数が多いという点で、中国の大手出版社により出版されたもののみとする。

　④ 本研究は待遇表現の視点から中国のビジネス日本語教科書の実用性を考察するものであるため、分析対象となる教科書の種類はビジネス日本語総合教科書に限定する。

　分析対象とする教科書のリストは表19にまとめている。中編教科書は6冊、日編教科書は7冊、日中編教科書は3冊ある。

表19　分析対象となる中国のビジネス日本語教科書

編集機関	教　科　書
〈一〉中編教科書	① 李晨(2004)『商務日語最前線』外語教學與研究出版社 ② 于慧、張延紅(2005)『商貿日語脫口説』中國宇航出版社 ③ 魏亞坤・孫曉英・周海琴(2008)『日語商務情景口語』中國宇航出版社 ④ 孔繁志・王燕・林妙燕(2009)『商務日語想説就會説』中國宇航出版社 ⑤ 李延坤(2010)『愛説才会贏商務日語口語』大連理工大學出版社 ⑥ 陳雪・奚欣華(2011)『玩転日語口語』時代出版、安徽科学技術出版社

续表

編集機関	教 科 書
〈二〉日編教科書	⑦ 国際日本語普及協会(2003)『商務実戦日語会話』大連理工大学出版社 ⑧ 前川智(2008)『地道商務日語会話』華東理工大学出版社 ⑨ 日本千駄谷日本語教育研究所(2008)『標準商務日語IT篇』外研社 ⑩ 岩沢緑(2009)『商務日語会話』外研社 ⑪ 宮崎道子・郷司幸子(2010)『商務日語口語速成』大連理工大学出版社 ⑫ 原絢子(2010)『商務日語情景口語100主題』外文出版社 ⑬ 目黒真実・細谷優(2010)『標準商務日語口語大全』大連理工大学出版社
〈三〉日中編教科書	⑭ 井田正道・林海(2009)『商務日語會話』世界圖書出版公司 ⑮ 高見澤孟・陳岩(2009)『標準商務日語會話第一冊』外語教學與研究出版社 ⑯ 高見澤孟・陳岩(2010)『標準商務日語會話第二冊』外語教學與研究出版社

これらの教科書の対象者や学習目標、また構成について、それぞれ表20、21、22にまとめている。

表20　日中編教科書の構成

教科書	対象者と学習目標	構　成
井田・林 (2009)	・中国人日本語学習者 ・「話す」能力の育成	・機能、場面シラバス、59課構成、会話文66個 ・各課の構成：豆知識、慣用句表、会話文、語彙表
高見澤・陳 (2009)	・日系企業従業員 ・語彙表現、企業文化の習得	・構造、機能、場面シラバス、20課構成 ・会話文は3種類あり、「慣用表現」の導入としての「基本会話」、「基本会話」の拡大である「応用会話」、自然な会話としての「自由会話」 ・各課の構成：基本会話、解説、練習、応用会話、語彙表、自由会話、課題、豆知識
高見澤・陳 (2010)	・日系企業従業員 ・語彙表現、企業文化の習得	・場面シラバス、15課構成 ・会話文種類は高見澤・陳(2009)と同様、「自由会話」の会話文15個 ・各課の構成：基本会話、解説、練習、応用会話、語彙表、自由会話、課題、豆知識

表 21　中編教科書の構成

教科書	対象者と学習目標	構　　成
李 (2004)	・中級以上日本語学習者 ・ビジネス特有の表現や敬語、マナーなどの習得	・会話編、常識編、実践編に分けている。 ・会話編：場面シラバス、会話文80個、各課は会話文、語彙表、豆知識から構成されている。 ・常識編：ビジネス慣習、マナー ・実践編：ニュース、新聞記事
于・張 (2005)	・日本語学習者 ・総合的人材育成	・場面シラバス、18課構成、会話文264個 ・各課の構成：背景知識、会話文、語彙表
魏・孫・周 (2008)	・日本語学習者 ・「話す」能力の育成	・場面シラバス、32個の場面、118個の会話文 ・各課の構成：慣用句表、会話文
孔・王・林 (2009)	・日本語初級学習者 ・「話す」能力の育成	・場面シラバス(14個の場面)、14章構成 ・各章で4～6課、全部で121個の会話文 ・各課の構成：慣用句表、慣用句練習、会話文、慣用句練習の解答
李 (2010)	・ビジネス・パーソン ・言語と文化の習得	・場面シラバス、「挨拶」「訪問」「電話」「マナー」「業務商談」の5つの場面で、642個の会話文を挙げている。会話文の羅列だけ。
陳・奚 (2011)	・日本語専攻学習者 ・日本語コミュニケーション能力育成	・場面シラバス(10個の場面)、10章構成 ・各章で5課、各課で会話文1つ、全部で50個の会話文 ・各課の構成：会話文、語彙表、慣用句表、豆知識

表 22　日編教科書の構成

教科書	対象者と学習目標	構　　成
普及協会 (2003)	・初級終了、日本語能力試験2級程度 ・ビジネスの世界で実際に日本語を使える。	・機能、場面シラバス、会話文15個 ・17課構成、1、2課は「紹介」「電話」場面の待遇表現、3、4、6、7、9、10、11、14課は様々な場面の会話、5、8、12、17課は総合練習、13、15、16課は日本企業の風土やシステムの情報。 ・各課の構成：文章や会話文、語彙表、解説、練習、解答

続表

教科書	対象者と学習目標	構成
前川 (2008)	・日系企業の中国人 ・短いフレーズで話す	・機能・場面シラバス、18課構成、会話文32個 ・各課の構成：豆知識、慣用句表、会話文、語彙表
千駄谷 (2008)	・中上級レベル学習者 ・特定場面での適切な表現の習得	・機能、場面シラバス、12課構成、会話文26個 ・各課の構成：はじめに、会話文、応用練習、語彙表、豆知識、
岩沢 (2009)	・日系企業の中国人 ・仕事に必要とされる基本文型や表現の習得。	・場面シラバス(8個の場面)、8課構成、会話文15個 ・各課の構成：慣用句表、表現聴解、表現練習、会話聴解、会話練習、豆知識、リスニング練習、語彙表
宮崎・郷司 (2010)	・初級終了学習者 ・「話す」能力の育成	・機能シラバス、8課構成、会話文21個 ・各課の構成：導入文、表現表、語彙表、談話、会話文、練習、豆知識
原 (2010)	・日本語学習者 ・言語と文化の習得	・場面シラバス、100個の場面で、会話文193個 ・各課の構成：慣用句表、語彙表、会話文
目黒・細谷 (2010)	・日本企業の会社員 ・丁寧でフォーマルな会話術を身に付ける	・構造、機能、場面シラバス、50課構成、会話文98個 ・各課の構成：会話文、語彙表、解説、豆知識、練習

　教科書の対象者からみると、これらの教科書の対象者は2種類に分けられる。一つは初級終了で、将来日系企業で働く希望を持つ中上級の日本語学習者であり、もう一つは日系企業で働いている従業員(日本語レベルを問わずに)である。これらの対象者がビジネス場面における日本語の語彙や表現、またビジネス文化などの知識を身に付け、ビジネス場面でのコミュニケーション能力、特に話す能力を高めることが各教科書の目標として設定されている。

　教科書の構成からみると、ほとんどの教科書が機能や場面シラバスで教科書を編集し、慣用句表によってビジネス場面でよく使う表

現を提示し、また会話文によって、それらの表現が実際のビジネス場面でどのように使用されているのかを示している。また、「豆知識」のようなコラムで、日本のビジネス社会の文化や習慣、またマナーなどの情報を紹介することが多い。練習を設定している教科書（特に中編教科書）はあまり多くない。

　これらの教科書の構成からわかるように、現在中国のビジネス日本語教育は、ビジネス場面でよく使用されている慣用句や会話文の記憶、また日本のビジネス社会の特有な文化や習慣などを主要な内容として教育を行っている。この点からみると、中国のビジネス日本語教科書の実用性ということは、その教科書がどのような言語情報や文化情報を記述しているのか、設定している場面がどれほど実際のビジネス場面に近いのか、またどれほど学習者のニーズを満たすことができるのか、そして、会話文の内容がどれほど自然の会話に近いのか、ということに関連しているのではないかと考える。

　従って、次章から、「情報記述」「場面設定」「会話文の自然さ」「練習問題設定」の四つの面から、現在中国のビジネス日本語教科書の実用性を考察する。

4.5　本章のまとめ

　本章では、従来の「待遇表現」に関する研究を踏まえて、異文化コミュニケーションの立場から「待遇表現」を定義し、「待遇表現」を産出するための各プロセスにおける「社会的・文化的規範」というものを研究対象として取り上げた。

　また、第二言語習得理論における「インプット仮説」と「アウトプット仮説」をもとに、「待遇表現」習得における「インプット」と「アウトプット」を明らかにし、そこで、「実用性」を持つ教科書の配慮すべき点として「充実した情報記述」「実際的な場面設定」「自然な会話文」「多様な練習方式」の4点を挙げた。

　これに基づいて、次の第五章から第八章まで、現在中国のビジネス日本語教科書における待遇表現の扱われ方について、「① 現在中国のビジネス日本語教科書には、どのような情報が記述されているのか、② 現在中国のビジネス日本語教科書には、どのような場面が設定されているのか、③ 現在中国のビジネス日本語教科書における会話文は自然であるか、④ 現在中国のビジネス日本語教科書には、どのように練習問題が設定されているのか」という四つの面から考察を行う。

第五章　「情報記述」から見た中国のビジネス日本語教科書の「実用性」

　前章では、「待遇表現」の観点から「実用性」を持つ日本語教科書の配慮すべき点を考察した。「充実した情報記述」「実際的な場面設定」「自然な会話文」「多様な練習問題」の四つが配慮すべき点として取り上げられた。

　本章では、「情報記述」に注目し、中国のビジネス日本語教科書における「情報記述」の実態を調べる。まず日本語教科書における「待遇表現」のための「情報記述」は、どのような「情報」が必要であるのか、どのように記述するのかについて検討する。また、それに基づいて、本章の分析項目を抽出し、分析を行う。最後に、分析の結果に基づいて、現在の中国におけるビジネス日本語教科書の「実用性」について考察する。

5.1　「待遇表現」から考える「情報記述」

　本研究においては、「待遇表現」の産出には「社会的・文化的規範」に基づく「場面認識」「意図表出」「態度・きもち決定」「形式・内容選択」などの一連の「内的行動」が重要であると確認されている。日本

語教科書における「情報記述」は、これらの行動に必要な情報と考えられる。学習者にとって、場面認識のためにどのような情報が必要なのか、意図表出のためにはどのような情報が必要なのか、態度・きもち決定のためにどのような情報が必要なのか、形式・内容選択のためにどのような情報が必要なのか、という点を考える必要がある。

まず、「場面認識」のための情報について、ある会話に対して、その会話の場面はどのような場面であるのか、「場」の改まり度はどうなっているのか、会話の登場人物はどのような「人間関係」であるのか、どのような状況なのか、という情報を記述しなければならない。これらの情報がなければ、なぜその場面でそのような言葉を使用するのか、なぜそのように会話が展開されるのかについて理解できないであろう。また、外国人日本語学習者にとって、「社会的・文化的規範」によって、同じ場面に対する認識が時々異なっている。例えば、友人関係に対して、中国人と日本人の認識は異なるだろう。また、友人関係であるかどうかを判断する基準が日中両国の社会的・文化的規範によって異なるだろう。このように、日本語学習者に両国の場面認識にはどのような差異があるのか、どのような「社会的・文化的規範」が働いているのかを理解させなければならない。そのため、教科書には、このような情報の記述が必要であると考える。

次に、「意図表出」のための情報について、2種類の情報が必要である。一つ目はある場面において、その「意図」を表して良いのかについての「社会的・文化的規範」の差異に関する情報である。例えば、中国人にとって、親しい友人に借金を依頼することが普通なことであるのに対して、日本人は友人に借金を依頼することは少ない。その背景である「社会的・文化的規範」に関する情報を学習者に伝えないと、人間関係が壊れてしまう恐れがある。もう一つは、ある「意図」を表すために、「社会的文化的規範」によって、言語形式や内容にどのような差異が出るのかという情報である。例えば、ビジネス会議の場面において、同僚に自分の「反対」の意見を表す時に、中国人と日本人が使用する表現が時々異なるだろう。どこが異なるのか、なぜ異

第五章 「情報記述」から見た中国のビジネス日本語教科書の「実用性」

なるのかに関する情報も学習者に伝えなければならないと考える。

また、「態度・きもち決定」のための情報について、それに影響を与える「社会的・文化的規範」に関する情報の記述が必要である。「態度・きもち」は「場面認識」に規定されるものであるが、「社会的・文化的規範」によって、「場面認識」が同じでも、規定される「態度・きもち」が必ずしも同一とは限らない。例えば、初めて会う人に対して、中国人と日本人の態度のどこが異なるのか、なぜ異なるのか、などの「態度・きもち決定」に影響を与える情報の記述も重要である。

最後に、「内容・形式選択」のための情報について、「場面認識」と「意図表出」を繋げて考える必要がある。「内容・形式」は「場面認識」と「意図表出」に基づいて選択するものであるため、ある「内容」や「形式」はどのような「場面」にふさわしいのか、どのような「意図」を表す場合にふさわしいのかに関する情報が必要である。しかし、「社会的・文化的規範」によって、「内容・形式」の待遇的意味が必ずしも同じではない。例えば、日本語の「あなた」と中国語の「你」は文面的な意味は同じであるが、実際の使い方も同じであろうか。もし異なるのであれば、どこが異なるのか、なぜ異なるのか、などのような「内容・形式」の待遇的意味に関する情報の記述も必要であると考える。

以上のことから、日本語学習者に対して、「場面認識」「意図表出」「態度・きもち決定」「内容・形式選択」において、どのような「社会的・文化的規範」が働いているのか、それらが対人関係上、どのように働いているのかに関する情報の記述が日本語教科書にとって不可欠な内容であると考える。

5.2　本章の分析項目

　前節で日本語教科書に必要な「情報記述」について述べた。本節では、それに基づいて、教科書分析の項目を抽出する。
　本研究で研究対象となる日本語教科書は、日本語学習者用の総合的な教科書である。これらの教科書はシラバスがそれぞれ異なるが、「導入部」「会話文」「解説部」「練習問題」「豆知識」の五つから構成されている。「情報記述」は各部分にそれぞれ分散している。
　以上の教科書構成に基づいて、本章の分析項目は次のように提示された。
　① 各課の「導入部」に、「待遇表現」に関する学習目的や項目の情報記述があるのか、ある場合、どのような情報であるのか。
　②「会話文」の「冒頭部」に、その会話の「場面（場、人間関係、意図、状況など）」に関する情報記述があるのか、ある場合、どのような情報であるのか。
　③「会話文」の「解説部」に、その会話に反映されている「社会的・文化的規範」に関する情報記述があるのか、ある場合、どのような情報であるのか。
　④「語彙」の「解説部」に、それらの語彙に反映されている「社会的・文化的規範」に関する情報記述があるのか、ある場合、どのような情報であるのか。
　⑤「文型」の「解説部」に、それらの文型に反映されている「社会的・文化的規範」に関する情報記述があるのか、ある場合、どのような情報であるのか。
　⑥「練習問題」に、「場面（場、人間関係、意図、状況など）」と「社会的・文化的規範」に関する情報記述があるのか、ある場合、どのような情報であるのか。
　⑦「豆知識」に、どのような情報記述があるのか。

5.3　分析結果

　前節では、日本語教科書に必要な「情報記述」の内容に基づいて、教科書分析の項目を案出した。これらの項目に沿って、中国の16冊のビジネス日本語教科書を分析した結果を本節にまとめる。
　中国の3種類のビジネス日本語教科書を、「導入部」「会話文の冒頭部」「会話文の解説部」「語彙の解説部」「文型の解説部」「練習問題」「豆知識」に分けて、それぞれ分析を行った。その結果を「◎」「○」「△」「×」という四つの記号で示すことにする。
　「◎」という記号は、該当する部分があり、待遇表現に関する情報も十分に記述されているということを示す。
　「○」という記号は、該当する部分があり、待遇表現に関する情報が記述されているが、十分ではないということを示す。
　「△」という記号は、該当する部分があるが、待遇表現に関する情報が全く記述されていないということを示す。
　「×」という記号は、該当する部分がないということを示す。
　分析の結果は、表23、24、25のようにまとめられた。

5.3.1　中編教科書における「情報記述」

　16冊の教科書の中に、中編教科書は6冊あるが、「情報記述」の面からみると、表23で示しているように、これらの教科書には、「待遇表現」に対する配慮は極めて少ないということが分析により明らかになった。
　まず、各課の「導入部」を見ると、6冊ともこの部分の内容は設定されていない。すなわち、学習項目や目標などについて明確に示されていないということである。学習項目や目標を示さずに、学習者が何を学習するのか、重要なポイントは何なのか、ということを教科書

表 23　中編教科書における情報記述

		李(2004)	丁・張(2005)	魏・孫・周(2008)	孔・王・林(2009)	李(2010)	陳・奚(2011)
導入部	有無	×	×	×	×	×	×
	情報内容	学習内容や項目などを示す導入部がない	学習内容と項目などを示す導入部がない	学習内容と項目などを示す導入部がない	学習内容や項目などを示す導入部がない	学習内容と項目などを示す導入部がない	学習内容や項目などを示す導入部がない
会話冒頭部	有無	○	×	×	×	×	○
	情報内容	会話の場所を示している	いきなりに会話文にはいっている	いきなりに会話文にはいっている	いきなりに会話文にはいっている	いきなりに会話文にはいっている	簡単な人間関係と状況の説明がある
会話解説部	有無	×	×	△	△	△	×
	情報内容	会話に関する解説はない	会話に関する解説はない	中国語の翻訳	中国語の翻訳	中国語の翻訳	中国語の翻訳
語彙解説部	有無	△	△	×	×	×	△
	情報内容	中国語の翻訳しかない	中国語の翻訳しかない	語彙表がない	語彙表がない	語彙に関する解説がない	中国語の翻訳しかない
文型解説部	有無	×	×	×	×	×	×
	情報内容	文型の解説がない	文型の解説がない	文型表現の例文の羅列	文型の解説がない	文型の解説がない	文型表現の例文の羅列
練習部	有無	×	×	×	△	×	×
	情報内容	練習問題が設定されていない	練習問題が設定されていない	練習問題が設定されていない	表現の翻訳練習	練習問題が設定されていない	練習問題が設定されていない
豆知識	有無	○	○	×	△	×	○
	情報内容	ビジネスマナーの説明	ビジネスマナーの説明	豆知識がない	文型に関する説明	豆知識がない	ビジネスマナーの説明

第五章 「情報記述」から見た中国のビジネス日本語教科書の「実用性」

から理解することは難しい。

次に、「会話文の冒頭部」を見ると、6冊の教科書の中に、「会話文の冒頭部」を設置し、会話の場面に関する情報を記述する教科書は2冊しかない、他の4冊の教科書にはこの部分自体が設定されておらず、会話の場面に関する情報が記述されないまま、いきなりに会話文に入っている。会話の場面に関する情報記述のある2冊の教科書に記述されている情報は会話の場所や簡単な人間関係などに関する情報に留まり、その会話の場面や状況を認識するには不十分である。例えば、李(2004)は「会議室の中」や「課長と李さん」のように、会話の場所と登場人物の名前や職位を簡単に示しているが、どのような意図で、どのような状況での会話なのかは全く記述していない。李(2010)には、会話の場面を示すための冒頭部は設置されていないが、「社員A:ただいま帰りました。社員B:あ、お帰りなさい。交渉はどうだった。(李2010:15)」というように、会話の中で登場人物の身分を示している。しかし、会話例の中に登場人物が同僚であることは分かるが、その上下親疎関係が明確に提示されていない。そのため、なぜ社員Aが文体的に「です・ます」のような「丁寧体」を使い、社員Bが「する」を使うのかについて、学習者が戸惑うだろう。陳・奚(2011)には、「冒頭部」の設置はあるが、「呉さんは部長から何か頼まれてその仕事を引き受けました(陳・奚2011:7)」と「訪問代表団を迎え、宴会を開いている場面です(陳・奚2011:33)」のように、登場人物の名前や職位か会話の場所が示されているが、場の改まり度や具体的な人間関係、また表現意図や状況などがすべて不明である。

また、「解説部」についてみると、6冊の教科書には、「会話の解説部」が設置されているのは魏・孫・周(2008)、孔・王・林(2009)と陳・奚(2011)の3冊の教科書である。しかし、この3冊の教科書の「会話の解説部」には、会話の中国語の翻訳しか記載がなく、会話の中の言葉遣いや表現選択などに関する説明は全くない。「語彙の解説」が設置されているのは陳・奚(2011)のみであるが、その解説も中国語の翻訳のみである。「文型の解説」が設置してあるのは魏・孫・

周(2008)、孔・王・林(2009)と陳・奚(2011)の3冊の教科書であるが、文型表現の例文を羅列するだけで、表現に関する解説が全くない。このように、これらの教科書は、語彙、文型、会話文を羅列するだけで、その会話について、なぜそのような語彙を使うのか、なぜそのような表現を使うのか、なぜそのように会話を展開するのか、どのような社会的・文化的規範が働いているのか、などのことについて、全く説明していないことが明らかとなった。

「練習問題」についてみると、六冊の教科書の中に、「練習問題」を設置している教科書は孔・王・林(2009)の一冊しかない。しかし、孔・王・林(2009)に設置している練習問題は、「他的優点是対人友善(孔・王・林2009:73)」という中国語の文を日本語に翻訳する練習しかない。

「豆知識」についてみると、孔・王・林(2009)と陳・奚(2011)の二冊の教科書には「豆知識」がある。孔・王・林(2009)には、「日本語には給料の希望を尋ねる表現は〈ご希望の給料はいくらですか〉という表現がある。給料という話題はプライバシーであるため、尋ねにくいことである(孔・王・林2009:91)」という情報記述がある。しかし、全体的には、このような知識の数がそれほど多くない。陳・奚(2011)には、各課の最後に「豆知識」として日本のビジネス文化や習慣を紹介している。例えば、「日本の通貨の歴史(陳・奚2011:116)」「会社の職位と呼称(陳・奚2011:104)」について紹介してある。

以上の分析から、中編教科書には、「場面認識」「意図表出」「態度・気持ち決定」「内容形式選択」の各段階において、どのような「社会的・文化的規範」が働いているのか、どのように働いているのかについての「情報記述」が極めて少ないということが明らかになった。これらの教科書は、主に語彙、文型、及び会話文を羅列するだけで、語彙、文型、また会話文の暗記という教育方針につながるのではないかと危惧する。

5.3.2　日編教科書における「情報記述」

日編教科書における「情報記述」の現状は表24のようにまとめられる。中編教科書と比べると、日編教科書のほうが待遇表現に対し

第五章 「情報記述」から見た中国のビジネス日本語教科書の「実用性」

表24 日編教科書における情報記述

		普及協会(2003)	前川(2008)	千駄谷(2008)	岩沢(2009)	宮崎・郷司(2010)	原(2010)	目黒・細谷(2010)
導入部	有無	×	○	△	△	○	×	×
	情報内容	学習内容や項目などを提示する導入部がない	待遇表現の情報が少しある	導入部はあるが、待遇表現の記述はない	導入部はあるが、待遇表現の記述はない	待遇表現の情報が少しある	学習内容や項目などの提示はない	学習内容や項目などの提示はない
会話冒頭部	有無	◎	×	○	◎	○	×	×
	情報内容	場、人間関係、状況などの情報がある	いきなり会話文に入っている	登場人物の身分を示している	場、人間関係、状況に関する情報がある	簡単な人間関係の記述しかない	いきなり会話文に入っている	いきなり会話文に入っている
会話解説部	有無	◎	△	◎	○	×	△	◎
	情報内容	表現の丁寧さに関する解説がある	中国語の翻訳文しかない	会話の展開や表現の使用の解説がある	会話展開のプロセスの説明がある	会話の解説はない	中国語の翻訳文しかない	表現の仕方など詳しく説明ある
語彙解説部	有無	×	×	×	×	×	×	×
	情報内容	語彙の発音と翻訳の記述しかない	語彙の発音と翻訳の記述しかない	語彙の発音と翻訳の記述しかない	語彙の発音と翻訳の記述しかない	語彙の羅列しかない	語彙の羅列と中国語の翻訳しかない	中国語の翻訳しかない

续表

		普及協会(2003)	前川(2008)	千駄谷(2008)	岩沢(2009)	宮崎・郷司(2010)	原(2010)	目黒・細谷(2010)
文型解説部	有無	×	○	×	×	○	×	×
文型解説部	情報内容	会話文の解説に表現の説明が含まれている	文型表現を機能別に羅列し、すこし説明がある	会話文の解説に表現の説明が含まれている	導入部に文型表現の機能の記述がある	文型表現を機能別に羅列している	文型の羅列しかない	文型の羅列も解説もない
練習部	有無	◎	×	◎	◎	◎	×	○
練習部	情報内容	会話練習の場、人間関係、状況の説明がある	練習問題が設定されていない	会話練習の場、人間関係、状況の記述	会話練習の場、人間関係、状況の記述	会話練習の場、人間関係、状況	練習問題が設定されていない	会話練習の状況説明がある
豆知識	有無	×	○	○	◎	◎	×	×
豆知識	情報内容	豆知識がない	文化情報を少量に記述されている	ビジネス文化と習慣の記述がある	待遇表現の使用の記述が多い	ビジネス文化、習慣、言葉遣い	豆知識がない	豆知識の記述がない

136

第五章 「情報記述」から見た中国のビジネス日本語教科書の「実用性」

てより多く配慮している。

　まず、「導入部」についてみると、前川(2008)、千駄谷研究所(2008)、岩沢(2009)、宮崎・郷司(2010)の4冊の教科書には「導入部」が設置してある。そのうち、千駄谷研究所(2008)と岩沢(2009)には、学習項目が提示されているが、待遇表現に関する情報は配慮されていない。
　例えば、千駄谷研究所(2008)には、「この課では、まず、自社の社員同士の会話という設定で、電話の受け方・かけ方の基本を身につけるとともに、簡潔な伝言メモの書き方も実践します(千駄谷研究所2008:51)」というように学習項目と目標を示しているが、その学習項目は待遇表現とどのような関係があるのかについての情報は記述されていない。「導入部」を設け、待遇表現に配慮した学習目標と学習項目を記述する教科書は前川(2008)と宮崎・郷司(2010)の2冊の教科書である。前川(2008)には、「依頼する表現を習いましょう。日本語には上司、同僚、親しい人に対して、依頼する表現がそれぞれ異なっているため、相手を不快させないように注意しましょう(前川2008:42)」という記述があり、宮崎・郷司(2010)には、「場面にあった挨拶は、会話の基本です。この課では、日本人とのコミュニケーションを深めるためにいろいろな場面の挨拶を勉強します。挨拶に合った動作も合わせて練習しましょう(宮崎・郷司2010:29)」と記述されており、待遇に関する情報を含めて、学習項目を示している。しかし、この2冊の教科書は待遇に関する情報の記述が一部分の課の「導入部」にしかなく、まだ十分とはいえないだろう。
　次に、「会話文の冒頭部」では、中編教科書と比較すると、日編教科書には、「会話文の冒頭部」を設置し、場面などの情報を記述する教科書がより多いが、全体的にはまだ少ない。「会話文」の前に、場面などの情報を記述してある教科書は日本語普及協会(2003)、千駄谷研究所(2008)、岩沢(2009)、宮崎・郷司(2010)の4冊の教科書である。そのうち、千駄谷研究所(2008)には、「孫:プログラマー、大森:システムエンジニア、渡辺:プロジェクトサブリーダー(千駄谷研究所2008:84)」のように、登場人物の身分を示している。宮崎・郷司(2010)に

は、「社内で」のように会話の場所を示したり、「チン：オリエンタル商事営業部、長井：オリエンタル商事営業部部長、江藤：第一製鉄開発部部長(宮崎・郷司 2010：12)」にように登場人物の身分を示したりすることが多い。この2冊の教科書と比べると、日本語普及協会(2003)、岩沢(2009)には、場面などの情報がより詳しく記述されている。日本語普及協会(2003)は「電子業界の中堅会社である平成電子は、かねてからソフト部門を強化して、一段の飛躍をしようと考えている。その件について、企画担当常務はシリコンバレーのジャルタ社を買収することで、その計画を実現したいと考えている。そこで、常務は今日、渡辺、小林両部長に意見を聞くことにした(日本語普及協会 2003：75)」のように、会話の場、人間関係や状況設定の情報を詳しく記述している。岩沢(2009)には、「業者から届いた部品が注文した数より30個少なかったことを、外出中の三島課長の携帯に電話して伝え、指示を仰ぐ」のように、場、人間関係、状況、意図などの情報が詳しく記述されている。他の3冊の教科書は場、人間関係や状況設定に関する記述がなく、いきなり会話文に入っている。

また、「解説部」を見ると、1冊を除いた他の6冊の教科書すべてに「会話文の解説部」が設置されている。その中に、表現の使用や会話の展開などについて詳しく解説しているのは日本語普及協会(2003)、千駄谷研究所(2008)と目黒・細谷(2010)の3冊の教科書である。例えば、「意見を聞く」ための表現の使い分けについて、日本語普及協会(2003)には、「〈いろいろ意見を聞きたいと思って〉は部下に対する使い方であり、もっと丁寧な言い方として〈いろいろご意見を伺いたいと思っております〉や〈率直な/遠慮のないご意見をお聞かせいただきたいと思います〉などが挙げられる(日本語普及協会 2003：57)」というように表現の丁寧さについて説明している。会話文に出ている「あいづち」について、千駄谷研究所(2008)には、「自然な会話のための『あいづち』には、いろいろなものがあるが、ここでは基本的なものを扱う。以下の点を注意したい。使い分けには、立場の上下関係の他、親しい関係かどうかも関わる。ただ口だけで言うのではなく、表情を交えるこ

第五章 「情報記述」から見た中国のビジネス日本語教科書の「実用性」

と…(千駄谷研究所 2008:28)」のように、あいづちの使用に関わる人間関係や非言語行動について詳しく解説している。また、挨拶言葉の使い方について、目黒・細谷(2010)は、「『お疲れ様』は相手が上司か同僚かに関係なく使えますが、『ご苦労様』は上司が部下に対して使う言葉なので、くれぐれも注意してください(目黒・細谷 2010:25)」というように、表現使用の待遇上の理由を説明している。「会話文の解説部」が設置してあるが、解説はそれほど詳しくない教科書として 岩沢(2009)がある。岩沢(2009)は会話の展開について説明しているが、表現の使用が「社会的・文化的規範」とどのような関係があるのかについての解説はあまりない。前川(2008)と原(2010)の2冊の教科書は会話文を中国語に翻訳するだけで、詳しい解説はない。宮崎・郷司(2010)には、「会話文の解説部」が設置されていない。

「語彙の解説部」については、7冊の教科書すべて、この部分が設置されていない。語彙表で語彙を提示したり、中国語の翻訳を提示したりすることに留まる。「文型の解説部」について、前川(2008)と宮崎・郷司(2010)が文型表現を機能別に提示しているが、他の5冊の教科書には文型の提示や解説はほとんど見られない。

「練習問題」をみると、7冊の教科書の中に、日本語普及協会(2003)、千駄谷研究所(2008)、岩沢(2009)、宮崎・郷司(2010)の4冊の教科書が会話練習の場、人間関係、状況などの情報を記述してある。例えば、日本語普及協会(2003)には、「平成食品は、インスタントラーメンを主力とし、最近乾燥パスタの生産も始めた。パスタのアンテナショップとして、生麺を使ったレストランも持っている。原材料の小麦は現在世界的な不足が報告されている。今日、材料輸入を担当する商社から原料部長あてに、現状報告書が届いた。原料部長は、その資料を持参して、企画部長と対応策を検討している(日本語普及協会 2003:97)」のように、会話練習の場、人間関係や状況を詳しく説明してある。また、宮崎・郷司(2010)には、「今日は体の調子が悪いので、会社を休みたいです。上司のBさんに電話をかけて、許可をもらってください(宮崎・郷司 2010:123)」というように、会話練

習の人間関係や意図についての情報を詳しく記述してある。

　最後に、「豆知識」をみると、待遇表現に関する情報が十分に記述してあるのは岩沢(2009)と宮崎・郷司(2010)である。例えば、岩沢(2009)には、「『誘い』に関する注意点：誘いを受けた時・断ったときの話の流れ(岩沢 2009：106)」というような表現使用における「社会的・文化的規範」に関する記述もあり、日本のビジネス社会における「ホンネとタテマエ」や「根回し」などのビジネス文化・習慣に関する記述もある。同じように、宮崎・郷司(2010)にも、「電話のルール」や「ホウレンソウ」などのビジネス習慣に関する記述がある。その他に、前川(2008)には、「営業時間以外には電話しないように」というようなビジネス習慣上の解説があるが、量的にはそれほど多くない。

　以上の分析からみると、日編教科書は待遇表現に対して配慮しているが、全体的にはまだ十分ではないと考えられる。特に、学習項目として待遇表現を提示することや、語彙や表現の使用にどのような「社会的・文化的規範」が働いているのかについての記述はまだ不足している。

5.3.3　日中編教科書における「情報記述」

　日中編教科書における「情報記述」の状況は表 25 にまとめられる。表 25 で示しているように、分析対象とした日中編教科書は 3 冊しかない。分析の結果からみると、中編教科書と日編教科書と同じように、3 冊の日中編教科書にも、待遇表現に関する「情報記述」は充分とは言えない。

表 25　日中編教科書における情報記述

構成	教科書	井田・林(2009)	髙見澤・陳(2009)	髙見澤・陳(2010)
導入部	有無	○	○	○
	情報内容	学習内容に関する文化情報の記述がある	学習項目を提示しているが、待遇表現に関する学習項目の提示は少ない	学習項目を提示しているが、待遇表現に関する学習項目の提示は少ない

续表

构成 \ 教科書		井田・林(2009)	高見澤・陳(2009)	高見澤・陳(2010)
会話冒頭部	有無	×	○	○
	情報内容	いきなりに会話文に入っている	一部分の会話の冒頭部に場と人間関係を示している	一部分の会話の冒頭部に場と人間関係を示している
会話解説部	有無	×	○	○
	情報内容	会話に関する解説は全くない	① 一部分の会話しか解説していない ② 表現の意味に関する解説がメインで、待遇表現の観点からの解説が少ない	① 一部分の会話しか解説していない ② 表現の意味に関する解説がメインで、待遇表現の観点からの解説が少ない
語彙解説部	有無	×	×	×
	情報内容	語彙表はあるが、語彙が羅列され、発音と中国語の翻訳しかない	語彙表はあるが、語彙が羅列され、発音と中国語の翻訳しかない	語彙表はあるが、語彙が羅列され、発音と中国語の翻訳しかない
文型解説部	有無	×	×	×
	情報内容	文型解説はない	文型の解説は会話の解説部に盛り込まれている	文型の解説は会話の解説部に盛り込まれている
練習部	有無	×	△	△
	情報内容	練習問題が設定されていない	練習はあるが、待遇表現に関する情報は記述されていない	練習はあるが、待遇表現に関する情報は記述されていない
豆知識	有無	×	◎	◎
	情報内容	導入部に少し文化情報の記述はあるが、豆知識やコラムのような部分はない	ビジネスマナー、ビジネス習慣、敬意表現に関する情報が多く記述されている	ビジネスマナー、ビジネス習慣、敬意表現に関する情報が多く記述されている

　まず、「導入部」をみると、3冊の教科書とも「導入部」の設定はあるが、待遇表現に配慮しているのは井田・林(2009)である。井田・林(2009)は各課の「導入部」にその課の学習項目を提示し、またその学

習項目に関する待遇的情報を記述している。例えば、井田・林(2009)の「PartⅢ　ビジネス電話と伝言」という課の「導入部」には、「日本企業では、電話を取る時のマナーや言葉遣いはどうなっていますか(井田・林2009:31)」というようにその課の学習項目を示し、また「相手の声がはっきり聞こえないときには、中国語のように、『もう少し大きな声で話してください』という表現を使うのではなく、『申し訳ございませんが、少しお電話が遠いようですが』という表現を使ったほうがいいです(井田・林2009:31)」というように待遇的な情報を記述している。高見澤・陳(2009、2010)には学習内容や学習項目を示す「導入部」はあるが、「待遇表現」に関する情報の記述は極めて少ない。

　次に、「会話の冒頭部」における「情報記述」をみると、井田・林(2009)には、会話の場面や人間関係などに関する情報は一切記述されていない。高見澤・陳(2009、2010)には3種類の会話があり、一つ目は語彙と文型を練習するための基本会話、二つ目は基本会話の応用として類似した状況での応用会話であり、三つ目は自然会話としての自由会話である。そのうち、基本会話と応用会話の冒頭部には、待遇表現に関する情報が記述されていないが、自由会話の冒頭部には、「大連本社の李義は、天津工場の工場長の川田に電話をかけて、上司の大山部長の訪問時期について相談します(高見澤・陳2009:87)」のように、人間関係、場や状況設定などの情報を詳しく記述している。

　また、「解説部」については、井田・林(2009)には、「解説部」が設定されていない。高見澤・陳(2009、2010)には、「会話の解説部」が設定されているが、「動詞＋べきだの使い方」(高見澤・陳2010:136)のような文法構造や翻訳上の説明がメインになっており、待遇上の解説はあまり見当たらない。語彙や文型の「解説部」が設定されていない。

　「練習部」については、井田・林(2009)には、練習問題が設定されていない。高見沢・陳(2009、2010)には、練習問題の設定はあるが、そ

の練習に関する待遇的情報の記述はない。

　「豆知識」をみると、井田・林(2009)には、「導入部」に文化情報が提示されてあるが、「豆知識」のような部分が設定されていない。高見沢・陳(2009、2010)には、「豆知識」が設定され、ビジネスマナーやビジネス習慣、またビジネス場面における待遇表現の使用に関する情報が多く記述されている。例えば、日本企業の「ホウレンソウ」について、高見沢・陳(2009:147)は詳しく説明してある。

　これらの分析から、日中編教科書はある程度日本語の待遇表現に配慮しているが、待遇表現に関する「情報記述」の量がまだ十分ではないということがわかった。「解説部」や「練習部」などの部分に待遇表現に関する「情報記述」を増やす必要があるのではないかと考える。

5.4　考　察

　前節では、中国の3種類のビジネス日本語教科書における「情報記述」の現状について分析を行った。分析の結果から、中国のビジネス日本語教科書における「情報記述」は、「量」と「質」の二つの面において不足点があることがわかった。
　まず、「量」の面では、ビジネス日本語の学習において、「待遇表現」が大変重要な学習項目であるにもかかわらず、現在中国のビジネス日本語教科書には、「待遇表現」に関する「情報記述」が量的にはまだ充分ではなく、「待遇表現」があまりにも配慮されていないということが明らかになった。
　中国の3種類のビジネス日本語教科書のうち、日編教科書が「待遇表現」に関する情報を最も多く記述しているが、「場面認識」のための会話の場面や人間関係などの情報を示すことが多く、「待遇表現」の生成における「意図表出」「態度・きもち決定」「内容・形式選択」などに関する情報の記述があまり見当たらない。他の2種類の教科書には、「待遇表現」に関する「情報記述」が全体的に少ない。特に、中編教科書は、会話例や語彙などしか羅列していないものが多く、その会話や語彙に関する解説や練習が一切ない。このような教科書は、学習者の「待遇表現」に対する理解を深め、学習者の「待遇表現」の運用能力を高めることは難しいのではないかと考えられる。
　また、「質」の面では、二つの問題点が指摘できる。一つは「ビジネス習慣」に関する「情報記述」が多く、「待遇表現」に関する「情報記述」が少ないという点である。「待遇表現」の生成において、「場面認識」「意図表出」「態度・きもち決定」「内容・形式選択」のそれぞれのプロセスでは、「社会的・文化的規範」が働いていることが、「待遇表現」の定義でも示したとおり、本研究において重要なポイントである。す

第五章 「情報記述」から見た中国のビジネス日本語教科書の「実用性」

なわち、教科書における「情報記述」には、各プロセスにおける「社会的・文化的規範」はどのような規範であるのかを記述する必要があるのである。にもかかわらず、現在の中国のビジネス日本語教科書における「情報記述」は、「日本人の時間意識」や「日本のビジネス社会におけるホウレンソウ」というようなビジネス習慣やマナーなどの情報に注目することが多い。これらの情報は重要でないわけではないが、「待遇表現」の生成における「社会的・文化的規範」の理解を助けるには不十分なのではないかと考える。この点から、中国のビジネス日本語教科書における「情報記述」の種類は単一的で不十分であると考えられる。

「質」の面におけるもう一つの問題点は、異文化コミュニケーションから「社会的・文化的規範」を考えた「情報記述」が極めて少ないことである。つまり、中国人日本語学習者が適切に日本語の「待遇表現」を生成するために、「場面認識」「意図表出」「態度・きもち決定」「内容・形式選択」における日本の「社会的・文化的規範」に関する情報を吸収するだけではなく、母語干渉を避けるために、日本語と中国語において、「待遇表現」を生成するための各プロセスにおける「社会的・文化的規範」はどのような差異があるのかを理解する必要があると考える。そして、教科書には、その部分の「情報記述」も必要だと考える。しかし、現在の中国のビジネス日本語教科書には、この種の「情報記述」が極めて少ない。

これらの考察に基づいて、中国のビジネス日本語教科書の編集には、「待遇表現」に関する「情報記述」は量的には少なく、質的には学習者に場面や意図、また内容や形式の連動に対する理解を促進するには不十分であると言える。「待遇表現」を生成するための各プロセスにおける「社会的・文化的規範」について、「量」と「質」の両面から教科書の「情報記述」を改善する必要があると考える。

5.5　本章のまとめ

　本章では、「待遇表現」の生成における「場面認識」「意図表出」「態度・きもち決定」「内容・形式選択」というプロセスで作用する「社会的・文化的規範」の面から、日本語教科書に必要な「情報記述」を規定した。また、それに基づいて、現在中国のビジネス日本語教科書における「情報記述」の現状について分析を行った。
　その結果、中国のビジネス日本語教科書における「情報記述」は、「量」、「質」の二つの面とも不十分であるということが明らかになり、「待遇表現」の生成における「社会的・文化的規範」に関する情報を増やす必要があることが示唆された。
　しかし、本研究では、「待遇表現」の生成における「社会的・文化的規範」が具体的にどのようなものなのかについてはまだ明らかにされていない。今後、具体的な会話例を分析することによって、どのような「社会的・文化的規範」が働いているのかを明らかにし、その結果を教科書の「情報記述」に反映する必要があると考える。

第六章 「場面設定」から見た中国のビジネス日本語教科書の「実用性」

　前章で、「情報記述」の面から中国のビジネス日本語教科書の「実用性」について考察を行った。本章では、「場面設定」の面から中国のビジネス日本語教科書の「実用性」について考察を行う。

　「場面設定」から見た中国のビジネス日本語教科書の「実用性」に関して、まず「場面設定」とは何か、「場面設定」の「実用性」とは何かについて「待遇表現」の観点から述べる。次に、それに基づき、中国のビジネス日本語教科書における「場面設定」の実態を分析し、それらの教科書における「場面設定」は「実用性」があるかどうかを検証する。

6.1　日本語教科書における「場面設定」

　教科書の編集目的によって、教科書の構成や内容が異なっている。本研究で扱う日本語教科書は、ビジネス場面における日本語表現力やコミュニケーション能力を育成するために、場面別の表現、様々なトピック、言葉の使い方、日本社会の紹介、場面を想定したロールプレイなど、様々な内容が盛り込まれている総合的なビジネス日本語教科書である。これらの教科書における「場面設定」は「会話文」の

「場面設定」を指す。

本節では、「待遇表現」の観点から「場面設定」とは何か、「場面設定」の「実用性」とは何かについて具体的に述べる。

6.1.1 「場面設定」とは

「待遇表現」の研究や教育において、「場面」というものが非常に重要であり、「場面」に対する考察がなければ、「待遇表現」は何の意味もなさないのではないかと考える。「待遇表現」の定義によって、「場面」というものに含まれている内容が異なっているが、本研究では、蒲谷（2003、2006、2012）の定義に従い、「場面」には、「場」と「人間関係」の二つが含まれていると規定する。つまり、「場面」は「人間関係」と「場」の状況・文脈的、社会的、文化的、心理的な位置づけである。ここでの「人間関係」は「自分」「相手」「話題の人物」の相互の関係（だれが、だれに、だれのことを）であり、「場」は時間的、空間的な位置（いつ、どこで）である。

教科書の「場面設定」は「場面」とは異なる概念である。本研究における「待遇表現」の定義に則すると、適切に「待遇表現」を表出するために、だれが、だれに、だれについて、どこで、何のために、何を、何について、などのことを考えなければならない。そのため、教科書の会話文を設定するときにも、その会話は、だれの会話なのか、どこでの会話なのか、何についての会話なのか、ということを考えなければならない。これらの要素はすべて「場面設定」という概念に含まれている。本研究における「場面設定」は、日本語教科書の会話文における会話の「主体」、主体間の「人間関係」、会話の「場」、会話の「意図」を設定することである。

●「主体」の設定

会話の「主体」設定は二つの意味が含まれている。一つは「主体」の身分の設定であり、もう一つはその会話の「主人公」になる「主体」の設定である。

まず、「主体」の身分を設定することが重要である。「主体」の身分

第六章 「場面設定」から見た中国のビジネス日本語教科書の「実用性」

とはその人の性別や年齢、及び社会的属性を指している。表現の使用はその使用者の性別や年齢、社会的属性によって異なる。つまり、会話の「主体」の身分が会話の中で使用されている表現と緊密に関連している。「主体」の身分を適切に設定することは、その会話文の自然さにもかかわってくる。

また、一つの会話の中に、「主体」が何人もいる。会話を設定するときに、どの「主体」の立場から考えるのかも重要である。つまり、どの「主体」がその会話の「主人公」であるのかを設定することである。「主人公」設定の目的は学習者にとって模倣できるモデルを作るということである。

● 「人間関係」と「場」の設定

会話の「人間関係」と「場」の設定とは「人間関係」と「場」の種類を設定することである。

会話の「人間関係」とは「主人公」である「主体」と他の「主体」間の「人間関係」でもあるし、「主人公」である「主体」と話題の人物との「人間関係」でもある。従来の待遇表現において、「上下・親疎・ウチソト」ということから「人間関係」を捉えることが多い。蒲谷（2006：3）は「相手レベル」という概念を使って、「人間関係」の種類を示している。すなわち、どういう言葉や表現形式のレベルと関連するのかということを基準にし、「相手レベル」を「相手レベル・＋1」「相手レベル・0」「相手レベル・－1」の3段階に設定した。そして、以下の例を挙げて、具体的に説明している。

①「相手レベル・＋1」：「自分」が学生であれば、「相手」が教師の場合の位置づけとなり、「先生もいらっしゃいますか」といった「コトバレベル」と対応する。

②「相手レベル・0」：「自分」が学生であれば、「相手」がそれほど親しくないクラスメートの場合の位置づけとなり、「山田さんも行きますか」といった「コトバレベル」と対応する。

③「相手レベル・－1」：「自分」が学生であれば、「相手」が親し

い友人の場合の位置づけとなり、「山田さんも行くの?」といった「コトバレベル」と対応する。

これらの例からわかるように、「相手レベル・+1」には「上・疎・ソト」の関係が含まれ、「相手レベル・0」には親しくなく、社会的地位が同じぐらいの関係が含まれている。また、「相手レベル・−1」には「下・親・ウチ」の関係が含まれている。

一方、会話の「場」の設定とは、会話の「場」の改まり度を設定することである。蒲谷(2006)は、「対人レベル」という「人間関係」の捉え方と同じように、「場」の改まり度を3段階に設定している。そして、社会人の例を挙げ、「場レベル・+1」は「改まった会議や式典」、「場レベル・0」は「通常の職場」、「場レベル・−1」は「居酒屋での懇親会」のように、「場」の「改まり度」によって、「場レベル」を大きく3段階に設定している。

● 「意図」の設定

会話の「意図」の設定とはその会話の中の「主体」がどのような意図を実現するために会話しているのかを設定することである。会話文を作るときに、「意図」の設定も非常に重要である。「意図」は表現形式に大きく影響する。つまり、「意図」が変わると、表現形式も変わる。蒲谷(2013:222)は、主体の「意図」によって表現行為を、「① 自己表出を意図とする表現行為、② 理解要請を意図とする表現行為、③ 行動展開を意図とする表現行為」という3種類の行為に類型化している。この三つの行為について蒲谷(2013:222 − 225)は、例を挙げながら、次のように詳しく述べている。

① 「自己表出を意図とする表現行為」というのは、表現主体が自らの感情や意思などを表出することを意図として、表現する行為のことである。他者としての相手を想定せずに、自らに向かって(自らを相手として)表現するものである。例えば、一人で風呂に入り、「気持ちがいい」という感情を表出することを意

図として、「ああ、気持ちがいいなあ」と表現する。

②「理解要請を意図とする表現行為」というのは、表現主体が自らの感情や意思、認識、何らかの知識、情報などを内容とし、それを他者としての相手に理解してもらうことを意図として表現する行為のことである。例えば、相手に「明日は晴れる可能性がある」という情報や認識を内容として伝えたいという意図をもって、「明日は晴れるでしょう」と表現する。

③「行動展開を意図とする表現行為」というのは、表現主体が自らの感情や意思、認識、何らかの知識、情報などを内容として、それを他者としての相手に理解してもらい、さらに、相手あるいは自分、または相手と自分が、その内容を基に何らかの行動に展開することを意図として、表現する行為のことである。例えば、相手に「それを取るという行動に展開してほしい」ことを意図として、「それを取ってもらえませんか」と表現する。

このように、表現行為は主体の意図によって3種類に類型化できる。教科書の会話を設定する際も、その会話の意図によって、同じように3種類に分けることができると考えられる。「自己表出を意図とする会話」「理解要請を意図とする会話」「行動展開を意図とする会話」の3種類である。例えば、「挨拶」「紹介」「報告」などを内容とする会話は「理解要請を意図とする会話」に分類でき、「依頼」「指示」「命令」などを内容とする会話は「行動展開を意図とする会話」に分類できると考えている。

以上、教科書における「場面設定」について述べた。本研究では、日本語教科書の「場面設定」には、会話文における「主体」の身分、「主人公」、「人間関係」の種類、「場」の改まり度、「意図」の種類、の五つの要素を考慮する。

6.1.2　「場面設定」の「実用性」とは

「実用性」という本研究のキーワードとなる用語については、序章

で定義を行った。そこでは、学習者の学習目的に対する達成をどれほど促進できるのか、学習者の学習困難点の解決をどれほど促進できるのかという点を教科書が実用性を持っているかどうかを判断する基準とすると規定した。すなわち、学習者の立場に立てば、教科書の「実用性」とは、その教科書で学習したものができる限り実際の場面で使えるということであろう。従って、教科書の「場面設定」の「実用性」が学習者の直面する実際場面にどれほど近いかという点から考えることができる。ビジネス日本語教育を例として考えると、ビジネス日本語教科書における「場面設定」は、学習者の将来の職場生活をどれほど現実に即して反映できているのかという点から、「実用性」があるかどうかを判断する。

「場面設定」に関して、学習者が将来直面すると思われる実際の場面にできる限り近づけるために、「主人公」、「主体」の身分、「人間関係」、「場」、「意図」の五つの要素に分けて考える。

第一に、学習者の立場から会話の「主人公」を設定することである。つまり、学習者が「主人公」であると想定し、「主人公」や他の「主体」の身分を設定することである。学習者の立場から設定した「主体」の会話の内容が学習者にとって、模倣できるモデルであれば、受け入れやすいと考えられる。例えば、学習者が将来会社に入って就職すると、一般の新入社員になるのが普通である。この状況から考えると、会話文の「主人公」は「新入社員」という設定で、他の「主体」は職場でよく接する部門の「同僚」や「上司」の設定であれば、学習者にとって、その会話の内容が受け入れやすく、参考になると考えられる。もし、会話の「主人公」の設定が「課長」や「部長」などであり、他の「主体」が「社長」という設定であれば、学習者の立場に合わないため、その会話の内容は学習者にとって模倣しにくいのではないかと考えられる。従って、学習者の立場から会話の「主人公」や他の「主体」の身分を設定するのは、その「場面設定」が実用性を持っているかどうかを判断する重要な要素の一つである。

次に、学習者が遭遇する可能性の高い場面を想定し、より現実的な

第六章 「場面設定」から見た中国のビジネス日本語教科書の「実用性」

「人間関係」「場」「意図」「話題」を設定することである。学習者にとって、教科書は学習の指針と言われても過言ではない。教科書で学習したものが実際に使えないなら、その教科書を使用する意義が薄れる。そのため、教科書の「場面設定」では、学習者が将来どのような「場面」に多く遭遇しそうなのかを調査する必要がある。

　最後に、学習者はどのような「場面(人間関係と場)」において、どのような意図を表す時に、どのような待遇上の問題を抱えているのかを考えた上で、「場面設定」をすることが重要である。学習者にとって、教科書の役割の一つは学習者が抱えている疑問を解くことである。従って、教科書を編集する際に、学習者がどのような疑問を持っているのかを調べる必要がある。つまり、教科書の「場面設定」を考える時に、学習者はどのような「場面(人間関係と場)」において、どのような意図を表す時に、どのような待遇上の問題を抱えているのかを先に調べる必要がある。

　このように、学習者の立場から会話の「主体」を設定し、学習者がこれから遭遇する可能性の高い「場面」はどのような場面であるのか、そしてよく問題が起こる「場面」はどのような場面であるのかを考慮した「場面設定」に「実用性」があると考えられる。

6.2　本章の考察項目

　前節で規定した「場面設定」及び「場面設定」の「実用性」に基づいて、中国のビジネス日本語教科書の「実用性」を検証するためには、二つの点から考察する必要があると考える。
　一つは中国のビジネス日本語教科書における「場面設定」の実態を明らかにすることである。即ち、現在中国のビジネス日本語教科書は、どのような「場面」を設定しているのかを分析する点である。「主人公」、「主体」の身分、「場」の改まり度、「人間関係」の種類、「意図」の種類、の五つの要素について、各教科書ではどのように配慮しているのかを分析する。
　もう一つは、中国の日系企業で勤めている中国人従業員の日本語使用実態を調査し、その結果に基づき、現在中国のビジネス日本語教科書はどの程度「実用性」を持っているのかを考察する点である。

6.3　中国のビジネス日本語教科書における「場面設定」の実態

　16冊の教科書の中で、中編教科書における会話文の数は1275、日編教科書における会話文の数は400、日中編教科書における会話文の数は101である。この3種類の教科書はそれぞれどのように会話文の「場面」を設定しているのかを考察するために、「主体」の身分設定、「主人公」の設定、「人間関係」の種類設定、「場」の改まり度設定、「意図」の設定、という五つの面からそれぞれの教科書について分析を行った。

6.3.1　「主体」の身分設定

　16冊の教科書の殆どは「主体」の社会的属性（職位）について設定してあるが、「主体」の性別や年齢などの情報を詳しく設定している教科書は、前川（2008）、千駄谷（2008）、宮崎・郷司（2010）の3冊の教科書のみである。

　前川（2008）と千駄谷（2008）は、教科書の最初に絵を使用し、主要な登場人物の身分と性別の情報を説明している。千駄谷（2008）は、3社、12人（男性8名、女性4名）、4種類の身分（社長、部長、専務、一般社員）を設定しているのに対して、前川（2008）は、同じ会社の社長、課長、一般社員、合わせて6人（男性4名、女性2名）しか設定していない。宮崎・郷司（2010）は、すべての会話文の隣に、漫画を使って、登場人物の身分、性別を説明している。しかし、この3冊の教科書はいずれも「主体」の年齢をはっきり設定していない。

　他の13冊の教科書は、「主体」に関する情報について詳しく説明していないため、「主体」の年齢や性別は不明である。

　各教科書における「主体」の社会的属性（職位）の設定について、図9にまとめる。

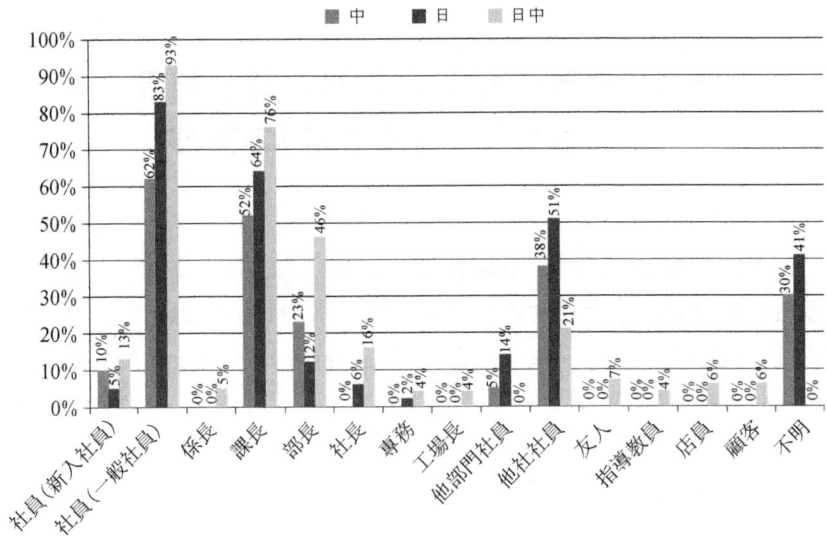

図9 教科書の会話文における「主体」の社会的属性

　全体的にみると、各教科書における「主体」の社会的属性（職位）は「社員（新入社員）」「社員（一般社員）」「課長」「部長」「他社社員」を設定することが多い。しかし、「他部門社員」の設定が少ない。また、元会社の「友人」や大学時代の「指導教員」というような設定もある。そして、「主体」の社会的属性がわからない会話文も少なくない。

　具体的には、6冊の中編教科書には、「社員（一般社員）」「課長」「他社社員」という身分設定が最も多い。1275の会話文の中で、「社員（一般社員）」は62％、「課長」は52％、「他部門社員」は38％である。また、その身分設定は主に「部門内」と「会社間」に分けられている。中編教科書において最も問題になるのは、すべて「A」「B」というようなアルファベットで「主体」を示すことであり、このような表現では、「主体」の社会的属性や性別、年齢などについて一切不明になるため、その会話文の理解に至らず、単に表現の記憶だけになるのではないかと考える。

　7冊の日編教科書について見ると、「主体」の身分設定がより豊富で、「社員（新入社員）」「社員（一般社員）」「課長」「部長」「社長」「他部門

第六章 「場面設定」から見た中国のビジネス日本語教科書の「実用性」

社員」「他社社員」などの8種類の身分設定が含まれている。中編教科書と同じように、「社員(一般社員)」「課長」「他社社員」という身分設定が最も多く、「社員(一般社員)」は83％、「課長」は64％、「他社社員」は51％である。「他部門社員」の比率は14％を占めている。

　3冊の日中編教科書から見ると、「主体」の身分設定が更に多くなっているが、元会社の「友人」や大学時代の「指導教員」という身分設定がビジネス日本語の学習に必要であるかどうかは疑問がある。中編・日編教科書と同じように、「社員(一般社員)」「課長」「部長」「他社社員」というような身分設定が最も多い。「社員(一般社員)」は93％、「課長」は76％である。「他社社員」の比率は21％を占め、中編・日編教科書より低い。さらに、「他部門社員」という身分設定は一つもない。

　「主体」の身分設定から見ると、現在中国で使用されているビジネス日本語教科書は、大まかに「部門内」と「会社間」という2種類の場面設定が多いことが分かった。しかし、年齢や性別などの設定の不完全さや、「他部門社員」という身分設定の不足という二つの点を今後の教科書編集の際に検討する必要があるのではないかと考える。

6.3.2 「主人公」の設定

　16冊の教科書における会話の「主人公」の設定について、図10のように図式化された。図10から、どの教科書も会話の「主人公」の設定はほとんど「社員(新入社員と一般社員を含め)」であることが分かった。

　そのうち、中編教科書においては、「社員」を「主人公」に設定している会話は69％あり、日編教科書においては、52％の会話は「社員」を「主人公」に設定している。日中編教科書においては、「主人公」の設定がより多様であるが、「社員」を「主人公」に設定する会話がやはり最も多く、83％を占めている。

　これらのデータから見ると、中国で使用されているビジネス日本語教科書における「主人公」の設定は特に大きな問題がないと考えら

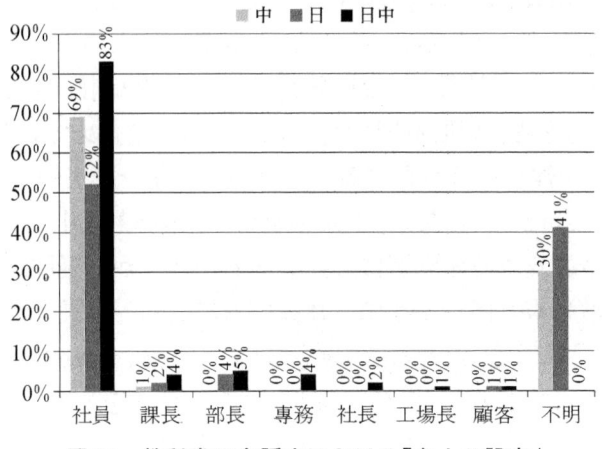

図10　教科書の会話文における「主人公設定」

れる。つまり、中国で使用されているビジネス日本語教科書は、ほとんどの学習者が将来の就職先でなりうる立場である「社員」を会話の「主人公」に設定しているため、この面では、これらの教科書はある程度「実用性」があると判断できるのではないかと考える。

しかし、データの分析から、次の二つの点を改善する必要があると考える。

一つは「主人公」の設定が明確にされていないという点である。中編教科書には、30%の会話文は英文アルファベットの「A」「B」で会話の「主体」を示しているため、「主体」の身分もわからないし、「主人公」の設定も不明である。そのため、学習者がその会話を理解するには非常に不十分であると考えられる。学習者はその会話文の中のことばや表現を覚えても、いつ使うのか、どのような人に対して使うのかなどのことについては分からないと考えられる。

もう一つは、「部長」や「社長」を会話の「主人公」に設定することである。比率から見れば、「部長」や「社長」などの社会地位が高い人を「主人公」に設定する会話は少ないが、会話の数から見ると少ないとは言えない。もちろん、様々な人の立場から会話を設定することは必ずしもよくないとは言えないが、ビジネス日本語教科書の対象者

から見ると、将来日系企業で働くことを目指している中上級レベルの学習者が殆どであり、これらの学習者の立場から会話文を設定することが望ましいと思われる。

6.3.3 「人間関係」の設定

16冊の教科書の中で、多くの教科書は「主体」間の「人間関係」を明確に記述していない。分析する際に、会話文の内容から「人間関係」に関する情報を抽出し分析した。

分析の結果は図11のように図式化された。

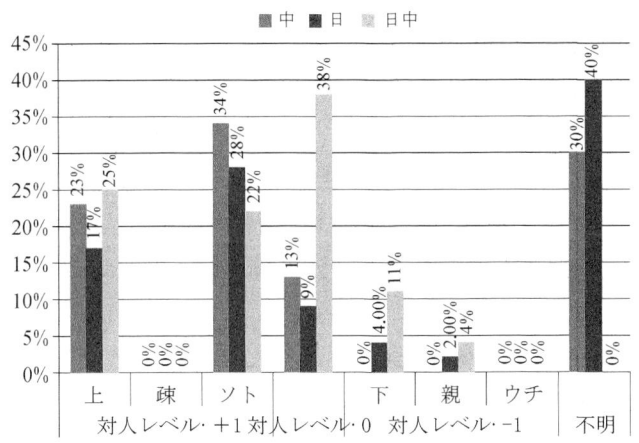

図11　教科書の会話文における「人間関係」設定

図11で示しているように、3種類の教科書のいずれも「対人レベル・＋1」という「人間関係」を設定することが多く、特に「上」と「ソト」関係の設定が多い。

中編教科書においては、「人間関係」の設定は主に「対人レベル・＋1」の「上」と「ソト」に集中している。「上」の「人間関係」の設定は23％、「ソト」の「人間関係」の設定は34％ある。その他に、「対人レベル・0」の「人間関係」の設定は13％を占めている。「対人レベル・－1」の「人間関係」の設定は殆どない。「人間関係」が不明である会話文

は30％あり、大きな数値となっている。

　日編教科書においては、「対人レベル・＋1」の「ソト」の「人間関係」の設定が最も多く、28％の比率を占めている。その他に、「上」の「人間関係」の設定は17％あり、「対人レベル・0」の「人間関係」の設定は9％ある。「対人レベル・－1」の「人間関係」の設定もあり、「下」と「親」の「人間関係」はそれぞれ4％と2％を占めている。日編教科書における「人間関係」不明の会話文の数も極めて多くて、会話文全体の40％も占めている。

　日中編教科書においては、最も多く設定されているのは、「対人レベル・0」の「人間関係」である。その他に、「対人レベル・＋1」の「上」と「ソト」の「人間関係」はそれぞれ25％と22％の比率を占めている。日中編教科書は、中編・日編教科書と異なり、「対人レベル・－1」の「人間関係」の設定が大幅に増え、「下」と「親」の「人間関係」はそれぞれ11％と4％の比率を占めている。日中編教科書には、「人間関係」が不明である会話文は一つもないことについては、評価できるだろう。

　これらのデータを見ると、中国で使用されているビジネス日本語教科書における会話文の「人間関係」設定は「対人レベル・＋1」の「上」と「ソト」、及び「対人レベル・0」という「人間関係」に偏っていることが分かった。「主体」の身分や「主人公」の設定と結びつけて見ると、「社員→上司」「社員→他社社員」「社員→社員」という3種類の「人間関係」設定が最も多い。

　もちろん、ビジネス社会においては、この3種類の「人間関係」が占める割合はより大きいであるが、「対人レベル・＋1」の「ソト」関係における「社員→他部門社員」という「人間関係」もあり、「社員→社員」という「人間関係」には、「親」と「疎」という二つの関係が考えられ、すべて「対人レベル・0」という「人間関係」に限定されるわけではないと考えられる。従って、「人間関係」の設定は実際にビジネス現場の実態を調査したうえで、さらに多くの「人間関係」を設定することによって、学習者の学習をより促進できるのではないかと考えられる。

　また、「人間関係」は単純に「上下・親ソ・ウチソト」に分類できな

い場合もある。例えば、「関係が親しい上司」という「人間関係」を、「上下・親ソ」のどちらかに分類するのは簡単ではない。教科書には、学習者により分かりやすくするために、実際には複雑な「人間関係」を類型化・簡素化する必要があるが、一方で、より複雑な「人間関係」を設定し、学習者の「人間関係」に対する認識を高める必要があるのではないかと考える。現在の中国で使用されているビジネス日本語教科書における会話文の「人間関係」設定は、こうした面ではまだまだ不十分と言える。

6.3.4 「場」の設定

本研究では、「場」は「改まり度」に応じて、「場レベル・＋1」「場レベル・0」「場レベル・－1」の3種類に分類し、中国で使用されているビジネス日本語教科書における会話文の「場」の設定状況を、この分類にしたがって図12に図式化した。

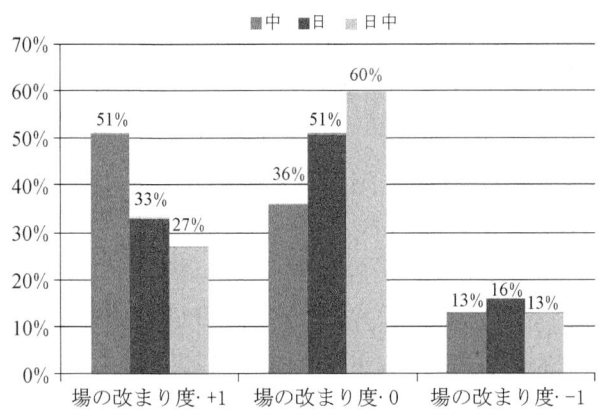

図12　教科書の会話文における「場」の改まり度

図12からわかるように、3種類の教科書における「場」の設定はそれぞれ傾向が異なっているが、「場レベル・＋1」と「場レベル・0」を設定するのが多い。つまり、「会議」や「式典」というような改まり度が高い「場」と「通常の職場」という改まり度が普通である「場」の設定が多い。

具体的には、中編教科書においては、「場レベル・＋1」の「場」の設定が最も多い、51％の比率を占めている。具体的には、「会議」「宴会」「結婚式」「葬式」「展示会」などのような「場」の設定がある。そのうち、「結婚式」と「葬式」という「場」の設定の実用性について、さらに検討する必要があるのではないかと考える。他方、「場レベル・0」の「場」の設定は36％を占め、「通常の職場」「電話」などの「場」が挙げられる。「場レベル・－1」の「場」の設定は13％を占め、主に「飲み会」「ホテル」「家」という「場」が挙げられる。そのうち、「家」という「場」の設定の実用性についても、検討する必要があると考える。

日編教科書においては、最も多いのは、「場レベル・0」の「場」の設定であり、51％を占めている。中でも、「通常の職場」と「電話」などの「場」が多い。「場レベル・＋1」の「場」の設定も少なくなく、33％を占めている。そのうち、「会議」「宴会」「打ち合わせ」などのような「場」が多い。「場レベル・－1」の「場」の設定は16％を占め、「飲み会」や「ホテル」などのような「場」が多い。

日中編教科書においては、「場レベル・0」の「場」が圧倒的に多く、60％を占めている。ほとんどが「通常の職場」と「電話」の「場」である。「場レベル・＋1」の「場」は27％を占め、「会議」「宴会」「商談」などの「場」が含まれている。「場レベル・－1」の「場」は13％を占め、「飲み会」「休憩室」などの「場」が含まれている。

これらのデータを見ると、中国で使用されているビジネス日本語教科書には、各種の「場」の設定はそれぞれ比重が異なるが、「場レベル・＋1」「場レベル・0」「場レベル・－1」の3種類の「場」がすべて含まれている。そのうち、「場レベル・＋1」の「場」には「会議」「商談」「宴会」「結婚式」「葬式」などの「場」が多い。「場レベル・0」の「場」には「通常の職場」「電話」などが含まれている。「場レベル・－1」の「場」には「飲み会」「休憩室」「家」などの「場」がある。

このように、「場」の設定は様々あるが、これらの「場」の設定は中国人日本語学習者にとってどれほど実用性を持っているのかについ

て、更に検証する必要があると考える。例えば、「結婚式」や「葬式」などの「場」は会社の上司や同僚、また取引先とコミュニケーションができる重要なビジネスの「場」であるが、中国の日本語学習者が就職した後に、そのような「場」に遭遇する頻度などを調べ、教科書に設定する妥当性を確認する必要があると考える。

6.3.5 「意図」の設定

　中国で使用されているビジネス日本語教科書における会話文には、どのように「意図」を設定しているのかを明らかにするために、教科書の会話文を細かく「意図」ごとのユニットに分け、それぞれにグラフを付けて分析する。

　分析にあたって、以下の二点について検討を行った。まず、教科書の会話文の数が非常に多い〈16 冊の教科書には1776 会話文がある(4.4 参照)〉。すべての会話文を「意図」ごとのユニットに分けて分析するのが難しいため、会話文から代表的なものを抽出し分析する方法を採用することにする。分析の対象になる会話文をどのように抽出するのかについて検討する必要がある。もう一つは、これらの会話文をどのように「意図」ごとのユニットに分けるのかということである。

　まず、代表的な会話文を抽出する方法について、「場」に基づいて会話文を抽出することにした。その理由は、一つの会話文の中に、何種類かの「人間関係」があるのに対し、一つの会話文にはほとんど一つの「場」しかないことである。前節では、中国で使用されているビジネス日本語教科書の会話文における「場」の設定を分析し、「場レベル・＋1」の「場」には「会議」「商談」「宴会」「結婚式」「葬式」など、「場レベル・0」の「場」には「通常の職場」「電話」など、「場レベル・ー1」の「場」には「飲み会」「休憩室」「家」などの「場」が含まれていることを明らかにした。本節では、この3 種類の「場」から数が多い「会議」「通常の職場」「飲み会」の三つの「場」を選び、各教科書におけるそれらの「場」の会話文を一つずつ抽出し、分析対象とする。具体的には、「会

議」場面①の会話文は16冊の教科書全部で22しかないため、すべて分析対象とする。「通常の職場」と「飲み会」の場面の会話文はすべての教科書にあるため、1冊の教科書から一つの会話文を抽出した。つまり、「通常の職場」「飲み会」場面の会話文をそれぞれ16抽出した。3種類の場を合わせて54会話文を抽出した。

次に、「意図」ごとのユニットの分け方について、付録五K005を例として説明する。

> 課長：それもそうですね　では、明日もう一日、この件で話し合いましょう
> 　　　　①理解要請　　　　　　　　②行動展開（勧誘）　　　　　　　。
> この案に不十分なところがあれば、明日までに対案を考えてきてください
> 　　　　　　　　　　　　③行動展開（指示）　　　　　　　　　　　　。
> それでいいですか
> ④行動展開（確認）。

　この例は部門内の会議における課長の発言である。課長の発言は句点によって、四つの「意図」ごとのユニットに分けられる。「それもそうですね」という発言は相手の意見を賛成する意思を伝えたいという「理解要請」を意図する表現行為である。「では、明日もう一日、この件で話し合いましょう」と「この案に不十分なところがあれば、明日までに対案を考えてきてください」の二つの発言は、勧誘・指示する「行動展開」を意図する表現行為である。「それでいいですか」という発言は、相手の意見を確認する「行動展開」を意図する表現行為である。

　このように、3種類の「場」における54会話文を「意図」ごとのユニットに分けた。22の「会議」場面の会話文は339ユニット、16の「通常の職場」場面の会話文は243ユニット、16の「飲み会」場面の会話文は192ユニットに分けられる。各ユニットの「意図」を分析した結果は図13にまとめた。

　図13で示しているように、3種類の場面における「意図」のうち、

---

① どのような場面は「会議」場面であるのかについて、7.3.1をご参照ください。

第六章　「場面設定」から見た中国のビジネス日本語教科書の「実用性」

「自己表出」を意図する会話ユニットは極めて少ない。「理解要請」と「行動展開」を意図する会話ユニットはいずれも少なくなく、両者の数量的な差はあまり大きくない。

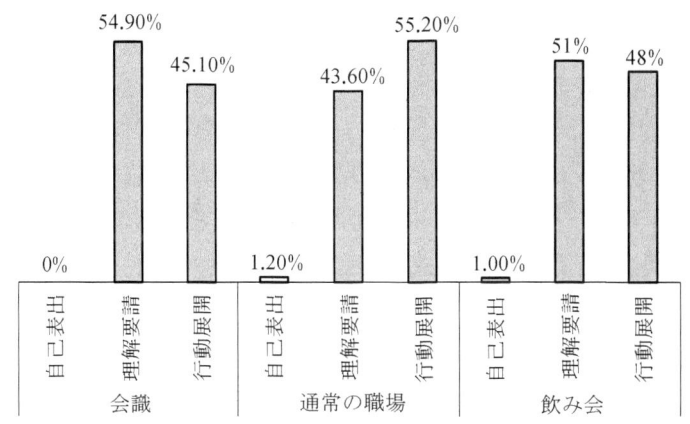

図13　中国のビジネス日本語教科書の会話文における「意図」設定

「会議」場面においては、「理解要請」を意図する会話ユニットは54.9％、「行動展開」を意図する会話ユニットは45.1％を占めている。「理解要請」を意図する会話ユニットのうち、「説明」「意見表明」などを意図する会話ユニットが多い。「行動展開」を意図する会話ユニットでは、「依頼」「確認」「許可求め」「指示」などを意図する会話ユニットが多い。

「通常の職場」場面においては、「自己表出」を意図する会話ユニットは三つあり、「疲れたなぁ」「しまった、遅れた」「熱いなぁ」のような独り言である。「行動展開」を意図する会話ユニットは55.2％を占めている。そのうち、「確認」「依頼」「指示」「助言」などを意図する会話ユニットが多い。「理解要請」を意図する会話ユニットは43.6％を占めている。そのうち、「挨拶」「紹介」「説明」などを意図する会話ユニットが多い。

「飲み会」場面においては、「自己表出」を意図する会話ユニットは二つあり、「疲れたなぁ」「美味しい」のような独り言である。「行動展

開」を意図する会話ユニットは48％を占めている。そのうち、「依頼」「助言」「勧誘」などを意図する会話ユニットが多い。「理解要請」を意図する会話ユニットは51％を占めている。そのうち、「挨拶」「紹介」「説明」などを意図する会話ユニットが多い。

　蒲谷(2013:227)は、「意図に基づき類型化した表現の中で、人間関係や場に重点を置く待遇コミュニケーションとして最も重要なものは行動展開表現となる。行動展開表現は、実際に何らかの行動を展開することを意図とするため、人間関係や場の認識に基づく配慮や形式上の工夫などがより重視されるものとなるからである」と述べ、「意図」によって類型化されているこの3種類の表現行為のうち、人間関係や場に最も関わるのは「行動展開」を意図とする表現行為であることを強調している。つまり、「待遇表現」の学習において、「行動展開」を意図とする表現行為がより重視されるものとなり、教科書における場面設定はこの点を配慮する必要があると言える。しかし、教科書における「意図設定」から見ると、「挨拶」「紹介」などの「理解要請」を意図する会話ユニットは少なくない。その必要性をさらに検討する必要があると考える。

6.3.6　考察

　16冊の教科書を分析した結果、現在中国で使用されているビジネス日本語教科書における「場面設定」の問題点は次の2点にまとめられる。

　一つは各教科書の会話文の数は少なくないが、場面の種類は十分とは言えないという点である。まず、会話の「主体」の身分設定から見ると、「主体」の社会的属性に関する設定はあるが、表現形式に影響を与える年齢や性別などの要素に関する設定はあまりない。学習者は「主体」の社会的属性による表現形式の違いに対して理解できるが、年齢や性別などの要素による表現形式の違いに対して理解することが難しい。また、「人間関係」の種類がまだ十分とは言えない。3種類の教科書における「人間関係」の設定は主に「対人レベル・＋1」

第六章 「場面設定」から見た中国のビジネス日本語教科書の「実用性」

の「上」「ソト」、および「対人レベル・0」という単純な設定に偏っている。特に、「人間関係」の設定は「上」や「ソト」などのいずれかを選び、単純な「人間関係」を設定することが多く、同じ「主体」に「上」や「親」という関係が重なるようなより複雑な「人間関係」の設定はあまり見られない。そこで、中国で使用されているビジネス日本語教科書における「場面設定」について、「主体」の身分や「人間関係」の種類を豊富にする必要があると考える。

　もう一つは、各教科書におけるある「場」と「意図」の設定の実用性についてさらに検討する必要がある点である。まず、「場」の設定において、各教科書には「飲み会」「家を訪問する」「買い物」などの「場レベル・－1」の「場」を設定することが少なくない。そして、これらの「場」における「意図」の設定が不明な雑談的な会話文が多い。また、「理解要請」を意図とする会話の設定が非常に多い。このような「場」と「意図」の設定は学習者にとってどれほど実用性があるのかについて、さらに検討する必要があるだろう。

　本節では、「主体」の身分、「主人公」の設定、「人間関係」の種類、「場」の改まり度、「意図」の種類の五つの面から、中国で使用されているビジネス日本語教科書における「場面設定」の実態について分析を行った。これらの教科書における「場面設定」の傾向はある程度明らかになったが、これらの「場面設定」は学習者にとって、実用性があるのかについてはまだ検証できていない。その実用性を検証するために、次節では、中国の日系企業で働いている中国人従業員を対象として、実際のビジネス現場におけるビジネス日本語の使用実態について調査を行い、またその結果に基づいて、中国で使用されているビジネス日本語教科書の実用性を検証する。

6.4 中国のビジネス日本語教科書における「場面設定」の実用性

　前節では、中国で使用されているビジネス日本語教科書における「場面設定」の実態について分析を行い、その傾向を明らかにした。そして、そのような「場面設定」は学習者にとって実用性があるのかについては、本節で論じる。
　本節では、これらの教科書における「場面設定」は実用性があるのかを検証するために、中国の日系企業で働いている中国人従業員を対象として調査を行う。

6.4.1　調査の概要

- 調査時期：2013年6月
- 調査の目的

　調査の目的は、中国の日系企業で働いている中国人従業員のビジネス現場における日本語使用実態を調査することにより、ビジネス日本語教科書における「場面設定」の実用性を検証する。具体的には二つの課題がある。一つは中国の日系企業で働いている中国人社員がよく遭遇する「場面」はどのような「場面」なのか、どのような「場面」で自分が使用する日本語が待遇として適切であるかについて自信がないのかを明らかにすることである。もう一つは、中国のビジネス日本語教科書における「場面設定」の実用性を検証することである。

- 調査の方法と内容

　調査は質問紙による調査形式で実施した。調査票(付録三参照)は二つの部分に分けられる。
　一つは自由記述で、「① 仕事でよく日本語を使う場面はどの場面ですか」と「② 仕事のときに、どのような場面で、自分が使用してい

第六章 「場面設定」から見た中国のビジネス日本語教科書の「実用性」

る日本語が待遇的に適切であるかどうかについて自信が持てませんか」という二つの質問に答えてもらう内容である。被調査者が何を書けばいいのか分からないという状況を避けるために、「会議室で上司に出張報告をする」というような例を挙げた。

二つ目は選択質問である。本研究で規定した「場面設定」の定義により、「主人公」「主体」「人間関係」「場」「意図」の五つの要素から、「一般社員として会議室で課長に出張報告をする」「事務室で後輩社員として先輩社員に仕事の協力をお願いする」のように、現在中国のビジネス日本語教科書でよく出現する場面を取り上げている。16冊の教科書の会話文の中から出現頻度が高い70場面を選んで、調査票を作った。この70場面について、「① 仕事でこの場面に常に遭遇しますか」「② この場面で日本語を多く使いますか」「③ この場面でどのような日本語を使ったら待遇的に適切であるのかについて自信がないことが多いですか」という三つの質問に答えてもらう。

調査票は日本語で作成したが、被調査者が言語学に関する専門用語について理解できないことを避けるために、中国語バージョンの調査票を付け加えた。

● 調査の対象

中国の日系企業で働いている中国人従業員は、すべて日本語を使って仕事するとは限らないため、調査の対象者を選ぶために、三つの選定基準を設定した。一つ目は日本語学習歴がある、二つ目は中国の日系企業で働いている、三つ目は日本語が仕事の主要言語である。この基準に基づいて、中国の北京、上海、広州、大連にある日系企業で働いている41名の従業員を選んだ。調査の対象者の詳細は表26にまとめている。

表26 調査対象の詳細

会社数	北京、上海、広州、大連の四都市、九社
業種	製造業、小売業、IT業〈三業種〉
部門	生産部、営業部、管理部、総務部、購買部、人事部、秘書課、マーケティング、アフタサービス〈九部門〉

续表

職位	主任、係長、項目担当、通訳、秘書〈5職位〉
人数	北京5名、上海6名、広州12名、大連18名〈総41名〉

所在地	北京			上海				
会社	会社①	会社②		会社③		会社④		
業種	製造業	小売業		製造業		製造業		
部門	営業部	営業部	総務部	マーケティング	営業部	営業部	マーケティング	総務部
職位	担当	係長	係長	担当	担当	担当	主任	担当
人数	3名	1名	1名	1名	2名	1名	1名	1名

所在地	大連						
会社	会社⑤		会社⑥			会社⑦	
業種	IT業		製造業			製造業	
部門	管理部	管理部	営業部	アフタサービス	管理部	営業部	
職位	係長	担当	担当	担当	担当	担当	
人数	1名	5名	3名	3名	1名	2名	3名

所在地	広州								
会社	会社⑧				会社⑨				
業種	製造業				製造業				
部門	生産部	営業部	管理部	秘書課	生産部	営業部	購買部		人事部
職位	通訳	担当	担当	秘書	担当	係長	係長	担当	担当
人数	1名	1名	2名	1名	2名	1名	1名	1名	2名

　調査の対象となる会社は中国の北京、上海、広州、大連という日系企業が多く進出している四大都市に分布しており、主として製造業であるが、小売業とIT業も含まれている。調査協力者は生産部、営業部、管理部などの9部門において、プロジェクト担当者や係長を務めている。会社の分布や業種、また調査協力者の部署や職位の種類

第六章 「場面設定」から見た中国のビジネス日本語教科書の「実用性」

は様々あり、調査の信頼性を保障できると考える。

6.4.2 調査の結果

調査は、「仕事でよく遭遇する場面」「仕事で日本語の使用において、待遇的に適切であるのかに自信がない場面」「実際の職場で教科書の場面に遭遇する頻度」という三つの内容が含まれ、調査の結果はそれぞれまとめている。

6.4.2.1 仕事でよく遭遇する「場面」

中国の日系企業で働いている41名の中国人従業員に仕事でよく遭遇する場面について自由記述してもらった(付録四参照)。記述したものを分類し、それぞれの割合を計算した。その結果を表27にまとめた。

表27　中国の日系企業における中国人社員がよく遭遇する場面

場		人間関係	活動	件数	比率①
通常職場		上司	報告、依頼	4	9.80%
		同僚	業務連絡(確認、依頼など)	14	34.10%
会議	部門内会議	上司	報告	14	34.10%
		同僚	打ち合わせ	27	65.90%
	会社内会議	管理層	報告	12	29.30%
		他部門社員	打ち合わせ	4	9.80%
	会社間会議	取引先	打ち合わせ	13	31.70%
		業者	打ち合わせ	6	14.60%
電話		取引先	業務連絡	14	34.10%
		業者	業務連絡	6	14.60%
		本社	業務連絡	4	9.80%
		他部門社員	業務連絡	1	2.40%
懇親会		取引先	雑談	4	9.80%
		業者	雑談	1	2.40%

---

① この比率は件数を被調査者の総人数に割って計算したものである。

表27で示すように、中国の日系企業で働いている中国人社員がよく遭遇する場面は14ある。これらの場面を「場」の種類によって分類すると、「会議(部門内・会社内・会社間)(場レベル・＋1)」、「通常職場(場レベル・0)」、「電話(場レベル・0)」、「懇親会(場レベル・－1)」の四つに分けられる。「人間関係」の種類によって分類すると、「部門の上司(相手レベル・＋1)」「部門の同僚(相手レベル・0/－1)」「本社と他部門の上司と社員(相手レベル・＋1)」「取引先の社員(相手レベル・＋1))」「業者の社員(相手レベル・－1)」の5種類に分けられる。

各種の場面の数からみると、「部門内の会議で同僚と仕事の打ち合わせをする」場面が最も多く、65.9％の比率を占めている。つまり、三分の二の従業員はこの場面によく遭遇するということである。その他に、「通常職場で同僚と業務連絡する」「部門内会議で上司に報告する」「電話で取引先と業務連絡する」「取引先と打ち合わせをする」「会社会議で会社の管理層に報告する」の五つの場面がそれぞれ34.1％、34.1％、34.1％、31.7％、29.3％の比率を占め、仕事でよく遭遇する場面として挙げられている。

この結果から、中国の日系企業で働いている中国人従業員がよく遭遇する場面は様々な「会議」の場面であることが分かった。つまり、「会議」の場面で日本語を多く使用するということである。そのうち、「同僚や取引先の社員との打ち合わせ」と「上司に報告するための会議」が他の項目に比べて多い。

6.4.2.2　日本語の使用に自信がない場面

仕事で様々な日本語「場面」に遭遇するが、どのような表現が待遇上で適切であるのか自信がないのは、その中の一部分の「場面」である。ある「場面」にはよく遭遇するが、その「場面」における日本語の使用には待遇的に問題がないこともよくある。教科書の「場面設定」では、このような状況を配慮する必要があるのではないかと考え、自由記述の形で調査を行った。41名の従業員の記述(付録四参照)を分類し計算した結果は表28にまとめた。

第六章　「場面設定」から見た中国のビジネス日本語教科書の「実用性」

表28　中国人社員が日本語使用に自信がない場面

場	人間関係	活　動	自信がない点	件数
会議	同僚(後輩、親しい)	打ち合わせ(依頼、断り、指示など)	敬語の使用	12
	上司	アドバイス	丁寧さ	2
	取引先	強く意思を表す(断り)	丁寧さ	1
懇親会	取引先	(問わず)	敬語の使用	3
	業者	(問わず)	敬語の使用	2
	問わず	(問わず)	敬語の使用	1
	上司	(問わず)	敬語の使用	1
通常職場	上司(親しい)	報告、許可求め	敬語の使用	3
	同僚(先輩)	(問わず)	敬語の使用	2
	業者	責める、指示など	丁寧さ	6
	取引先(親しい)	日常業務連絡	丁寧さ	2
電話	問わず	(問わず)	敬語の使用	2
(問わず)	上司	反対	丁寧さ	2
	取引先	反対、断る	丁寧さ	4
	同僚	反対	丁寧さ	1
合計				44

　被調査者の記述には、44場面が日本語の使用に自信がない場面として挙げられている。中国人社員が日本語使用に自信を持っていない点は、敬語使用の「自然さ」と表現の「丁寧さ」である。

　これらの場面を「場レベル」によって分類すると、「会議(場レベル・＋1)」「通常職場(場レベル・0)」「電話(場レベル・0)」「懇親会(場レベル・－1)」「場を問わず」の5種類に分けられる。そのうち、「場を問わず」というのは日本語の使用に自信がない理由は場と関係ないということである。件数からみると、「会議」と「通常職場」の場において、日本語の使用に自信がないことが他の項目よりも多い。

　以上の結果からみると、中国の日系企業で働いている中国人社員が自分の使用している日本語の適切さに対して自信がない「場面」は

三つの特徴がまとめられる。

一つ目は「相手レベル」と「場レベル」が一致しない「場面」である。「場レベル・＋1」の「場」で、「相手レベル・＋1」の相手に、最も丁寧な日本語を使うということは理解しやすいのに対して、「場レベル・＋1」の「場」で、「相手レベル・0/－1」の相手に、どのような丁寧さで接するのかを判断するのは難しい。例えば、「場レベル・＋1」である「会議」において、「相手レベル・0/－1」である同僚に対して敬語を使うのかということに自信がない人が多い。

二つ目は人間関係が複雑な「場面」である。「人間関係」はもともと把握しにくいものである。もし「上下」か、「親疎」か、「ウチ・ソト」か、どれか単純な「人間関係」であれば、より把握しやすいが、様々な「人間関係」が混在している場合はどのように「人間関係」を捉えるのかについては極めて難しい。例えば、親しくなった「上司」との「人間関係」をどのように捉えるのかに悩んでいる人が少なくない。

三つ目は「場レベル・＋1」の「場」で、「上」「疎」「ソト」の「人間関係」の相手に対して、自分の主張を強く相手に伝えたい「場面」である。例えば、他の会社の社員と打ち合わせをする場面で、自分の考え方と相手の考え方が一致していない時、自分の意思を強く伝えたい、その時はどのような日本語が待遇的に適切であるのかを判断するのが難しい。このような「場面」では、「人間関係」の維持と「ビジネス目的」の達成の二つの目標があるため、日本語の使い方は更に難しくなる。

以上のように、この3種類の「場面」で中国人社員が自分の使用している日本語が待遇的に適切かどうかについて自信がないということとわかった。

6.4.2.3 教科書の「場面設定」の実用性

現在中国で使用されている16冊のビジネス日本語教科書には、1776会話文があり、これらの会話文の場面を分類①すると、283場面

---

① 会話文の内容が異なるが、「場」「人間関係」「意図」が似ているものを1種類にまとめる。例えば、新入社員が事務室で上司と先輩社員に自己紹介をする。

第六章 「場面設定」から見た中国のビジネス日本語教科書の「実用性」

にまとめられる。これらの場面から出現頻度[1]が最も高い70場面を取り上げ、「① 仕事でこの場面に常に遭遇しますか」「② この場面で日本語を多く使いますか」「③ この場面で、どのような日本語を使ったら待遇的に適切であるのかについて自信がないことが多いですか」という三つの質問を調査協力者に、「よくある」「時々ある」「あまりない」「全然ない」の四つの選択肢から選んでもらった。その結果を表29に示す。

表29　中国のビジネス日本語教科書における
場面設定の実用性に関する調査結果

選択肢 質問	よくある	時々ある	あまりない	全然ない
質問①	12％	26％	14％	48％
質問②	18％	40％	24％	18％
質問③	3％	19％	51％	27％

表29が示すように、教科書に設定した「場面」の中に、仕事で「よく遭遇する」のは12％あり、「時々遭遇する」のが26％ある。これに対して、「あまり遭遇しない」、「全然遭遇しない」のはそれぞれ13％と49％の比率を占めている。

質問②は、質問①で「全然遭遇しない」を選択した人には答えてもらう必要はないため、「よく遭遇する」「時々遭遇する」「あまり遭遇しない」を選択した人のみに答えてもらった。その結果、「よくある」と「時々ある」の比率はそれぞれ18％と40％あり、「あまりない」と「全然ない」の比率は、それぞれ24％と18％を占めている。質問③については、質問②で「よくある」「時々ある」「あまりない」を選択した人のみに答えてもらった結果、「よくある」と「時々ある」の比率はそれぞれ3％と19％あり、「あまりない」と「全然ない」の比率はそれぞれ

---

[1] 会話文が一つしかない場面が少なくないため、そのような会話文の場面設定から教科書の実用性を考察するのは妥当性に欠けていると考え、本研究では出現頻度が高い場面を調査対象とする。場面の出現頻度はその場面の会話文の数によって測る。つまり、会話文の数が多ければ多いほど、出現頻度が高いということである。

51％と27％を占めている。

　以上の結果から、現在中国のビジネス日本語教科書に設定している場面は中国の日系企業で働いている中国人従業員にとって、あまり実用性がない場面であることがわかった。教科書の編集者は学習者がよく遭遇する「場面」はどのような「場面」であるのか、どの「場面」で自分が使用している日本語が待遇的に適切かどうかについて自信がないのかなどについて、十分に調査する必要がある。

6.4.3　考察

　中国のビジネス日本語教科書に対する分析や中国の日系企業における日本語の使用についての調査の結果からみると、現在中国のビジネス日本語教科書は、「場面設定」という点で実用性に欠けていることが明らかになった。具体的には、次の2点が挙げられる。

　第一に、実際の職場における「場」と「人間関係」の捉え方の複雑さがあまり配慮されていない点である。中国の日系企業に対する調査の結果をみると、実際の職場では、「場」と「人間関係」は絡み合って、表現の使用に影響しているため、その「人間関係」に対する認識はより複雑であり、同じ「主体」が異なる「場」に身を置くと、その「主体」間の「人間関係」の捉え方が変わることが多い。例えば、通常の職場において関係が親しい二人の「主体」は、改まり度が高い「場」になると、その「人間関係」が「上下」関係になることもある。このような状況について、中国のビジネス日本語教科書にはあまり配慮されておらず、教科書における「場面設定」はより単純に「人間関係」を扱い、「場」と「人間関係」を総合的に考慮していないようである。したがって、教科書における「場面設定」は、実際のビジネス社会を十分に反映していない。

　第二に、「意図」の設定があまり実務的ではない点である。企業の調査によると、実際の職場における会話は何等かの目的を遂行することが多い。目的を遂行する際に、人間関係を保つことも重要である。したがって、教育では、学習者にビジネス場面において、人間関

第六章 「場面設定」から見た中国のビジネス日本語教科書の「実用性」

係を保つうえで、どのように目的を遂行するのかを学習させることが重要である。しかし、現在中国のビジネス日本語教科書に設定した「意図」は実務的なものではない。例えば、「会議」の場面を設定しているが、その会話の内容には「雑談」が多いということが少なくない。

この二つの問題点から、中国人日本語学習者向けのビジネス日本語教科書を編集する際の注意点として、次の2点が挙げられる。

一つは教科書を編集する前に、その教科書を使用する学習者のニーズを全面的に調べることである。「場面設定」からみると、現在中国で使用されているビジネス日本語教科書は学習者のニーズに合わないということがわかった。「場面設定」に限らず、教科書の他の内容を編集する際にも、学習者のニーズを調べる必要がある。

二つ目は教科書の「場面設定」では、「主体」「人間関係」「場」「意図」をそれぞれ考えるのではなく、この四つの要素を総合的に考えることである。ビジネス場面では、「人間関係」の種類が多く、「場」の「改まり度」の変化も多い。ビジネスの状況によって「意識」と「内容」も変わる。四つの要素は独立な存在ではなく、互いに連動している。このため、教科書の「場面設定」において、四つの要素を総合的に考えなければ、ビジネス「場面」の特徴を深く把握することができないであろう。

6.5　本章のまとめ

　本章は「場面設定」の面から現在中国で使用されているビジネス日本語教科書の実用性について考察を行った。
　まず、教科書における「場面設定」の傾向について分析を行い、「主体」の身分や「場」と「人間関係」の種類の設定がまだ十分ではない、「理解要請」という「意図」の設定が多い、という点が明らかになった。また、中国の日系企業に対する調査によって、中国人従業員がよく遭遇する場面はどのような場面なのか、また自信がない場面はどのような場面なのかということを明らかにした。教科書の「場面設定」と比較したところ、現在中国のビジネス日本語教科書における「場面設定」は実用性が低いという結論が得られた。そこで、教科書を編集するときに、十分にビジネス現場の実態や学習者のニーズに対して調査すること、そして「主体」「場」「人間関係」「意図」を総合的に考慮することを提案した。
　本章における教科書分析と企業調査は主に「場面設定」に着目し検討したものであり、実際の日本語の使用について考察していない。実際のビジネス場面において、どのように日本語を使用しているのかという点について分析することはビジネス教科書の編集には非常に重要だと考えている。そこで、次章では、ビジネス場面の自然会話を対象として、分析を行っていくことにする。

第七章　会話の「自然さ」から見た中国の
　　　　　ビジネス日本語教科書の実用性

　前章では、中国で使用されているビジネス日本語教科書における会話文の「場面設定」の実用性を検証するために、中国の日系企業で働いている中国人従業員に対し、仕事における日本語の適切さに関する悩みについて調査を行った。調査の結果から、これらの従業員は、待遇表現の使用について、「上司に必ず敬語を使うのか、使わないと失礼なのか」「目上の人と親しくなったら、『コトバレベル・－1』の表現を使っても良いのか」「『場レベル・＋1』の『場』では、必ず敬語を使うのか」「自分の意見を強く表したいときには、婉曲表現ではなく、直接的な表現を使って良いのか」というような具体的な疑問を持っていることが明らかとなった。

　以上のような疑問を明らかにするために、ビジネス現場の自然会話を考察することが必要であり、また、教科書の会話文はどのように待遇表現を使用しているのかについても考察する必要がある。したがって、本章では、教科書の会話文における待遇表現の使用実態を考察し、またこれらの待遇表現の使用は「自然さ」を持っているかどうかについて検証する。また、実際のビジネス現場の自然会話における待遇表現の使用について考察し、教科書の改善のための課題を提示する。

7.1 「待遇表現」から考える会話の「自然さ」

会話の「自然さ」を考察する前に、その「自然さ」とは何かを明らかにしなければならない。本節では、まず先行研究を参照にしながら、「待遇表現」の観点から、会話の「自然さ」を定義する。そして、その定義に基づいて、本研究の考察対象を決める。

7.1.1 会話の「自然さ」とは

本研究では、「待遇表現」は「表現主体」が自分の「場面認識」「態度・きもち決定」「意図表出」「内容・形式選択」の行為に基づいて表出した言語や非言語要素であると規定している。したがって、「待遇表現」の考察は「場面認識」「態度・きもち決定」「意図表出」「内容・形式選択」という四つの側面から行うものとし、そのうち、会話の「自然さ」に対する考察は「内容・形式選択」の考察に属するものである。したがって、会話の「自然さ」は「形式」の「自然さ」を指す。

会話の「自然さ」については、研究の立場によって様々な定義がある。例えば、Grice(1975)は、会話の「自然さ」とは何かについては明確に定義をしていないが、会話における「協調の原理」[①]を提示し、会話を的確に遂行するための条件について論じている。また、対人関係をよりよいものにしたいという周到な配慮をもってなされる言語行動の原理について、Leech(1983)は、自己と他者に及ぶ利

---

① 「協調の原理(cooperative principle)」は言語哲学者 P.Griceの会話を的確に遂行するための条件についての主張である。Grice(1975)は「会話の中で発話者は、自らの発話を、当該会話の当該段階において、その会話に参加している人たちによって受け入れられている会話の目的や方向に適うようなものにすること」を「協調の原理」と呼び、その下位原則として、「量的原則」「質的原則」「関連性の原則」「様態の原則」という四つの原則を立て、その原理が実効性を持った原理であることを論証した。

益・負担などに配慮して行われる言語行動の原理を、「ポライトネスの原理(politeness principle)」として論じ、「気配りの原則」「寛大性の原則」「是認の原則」「謙遜の原則」「一致の原則」「共感の原則」という6項目の原則を提示している。これらの原理では会話の「自然さ」という用語について明確に定義はしていないが、会話の遂行条件や対人関係配慮の側面から会話におけるルールを分析考察したものである。

蒲谷(2003、2006、2012、2013)においては、コミュニケーションを成立させる条件や要素として、「場面(場と人間関係)」「意識(きもち)」「内容(なかみ)」「形式(かたち)」が挙げられ、「待遇コミュニケーション」では、これらの要素の連動が重要であると示されている。すなわち、「待遇コミュニケーション」の立場から見た会話の「自然さ」は、「場面」「意識」「内容」「形式」の連動に深く関わってくる。つまり、この四つの要素が連動して行われた会話は自然であると判定できるということである。

本研究は、教科書における会話文の「自然さ」を考察することが趣旨であるため、コミュニケーション行為における非言語要素を考察対象から除き、会話の「自然さ」を会話における「言語形式」の「自然さ」に限定する。また、「待遇表現」の立場から会話の「自然さ」を考察するため、会話における「言語形式」が自然であるかを判定する基準として、蒲谷(2003、2006、2012、2013)における「待遇コミュニケーション」理論を参照した「言語形式」と「場面(場と人間関係)」「意図」の連動を使用する。もし「言語形式」と「場面(場と人間関係)」「意図」が連動しているなら、その「言語形式」が自然であると判定できる。

7.1.2　本研究における「待遇表現」の「形式」

本研究では、「待遇表現」を考察するために、「主体」「場」「人間関係」「表現意図」「態度・きもち」「内容」「形式」などのいくつかの枠組みに分けて考察することにする。そのうち、「形式」は最後に表出される

ものであり、「表現意図」や「態度・きもち」を相手に伝えるための道具であるものから、非常に重要な要素である。「待遇表現」における「形式」は「言語形式」や「非言語形式」に分けられるが、本研究は、教科書の会話文における待遇表現を考察するものであるため、考察対象は「言語形式」に限定する。

　言語的意味の「待遇表現」は「場」や「人間関係」、また「意図」による「言語形式」の使い分けであり、この意味では、すべての「言語形式」は「待遇表現」であると言っても過言ではないだろう。しかし、教育上では、すべての「言語形式」を教育内容とすることは不可能であり、ある程度類型化する必要があると考える。「待遇表現」における「言語形式」を類型化する研究は様々であり、「待遇表現」を「狭義的な待遇表現」と「広義的な待遇表現」に分類する立場や、「プラスの待遇表現」と「マイナスの待遇表現」に分類する立場もある。日本語記述文法研究会(2009)は、軽卑や尊大などのようなマイナス的な「待遇表現」を除いて、「待遇表現」について、「敬語」だけではなく、より広義的に分類し、各分類の特徴や運用について具体的に記述している。この分類は、内容的には「敬語」に拘らず、外国人日本語学習者向けの教育内容として最も適当であると考え、本研究では、この分類を参照することにする。

　筆者は日本語記述文法研究会(2009)に基づき、「待遇表現」の分類について、表30にまとめた。表30が示すように、「待遇表現」は「敬語」「文体」「待遇的意味をもつその他の表現」の3種類に分類できる。そのうち、「敬語」は「尊敬語」「謙譲語」「丁重語」「美化語」「丁寧語」の5種類、「文体」は「丁寧体」と「普通体」、「待遇的意味をもつその他の表現」は「意図性回避の表現」「断定性回避の表現」「その他の表現」の3種類に分けられている。

　本研究では、「敬語」「文体」「待遇的意味をもつその他の表現」を「待遇表現」における「言語形式」として取り上げ、これらの「言語形式」は「場面(場と人間関係)」や「意図」とどのように連動しているのかについて考察する。

第七章 会話の「自然さ」から見た中国のビジネス日本語教科書の実用性

表30 「待遇表現」の分類〈日本語記述文法研究会(2009)に基づいて筆者作成〉

分類			例
待遇表現	敬語	尊敬語	(ら)れる、お・ご…になる、お・ご…でいらっしゃる、など
		謙譲語	お・ご…する、お・ご…いただく、させていただく、申し上げる、など
		丁重語	いたす、申す、存じる、ござる、おる、など
		美化語	接頭辞お、ご(お茶、おにぎり)、など
		丁寧語①	述語に付加される「です」「ます」などの形(でございます)、など
	文体	丁寧体	「です」「ます」「なさい」「てください」など
		普通体	「だ」「る」など
	待遇的意味をもつその他の表現	意図性回避表現	自動詞の使用、になります、と思われます、など
		断定性回避表現	でしょうか、と思います。
		その他の表現 / 否定疑問文	てくれませんか、てもらえませんか、など
		その他の表現 / 名詞句の婉曲表現	のほう、のほど、でも、など、なんか
		その他の表現 / には・におかれましては	ご列席の皆様におかれましては… 先生にはますます…
		その他の表現 / 従属節の言いさし表現	その日は都合が悪くて… ～ですが…
		その他の表現 / 確認の「た」	今日の会議は4時からでしたか。

---

① 丁寧語は丁寧を表す語形変化であり(例:食べる→食べます)、文法的には丁寧語というよりも丁寧体として分析されることが多いため、本研究では、丁寧語を文体の丁寧体として分析することにした。

7.2　本章の考察対象

　「場面」によって、「言語形式」がそれぞれ異なっている。「場面」の種類は様々であるが、本研究は、6.4.2の調査結果をもとに、「会議」場面を考察対象として取り上げる。

　6.4.2では、中国の日系企業で働いている中国人従業員に対して、日本語使用の実態について調査を行った。調査の結果によると、中国人従業員が仕事でよく遭遇する「場面」には、「会議」「通常職場」「電話」「懇親会」の4種類の場面があり、最も多いのは「会議」場面である。また、41名の被調査者が挙げた日本語の自然さや丁寧さに対して自信がない44「場面」のうち、15が「会議」場面であり、34.1％の比率を占めている。その他、「通常職場」は29.5％、「懇親会」は15.9％、「電話」は4.5％を占めている。この結果から、中国の日系企業で働いている中国人従業員は仕事で「会議」場面に多く遭遇するにもかかわらず、「会議」場面における日本語の使用に悩んでいることが多いことがわかった。

　したがって、本研究は「会議」場面を選定し、その「場面」において、「待遇表現」の使用はどのようであるべきかを考察する。

　そこで、まず、中国のビジネス日本語教科書における「会議」場面の会話文を抽出し、それらの会話文では、どのように「待遇表現」を使用しているのかを考察する。

　次に、企業で働いている日本語母語話者を調査対象とし、教科書における「会議」場面の「言語形式」の「自然さ」について検証する。

　最後に、ビジネス会議場面における自然会話をデータとして、それらの会話における「待遇表現」の実態を考察する。

7.3　中国のビジネス日本語教科書の会話文における「待遇表現」の使用実態

　本章の研究目的の一つは、中国で使用されているビジネス日本語教科書の会話文における「待遇表現」の「自然さ」を考察することである。そのために、まず教科書における「待遇表現」の使用実態を明らかにする必要があると考える。

　従って、本章では、まず考察対象となる教科書から、会議場面の会話文を分析対象として抽出し、発話データとして整理する。そこで、各発話の中に、「敬語」の使用、「文体」の選択、「待遇的意味を持つ他の表現」の使用はどうなっているのか、「人間関係」や「表現意図」とどのように連動しているのかについて考察を行う。

7.3.1　データの収集

　考察対象となる16冊の教科書の中に、「会議」[①]場面の会話文は全部で22ある。教科書の種類や場面の種類によって、これらの会話文を分類し、表31にまとめた。

　表31が示すように、中編教科書の中には、会話文は5、発話数は54、すべて会社内の会議場面の会話である。

[①]　三省堂が1997年に出版した新明解国語辞典には、「会議は、何人かの関係者が寄り集まって一定の題目について何らかの判断や決定を下ろすために話し合うこと、またその集まり(p209)」のように「会議」を定義している。この定義に基づいて、本研究では、二人きりの「商談」は関係者全員の集まりではなく、意思決定をすることができないため、「会議」場面という分析対象から外すことにした。このように、16冊の教科書における22の会話文を「会議」場面の会話文として認定し、考察対象とする。

表31　教科書の種類別と場面別による会話文の数量①

教科書の種類と場面	会話文と発話の数	会話文数	発話数
中編教科書(6冊)	会社内会議(会話三、四、五、六、七)	5	54
日編教科書(7冊)	部門内会議(会話一、八、九、十八、十九)	5	54
	会社内会議(会話二、十一、十二、十三、十四、十五、十六、十七)	8	43
	会社間会議(会話十、二十)	2	25
日中編教科書(3冊)	会社内会議(会話二十一、二十二)	2	23
総　数		22	199

　また、日編教科書の中には、部門内会議場面の会話文は5、発話数は54、会社内会議場面の会話文は8、発話数は43、また会社間の会議場面の会話文は2、発話数は25ある。

　日中編教科書の中には、会話文の数は2、発話数は23、すべて会社内の会議である。

　つまり、部門内会議場面の会話文は5、発話数は54、会社内会議場面の会話文は15、発話数は120、会社間会議場面の会話文は2、発話数は25である

7.3.2　分析の結果

　分析は「敬語」の使用、「文体」の選択、「待遇的意味を持つ他の表現」の使用の三つの側面から行った。その結果は次のようにまとめられる。

7.3.2.1　「敬語」の使用

　「敬語」の使用について、主に「敬語」の使用量と種類を巡って分析を行った。

　まず、「敬語」の使用量について、中国で使用されているビジネス日

---

① 中国で使用されているビジネス日本語教科書における会議場面の会話文のデータは付録五を参照。

第七章　会話の「自然さ」から見た中国のビジネス日本語教科書の実用性

本語教科書の会話文における「敬語」を抽出[1]し、その数を各種類の会話における発話の総数で割ることによって、一つの発話における「敬語」の平均使用量を計算する。計算した結果は表32にまとめている。

　表32で示しているように、部門内会議場面の会話文には54の発話があり、14の「敬語」が使用されている。14を54で割ると、0.26になり、すなわち、部門内会議場面の会話文における「敬語」の使用量は一つの発話に平均0.26の敬語を使用しているということである。同じような計算方法で計算すると、会社内会議場面の会話文における「敬語」の平均使用量は0.48であり、会社間会議場面の会話文における「敬語」の平均使用量は1.04である。

表32　中国のビジネス日本語教科書の会議場面の
　　　会話文における「敬語」の使用量

	発話数	敬語数	一つの発話における敬語の平均使用量
部門内会議(会話文数5)	54	14	0.26
会社内会議(会話文数15)	120	57	0.48
会社間会議(会話文数2)	25	26	1.04

　これらの数値からみると、中国で使用されているビジネス日本語教科書の会議場面の中に、会社間の会議場面における「敬語」の使用量が最も高い。その次は同じ会社の部門間会議であり、部門内会議における「敬語」の使用量が最も少ない。「人間関係」との関連性から考えると、部門内の「上下」関係と比べ、部門間や会社間の「ウチ・ソト」関係が「敬語」の使用に対する影響がより多いと教科書の編集者が考えていることが推測される。

　続いて、教科書における各種の会議場面の会話文で使用されている「敬語」の種類について分析を行った結果は図14に図式化した。

---

[1] 例：「〈付録五　K077〉司会：ただ今の部長のご提案について、ご意見はございませんか」という文から、「ご提案」「ご意見」「ございません」の三つの敬語を抽出できる。

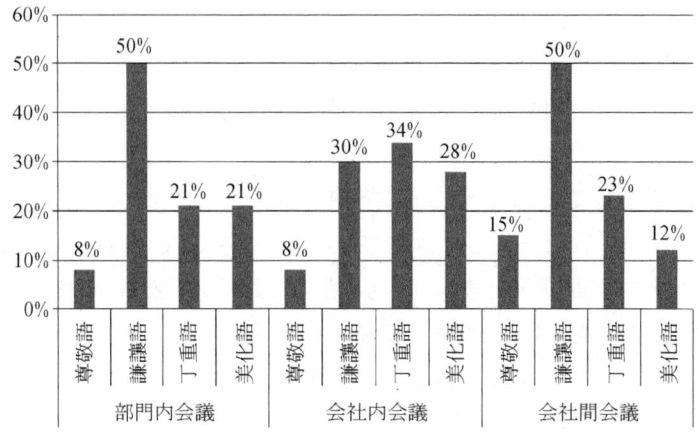

図14　中国のビジネス日本語教科書の会議
場面の会話文における「敬語」の種類

　図14で示しているように、中国で使用されている教科書の会議場面の中に、部門内の会議においては、「謙譲語」の使用が最も多く、50％を占めている。その次は、「丁寧語」と「美化語」の使用で、それぞれ21％である。「尊敬語」の使用は多くはなく、8％の比率である。本研究では、「丁寧語」を文体の「丁寧体」として分析するため（脚注33参照）、図14では「丁寧語」の使用は示されていない。

　会社内会議においては、「謙譲語」「丁重語」「美化語」の使用頻度の差はそれほど大きくはなく、それぞれ30％、34％、28％の比率を占めている。「尊敬語」の使用は少なく、8％の比率しかない。

　会社間会議においては、「謙譲語」の使用が最も多く、50％の比率を占めている。その次は、「丁重語」であり、23％の比率である。部門内会議や会社内会議とは異なり、会社間会議では、「尊敬語」の使用が大幅に増え、15％となっている。「美化語」は12％である。

　これらの数値からわかるように、中国で使用されているビジネス日本語教科書の3種類の会議場面の会話文における「敬語」の使用は、いずれも「謙譲語、丁重語、美化語が多い」「尊敬語が少ない」という特徴がある。この点から、中国で使用されているビジネス日本語教科書の編集者は、ビジネス会議場面において、相手を尊敬する意を

第七章　会話の「自然さ」から見た中国のビジネス日本語教科書の実用性

表すことに比べると、自分を下げて表したり、丁重の意を表したりすることがより適切であると考えていることが推測される。

7.3.2.2 「文体」の選択

　中国で使用されているビジネス日本語教科書における会議場面の会話文を「文体」の選択から見ると、ほとんどの発話は「丁寧体」を使用している。「普通体」を使用しているのは次の三つの発話しかない。すべて「相手レベル・−1」である相手に対する発話である。

　K072　課長：よし、わかった。会議が終わったら、華東運送の部長に電話して、この件について話し合ってみるよ。
　K111　B：会議の成功は時間をいかに効率よく使うかにかかっている。時間は短ければ短いほうがいい。
　K113　B：ああ、それはいい。彼女なら慣れているから、安心して任せられる。

　「文体」の選択から見ると、中国で使用されているビジネス日本語教科書の編集者は、「場レベル・＋1」である会議場面において、「文体」の選択は「人間関係」や「意図」とあまり関係がなく、すべて「丁寧体」を使うのが普通であるという考え方を持っていることが推測できる。

7.3.2.3 「待遇的意味を持つ他の表現」の使用

　中国で使用されているビジネス日本語教科書における会議場面の会話文の中の「待遇的意味を持つ他の表現」の平均使用量と種類について分析を行った。

　まず、平均使用量について、各発話における「待遇的意味を持つ他の表現」を抽出[1]し、その数を数えた。数えた数を各種の会議の発話数で割ることによって、平均使用量を計算する。その結果は表33のようになった。

---

[1]　例：「〈付録五　K003〉孫：私はまだ議論が不十分だと思います」という文から、「〜だと思います」は「断定性回避表現」として抽出できる。

表33　中国のビジネス日本語教科書の会議場面の会話文
における「待遇的意味を持つ他の表現」の使用量

項目 会議種類	発話数	「待遇的意味 を持つ表現」数	一つの発話における 平均使用量
部門内会議	54	13	0.241
会社内会議	120	30	0.25
会社間会議	25	4	0.16

　平均使用量の計算結果によると、中国で使用されているビジネス日本語教科書における会議場面の会話文には、「敬語」と「文体」の他に、「待遇的意味を持つ他の表現」の使用は全体的に少ないことが明らかになった。そのうち、部門内会議場面の会話文において、「待遇的意味を持つ他の表現」の平均使用量は0.241であり、一つの発話に平均で0.241の「待遇的意味を持つ他の表現」を使用していることを示している。同じ会社の部門間会議の会話文においては、使用量は0.25であり、一つの会話に平均で0.25の「待遇的意味を持つ他の表現」を使用していることを示している。会社間の会議場面の会話文においては、「待遇的意味を持つ他の表現」の使用はもっとも少なく、0.16しかない。

　これらの数値から、中国で使用されているビジネス日本語教科書の編集者の「待遇表現」に対する配慮はまだ足りないのではないかと考えられる。

　また、各種の会議場面の会話文で使用されている「待遇的意味を持つ他の表現」の種類を分析し、表34にまとめた。

表34　教科書における「待遇的意味を持つ他の表現」の種類

種　類		文　例	数量(比率)
部門内会議	意図性回避表現	【〜になります】K141	1(7.7%)
	断定性回避表現	【〜と思います】K003、K004、K068、K074、K088 【〜でしょうか】K076、K077、K152、K154	9(69.2%)
	否定疑問文	【〜てもらえませんか】K078	1(7.7%)
	言いさし表現	【〜が…】K074、K082	2(15.4%)

第七章　会話の「自然さ」から見た中国のビジネス日本語教科書の実用性

続表

種類		文例	数量（比率）
社内会議	意図性回避表現	【〜になります】K057、K192、K194、K195、K196、K197（二ヶ所） 【〜と思われます】K115、K118	9（30%）
	断定性回避表現	【〜と思います】K010、K036、K043、K059、K125、K130、K134、K136、K177、K191 【〜でしょうか】K010（二ヶ所）、K011、K125、K139	15（50%）
	否定疑問文	【〜てもらえませんか】K013 【〜ありませんか】K120 【〜ございませんか】K126	3（10%）
	言いさし表現	【〜が…】K035、K132、K137	3（10%）
会社間会議	意図性回避表現	【〜になります】K166	1（25%）
	断定性回避表現	【〜と思います】K168、K170	2（50%）
	言いさし表現	【〜が…】K096、K172	1（25%）

　表34が示すように、部門内会議場面の会話文において、「断定回避表現」「意図回避表現」「否定疑問表現」「言いさし表現」の4種類の「待遇的意味を持つ他の表現」が使用されている。そのうち、「〜と思います」「〜でしょうか」のような「断定回避表現」が最も多く、69.2%の比率を占めている。その次は、「〜が…」のような「言いさし表現」であり、15.4%の比率である。「〜もらえませんか」のような「否定疑問表現」と「〜になります」のような「意図回避表現」は数が少なく、それぞれ7.7%の比率である。

　会社内の会議場面の会話文においても、同じような4種類の表現が使用されている。「断定回避表現」の使用が最も多く、50%の比率を占めている。その次は「意図回避表現」であり、30%の比率を占めている。「否定疑問表現」と「言いさし表現」はそれぞれ10%の比率である。

　会社間会議場面の会話文には、「待遇的意味を持つ他の表現」は四つあり、「断定回避表現」が二つ、「意図回避表現」と「言いさし表現」はそれぞれ一つある。

　これらの数値から、中国で使用されているビジネス日本語教科書

の会議場面の会話文には、「待遇的意味を持つ他の表現」の種類は少なく、1種類か2種類の表現に留まっていることが明らかになった。

7.3.3　考察

　ビジネス現場では、より良い「人間関係」を維持することが非常に重要である。そのために、「人間関係」に配慮した「待遇表現」の使用が大切である。様々な「人間関係」を意識し、様々な「意図」を考慮することによって、使用される表現もそれぞれ異なるだろう。

　中国で使用されているビジネス日本語教科書の会議場面の会話文における「待遇表現」の使用に関する分析によって、「待遇表現」の使用が極めて少ないことが明らかになった。その理由としては二つのことが考えられる。

　一つは教科書の編集者の「待遇表現」に対する配慮が不十分であることである。ビジネス会議という場面では、「場レベル」「対人レベル」や「意図」などの要素が絡み合い、表現の使用に作用する。そのため、「敬語」や「待遇的意味を持つ他の表現」が多用されるのではないかと考えるが、分析の結果からわかるように、教科書の会話文における「待遇表現」の使用量がきわめて低い。それは、教科書の編集者が「待遇表現」に対してあまり配慮していないためだと考えられる。

　もう一つは教科書の編集者がビジネス会議場面における「人間関係」や「意図」の種類を十分に考慮していないことである。ビジネス会議場面においては、「上下」「親疎」「内外」などの様々な「人間関係」によって、「待遇表現」の種類も様々ある。また、「表現意図」が変わると、その「意図」を表すための表現形式も変わってくる。しかし、教科書に使用されている「待遇表現」の種類はあまり多くない。これは、教科書の編集者が「人間関係」や「意図」の種類を十分に考慮せず、会話文に適切な「待遇表現」を盛り込んでいないものと考えられる。。

　つまり、ビジネス日本語教科書を編集する際には、様々な「人間関係」や「意図」を考えたうえで、「待遇表現」に対してより一層の配慮が必要であると言える。

7.4　中国のビジネス日本語教科書の会話文における「待遇表現」の「自然さ」

　前節では、中国で使用されているビジネス日本語教科書の会議場面の会話文における「待遇表現」の使用実態について考察した。本節では、アンケート調査を通して、「待遇表現」が実際に使用される側面からそれらの会話文の「自然さ」を考察する。

7.4.1　調査の概要

● 調査の目的

　アンケート調査を通して、「待遇表現」の使用から中国で使用されているビジネス日本語教科書における会議場面の会話文の「自然さ」を考察する。

　具体的には、三つのことを明らかにしたい。一つは「待遇表現」の使用から見ると、教科書の会話文には不自然なところがあるのかどうかという点であり、二つ目は、これらの不自然なところは何が不自然なのかという点である。そして最後に、これらの会話が不自然だと思われる理由は何かを明らかにする。

● 調査票の内容[①]

　教科書から22の会議場面の会話文を抽出し、「待遇表現」の使用から見ると、これらの会話文の中に不自然な表現があるかどうかを調査協力者に判断してもらった。そして、不自然な表現がある場合、その会話文の下に下線を引いて、理由を書いてもらった。

● 調査と分析の方法

　アンケート用の調査票を企業で働いている友人を通して、各調査

[①]　調査票の具体的な内容は付録六を参照。

協力者に配布した。30人に調査を依頼し、21人の調査票を回収した。回収率は70％である。

調査票回収後、分析を行った。まず、不自然な表現の数を数え、そして、これらの不自然な表現を分類し、不自然と思われる理由をまとめる。

- 調査の協力者

調査を依頼した30人のうち、21人から調査票を回収した。この21人の調査協力者の属性は表35にまとめている。

表35　調査協力者の属性

総人数	21名(全員日本語母語話者)
性別	男:15名、女6名
年齢	60代:1名、50代:6名、40代:4名、30代:7名、20代:3名
業種	製造業:11名、小売業:1名、サービス業:4名、貿易:3名、建築業:1名、出版業:1名
部署	技術:8人、営業:7名、総務:3名、財務:2名、企画:1名
従業年数	1〜5年:4名、5〜10年:5名、10〜20年:4名、20〜30年:3名、30年以上:5名

これらの調査協力者は全員日本語母語話者であり、20代から60代までの各年齢層の人が含まれている。また、業種や部署も様々あるため、性別、年齢、業種、部署が異なっている人々の考えを考察でき、調査の信頼性がある程度確保できると考える。

また、これらの調査協力者の半数は従業年数が10年を超えているため、職場における「待遇表現」の使用に対する理解が深いものと考えられる。

7.4.2　調査の結果

アンケート調査の結果によると、文法的な不自然さや脱字などのミスを除いて、「待遇表現」に関して、22の会話文、199の発話の中に、163ヶ所の不自然な表現が指摘され、平均値で計算すると、その不自然率は約0.82である。つまり、ほぼ一つの発話の中に、0.82の不自然

表現があるということである。そのうち、中国の編集者や編集機関が独自で編集した教科書には、不自然な表現が78に上り、全体の48％で最も多い。これらの不自然な表現を分類し、図15のようにまとめている。

図15で示すように、中国で使用されているビジネス日本語教科書の会議場面の会話文の中に、不自然だと指摘されている表現は主に「直接的な表現の多用」「表現の丁寧度の不足」「敬語の過剰使用」「中国語式の表現の多用」「人称代名詞の過剰使用と呼称の誤用」「〈～んです〉表現の過剰使用」の6種類に分けられる。それぞれ20％（33件）、17％（28件）、18％（29件）、22％（35件）、7％（12件）、16％（26件）の比率を占めている。次は各種の不自然な表現について具体例を挙げて、不自然と思われる理由について詳しく述べる。

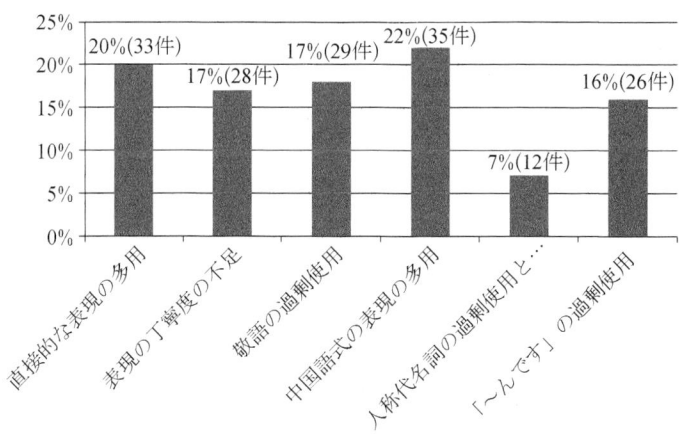

図15　中国のビジネス日本語教科書の会議
　　　場面の会話文における不自然な表現

7.4.2.1　直接的な表現の多用

日本語には、相手とより良い人間関係を保つために、「意図性回避表現」や「断定性回避表現」、また「言いさし表現」を使うことが多い。教科書の中には、これらの表現ではなく、「直接的な表現」が多く使用されていることが多くの調査協力者に不自然だと指摘されている。

以下に具体例を挙げる。

（例1）　K035　A：目下は製品のデザインをもう一度工夫<u>しなければならないです</u>。
（例2）　K042B：申し訳ないですが、<u>賛成できません</u>。
（例3）　K100　A：こちらから通訳を連れて行きますので、<u>ご心配は無用です</u>。
（例4）　K102　A：それでは、来週の火曜日午前10時ということで<u>よろしいですね</u>。

　例1は、ある社員が会社の製品について自分の意見を表す表現である。その中に、「〜しなければならない」という表現を使い、自分の意見を強く表している。この表現について、「個人的な意見を表す時に、〈〜しなければならない〉という表現はちょっと断定的で、他の人に認められにくくなる。このときは、〈〜する必要があるのではないでしょうか〉という表現を使うのがより受け入れられやすい」と調査協力者に指摘されている。

　例2は、ある部下が部長の意見に対して、違う意見を表す時の表現である。この中に、「申し訳ないですが」という「敬語」を使用しているが、「賛成できません」という直接的な表現を使い、自分の反対の意見を強く表している。この表現について、「目上の人に対して自分の意見を表す時に、相手のメンツを潰さないように、直接的な表現より、婉曲的な表現を使ったほうが良い」と調査の協力者に指摘された。

　例3は、他社の従業員に通訳の手配は必要があるかどうかということを確認されたときに使った表現である。この表現について、「相手がいろいろ配慮してくれることに対して、ほんとに必要でなくても、まず感謝の気持ちを表す必要があり、そして丁寧に断るのが大事である。この表現では、上目線で直接に相手の好意を断っているため、大変失礼である」と調査の協力者に指摘された。

例4は、他社の従業員に訪問の日程について再確認するときに使った表現である。この表現について、「他人に何かを確認するときに、〈よろしいですね〉という表現は間違いとは言えないが、ちょっと柔軟性が足りず、一方的に決めてしまう感じがする。それより、〈よろしいでしょうか〉という表現は相手の意見を伺う感じで、もっと柔軟的である」と調査の協力者に指摘された。

以上のような例で示すように、教科書の会話文には、直接的な表現が多く使用されているため、失礼や固いというイメージを調査協力者に与えている。「待遇表現」の観点から見ると、これらの表現はより良い「人間関係」を構築することに対する配慮が足りず、「形式」が「人間関係」と連動していないため、「自然さ」がないと判断できる。教科書を編集する際には、この点を十分改善する必要があると言える。

7.4.2.2 表現の丁寧度の不足

「表現の丁寧度の不足」というのは、ある場面において、使った表現の丁寧度がその場面に対応していないことである。本調査では、「丁寧体」を使っていないという「文体」の問題が多く指摘されている。次に具体例を挙げる。

> （例5）　K072　課長：よし、わかった。会議が終わったら、華東運送の部長に電話して、この件について話し合ってみるよ。
> （例6）　K113　B：ああ、それはいい。彼女なら慣れているから、安心して任せられる。

例5は、部門内の会議での課長の話である。相手は部下である。教科書はこの理由をもとに、「普通体」を使用している。この表現について、「上司が部下に話す時には、丁寧に話す必要はないが、会議の場面では、より改まった表現を使ったほうがより自然である」と調査協力者が述べている。つまり、「人間関係」の他に、表現を選択するときに、「場」の改まり度も考えなければならない要素の一つになると

いうことである。例6も同じような状況である。

7.4.2.3　敬語の過剰使用

　敬語は日本語の特徴である。しかし、外国人日本語学習者にとって、どの場面において、どのような人間関係に対して、どのように敬語を使うのかについて、非常に理解し難く、敬語を過剰に使用することが敬語を使用する際の問題点の一つとなっている。教科書の中にも、「敬語の過剰使用」が多く見られる。次は具体例である。

（例7）　K007　司会:ただ今の部長のご提案について、ご意見はございませんか。
（例8）　K008　課長A:私は部長のご提案に異存はございません。
（例9）　K024　A:最後に社長はまとめてくださることをお願いします。
（例10）　K069　王:はい、ご報告します。
（例11）　K079　田中:承知しました。

　例7は、部門内会議で、司会者が部長の提案について、出席している人に意見を尋ねる際の表現であり、例8は、ある課長が司会者の質問に答えるときの表現である。この二つの表現から見ると、美化語の「ご～」と丁重語の「ござる」という敬語が多く使用されている。これらの表現について、「部門内の会議において、〈ございません〉という表現は基本的にはあまり使いません。女性の場合や全社員出席の会議の場合では使うことがある。また、組合の全体集会などのような場合では使うことがある。〈ご提案〉や〈ご意見〉などの表現は部門などの会議では、ちょっと大袈裟な感じがする」と調査協力者は指摘している。例9、例10、例11も同じように、社内会議や部門内会議では、〈ご報告します〉〈承知しました〉という表現より、〈報告します〉〈わかりました〉という普通の表現のほうが自然であるという指摘があった。

　これらの例からわかるように、すべての会議場面において、すべて

の目上の人に対して、敬語をより多く使ったほうがいいというわけではない。その場面の具体的な状況を配慮する必要があると言える。

7.4.2.4　中国語式の表現の多用

　日本語学習者は日本語を学習する時に、母語干渉があり、母語をそのまま日本語に直訳して使うことがある。中国人日本語学習者にもこのような誤用が少なくないと考えられる。教科書の会話文には、中国語をそのまま日本語に翻訳したものが極めて多いということがわかった。特に、中編教科書には、このような表現が多い。これらの表現は日本語の使用習慣に準じていないため、その場面においては不自然な表現と判定されている。次は具体例である。

(例12)　K016　A：今回司会者として大変光栄に存じます。
(例13)　K018　A：それでは、社長を歓迎いたしましょう。
(例14)　K049　B：私は、いくつかの製品を増やすと主張します。
(例15)　K065　A：他に補充したい人がいますか。
(例16)　K066　A：もしなければ散会しましょう。

　例12は、会議が始まったときの司会者の挨拶表現である。この表現について、「中国語では、このような表現が使われるかもしれないが、日本語では、このような表現はあまり使わずに、〈よろしくお願いします〉という表現をよく使う」と調査協力者は記している。

　例13は、社長の会議出席に対して、感謝の意を表す時の表現である。この表現について、「日本語では、〈歓迎〉という言葉はあまり使わない。この場合は、〈お忙しいところ、ご出席いただいて、ありがとうございます〉という表現を使う」と調査協力者は述べている。

　例14は、自分の意見を表す時の表現である。この表現について、「自分の意見を表す時に、日本語では、〈～主張します〉という意図性表現を使うことは少ない。また、日本人は相手にマイナスイメージを与えないように、完全に反対な意見を表すことも少ない」と調査協

力者は述べている。

例15は、会議の出席者に意見を尋ねる時の表現である。この表現について、「相手の感想や意見を尋ねるときに、〈～したいですか〉という表現は日本語ではあまり使わない。〈補足ありませんか〉という表現が多い」と調査協力者は述べている。

例16は、主催者が会議終了と告げる時の表現である。この表現について、「日本語では、〈散会〉という表現はあまり使わない。〈今日の会議はここまでとします〉という表現を使う」と述べている。

これらの例からみると、教科書の編集者はおそらく日本語や日本文化に対する理解が不十分であるため、中国語をそのまま日本語に翻訳して使用しているのではないかと考えられる。

7.4.2.5　人称代名詞の過剰使用と呼称の誤用

日本語では、人称代名詞と呼称の使用は待遇的な制限がある。教科書には、人称代名詞と呼称に関する誤用も少なくない。次は具体例である。

（例17）	K050	A:あなたたちは賛成ですか。
（例18）	K051	C:私としては、賛成できません。
（例19）	K097	B:社長さんの他、何名いらっしゃいますか。
（例20）	K099	B:御社の社長さんはフランスの方ですよね。

例17、例18は、相手の意見を尋ねたり、自分の意見を表したりする時の表現である。これらの表現について、「意見を尋ねたり、表わしたりするときは、日本人は意図性や断定性な表現を避けることが多い、〈わたし〉〈あなた〉などのような人称代名詞は意図性や断定性が強くて、違和感があり、あまり使わない」と調査協力者は指摘する。

例19、例20は、他社の社長に対する呼称である。この呼称について、「〈～さん〉という呼称は職位の後に付くことはちょっと違和感がある」と調査協力者は回答している。

7.4.2.6 〈〜んです〉の多用

教科書には、「〜んです」という表現が多く使用されている。以下は具体例である。

これらの表現について、「語尾の〈〜んです〉という表現は、日常会話や親しい関係の友人には使えるが、ビジネスの場面や会議の場面ではあまり使わない」と調査協力者は指摘している。

（例21） K134　大阪支店長：他の地域が九月というのは、とても話にならないと思うんですよね。
（例22） K148　孫：1日で終わるはずだったんですが。
（例23） K170　吉川：他の有力サイトとの差別化も図っていけたらと思っているんですよ。

7.4.3 考察

本節では、「待遇表現」の観点から、中国で使用されているビジネス日本語教科書における会議場面の会話文の「自然さ」についてアンケート調査をもとに考察を行った。調査の結果から、中国で使用されているビジネス日本語教科書における会話文は、あまり自然な会話とは言えないことが分かった。特に、中編教科書には、不自然な表現の数も極めて多く、不自然な表現の種類も様々であることが明らかになった。

その理由について、二つのことが考えられる。

一つは教科書の編集者が、「形式」の選択に影響を与える日本の「社会的・文化的規範」に対する理解がまだ足りない点である。例えば、日本語の使用における意図性や断定性を避けるということに対する理解があまり深くないことが、「直接的な表現」を多く使用している原因となっているのではないかと考えられる。また、「場面」や「人間関係」について十分配慮しないまま、敬語を過剰に使用することも多い。

もう一つは、教科書の編集者が、日本語と中国語の背後にある「社会的・文化的規範」の相違にあまり配慮していない点である。例えば、「社会的・文化的規範」によって、中国語と日本語における「人称代名詞」の使用の相違点を十分に考慮していないことが、「人称代名詞」を多く使用している原因となっていると思われる。同様の原因で、教科書の会話文の中に、「中国語式の表現」が多く出てくるのだと考えられる。

　そのため、会話文の「自然さ」を求めるならば、教科書を編集する際に、実際の場面における自然会話を観察する必要があると考える。自然会話を観察することにより、それらの表現の背後にある「社会的・文化的規範」を充分に理解し、母語との違いも充分に理解することができる。自然会話の観察を教科書の編集に活用すれば、教科書の会話文に「自然さ」がより増すのではないかと考える。

7.5 ビジネス会議場面の自然会話における「待遇表現」の使用実態

前節では教科書の会議場面における会話文の「自然さ」について待遇表現の観点から考察を行った。本節では、ビジネス会議場面の自然会話における「待遇表現」の使用実態を考察していく。

7.5.1 データの収集

前章の調査から明らかになったように、中国の日系企業で働いている中国人従業員は自分が使う日本語が待遇上適切であるかについて自信を持っていない場面として、「場レベル」と「対人レベル」が合致していない場面が多く挙げられている。例えば、「場レベル・＋1」の場において、「相手レベル・－1」の相手に話すときに、どのように「待遇表現」を使うのか自信がない状況である。

そこで、本節では、「場」の改まり度がそこまで高くはないが、「相手レベル」がより高い「他社との打ち合わせ」という場面を分析対象として選定した。「打ち合わせ」は会議の一種であるが、会社全員が出席する正式的な会議と違い、出席人数が少なく、よりリラックスした雰囲気で行われる会議である。その「場」の改まり度から見ると、「場レベル・0」に属すると考えられる。会議の出席者はメーカーと取引先の二つの会社の社員であり、人間関係は「ソト」関係や「力関係」などが含まれている。メーカーである会社の社員にとって、「相手レベル」は「＋1」であり、取引先である会社の社員にとって、「相手レベル」は「－1」であろう。

本データは、2014年4月に福岡市にある機械製造会社で働いている友人を通して、会社の許可を得たうえで収集した会話データである。本データは、メーカーである機械製造会社のA社の社員(C1)が

取引先のB社を訪問した際のB社の社員(J1、J2、J3)との打ち合わせにおける自然会話である。録音の長さは31min40sである。会議の参加者の属性は表36にまとめている。録音の内容[①]は文字化した。

表36　自然会話における登場人物の属性

会社/部署	会議出席者	国　籍	性別	年齢
A社 メーカー・営業	C1	中国(2014年当時来日9年、日本の会社に入社5年目)	男	30代
B社 取引先・技術担当	J1	日本	男	50代
	J2	日本	男	30代
	J3	日本	男	50代

本節では、録音の内容を文字化し、その中から、「敬語」「文体」「待遇的意味を持つ他の表現」の三つの面から自然会話における「待遇表現」の使用量や状況を考察する。

7.5.2　分析の結果

分析は「敬語」の使用、「文体」の選択、「待遇的意味を持つ他の表現」の使用という三つの面から行い、分析の結果を以下のようにまとめた。

7.5.2.1　「敬語」の使用

「他社との打ち合わせ」という場面の自然会話における「敬語」の使用について、まず量的には極めて少ないということが分かった。277個の発話の中に、「敬語」の使用は6ヶ所しかない。具体的には表37のようにまとめた。

表37で示しているように、「敬語」はほとんどメーカーであるA社の社員(C1)が、取引先であるB社の社員(J1、J2、J3)に対して使用している。B社の社員がA社の社員に「敬語」を使うのは1ヶ所しかない。

---

① 付録七参照

第七章 会話の「自然さ」から見た中国のビジネス日本語教科書の実用性

表37 「他社との打ち合わせ」場面の自然会話における「敬語」の使用

行番号	発話者	相手	表現	敬語の種類	表現意図
S002	C1	J1	おかげさまで	丁寧語	挨拶
S004	C1	J2	お久しぶりです	丁寧語	挨拶
S004	C1	J2	お世話になります	丁寧語	挨拶
S099	C1	J3	●●さん、現場に、あの、<u>来られて</u>、あの、ちゃんと指導して<u>いただいて</u>…	尊敬語、謙譲語	陳述
S099	C1	J3	そういう指導を<u>いただければ</u>、だいぶ品質が違うと思います。	謙譲語	依頼
S145	J2	C1	1つ、ワンセット、＄＄円くらいですよね。この前<u>いただいた</u>やつ。	謙譲語	確認

敬語の種類から見ると、挨拶するときの決まり文句がより多く使用されている。

7.5.2.2 「文体」の選択

「文体」の選択については、各発話者の発話における「文体」を分類し統計した。分析した結果は図16のように図式化している。

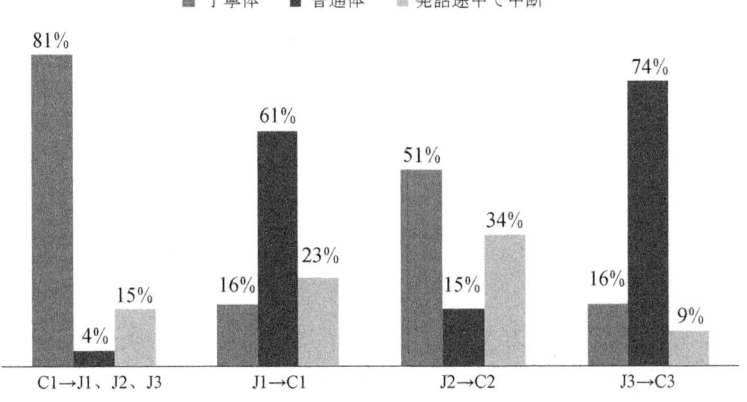

図16 「他社との打ち合わせ」場面の自然会話における「文体」の選択

図16からみると、メーカーであるA社の社員（C1）は取引先であるB社の社員（J1、J2、J3）に対して、殆ど「です・ます」のような「丁寧体」を使用している。「丁寧体」を使う比率は81％もある。「だ・る」

のような「普通体」の使用もあるが、数的には極めて少なく、4％の比率しか占めていない。

　B社の社員のJ1とJ3はA社の社員のC1に対して、「普通体」の使用が非常に多い。J1の場合、61％の発話は「普通体」を使用している。「丁寧体」を使用している発話は16％しかない。J3の発話には、74％が「普通体」を使い、16％が「丁寧体」を使用している。

　同じB社の社員のJ2はJ1とJ3と多少異なり、「丁寧体」の使用がより多く、51％の比率を占めている。「普通体」を使用している発話は15％しかない。

　これらの数値から見ると、やはり「他社との打ち合わせ」という場面において、「文体」の選択に影響を与える要素と言えば、まず「人間関係」が挙げられる。「相手レベル・＋1」の人間関係であれば、「丁寧体」の使用がより多いと考えられる。

　また、「人間関係」の他に、「年齢」の影響もあるだろうと考えられる。なぜならば、B社の社員のJ2にとって、A社の社員のC1はメーカーの社員であり、J1とJ3と同じように、C1との「人間関係」を「相手レベル・－1」で扱うことが普通であろうが、C1と同じ30代であるため、「丁寧体」を多く使用しているのではないかと考えられる。

7.5.2.3　「待遇的意味を持つ他の表現」の使用

　「待遇的意味を持つ他の表現」を抽出した結果、29例があることが分かった。その中に、メーカーであるA社の社員（C1）が10個を使い、取引先であるB社の社員（J1、J2、J3）が合わせて19使用している。その内訳として、図17のように図式化されている。

　図17で示しているように、「他社との打ち合わせ」場面の自然会話の中に使用されている「待遇的意味を持つ他の表現」は主に「言いさし表現」「断定性回避表現」「意図性回避表現」「否定疑問文」の4種類に分けられる。その中に、「断定性回避表現」の使用が最も多く、66％の比率を占めている。「～と思う」「～かもしれない」「引用文」などの表現が典型的な「断定性回避表現」として多く使用されている。その

第七章　会話の「自然さ」から見た中国のビジネス日本語教科書の実用性

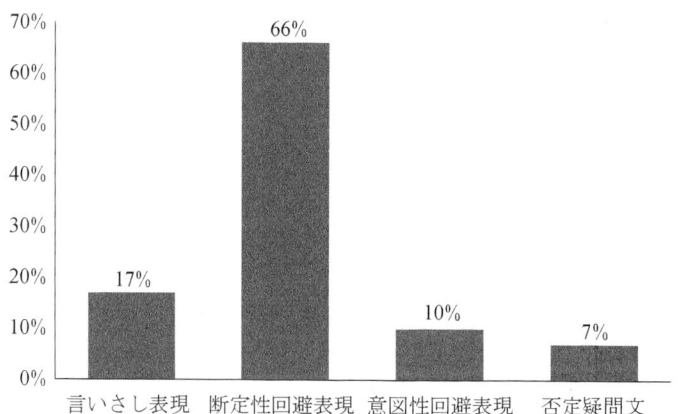

図17　「他社との打ち合わせ」場面の自然会話における「待遇的意味を持つ他の表現」の使用

他に、「～ですが…」「～だけど…」などの表現が典型的な「言いさし表現」、「～になります」という表現が典型的な「意図性回避表現」、「～もらえませんか」という表現が典型的な「否定疑問文」として使用されている。

具体的な例から見ると、例24のように、ある事情や理由を説明するときに、「言いさし表現」が使用されている。例25と例26には、相手に自分の意見を表す時に、「断定性回避表現」が使用されている。例27には、期間について確認するときに、「意図性回避表現」が使用されている。例28には、相手に依頼するときに、「否定疑問文」が使用されている。

(例24)　S006　J2：サーモススタットって持ってきてもらったんです？
　　　　S007　C1：あ、あの、あの、●●のストッパーは、ちょっとうちの品証で止められちゃって…
　　　　S013　C1：あの最初にサーモスタットだけ送ろうと考えているんですけど…

> （例25）　S059　J3：一番いいのは、中国語版と日本語版もあれば
> 　　　　　　　　　　いいかもしれんね。
> （例26）　S099　C1：そういう指導をいただければ、だいぶ品質が
> 　　　　　　　　　　違うと思います。
> （例27）　S018　J2：だいたいどれくらいになります？

　これらの数値と具体例からみると、「他社との打ち合わせ」場面においては、「待遇的意味を持つ他の表現」の使用は「人間関係」に関わるのではなく、「表現意図」に深く関わっているのではないかと考えられる。

7.5.3　考察

　本節では、「他社との打ち合わせ」場面の自然会話における「待遇表現」の使用実態について分析を行った。分析の結果から、三つの特徴がまとめられる。

　まず、「相手レベル」と「場レベル」が一致していない場合には、「敬語」の使用は「人間関係」より、「場」の改まり度により多く影響されているのではないかと考えられる。「他社との打ち合わせ」という場面では、「人間関係」は「ウチ・ソト」の関係で、「相手レベル」は「＋1」であるのに対して、「場レベル」は「0」である場合には、「敬語」の使用はあまり多くないことが分析の結果から分かった。

　次に、「文体」の選択に影響を与える要素として、「人間関係」の他に、「年齢」などの要素も挙げられる。

　最後に、「待遇的意味を持つ他の表現」の使用は、「人間関係」より、「表現意図」に影響されることが多い点である。

　教科書を編集する際には、自然会話における「待遇表現」の使用に関するこれらの特徴を生かす必要があると言える。

7.6　本章のまとめ

　本章では、日本語記述文法研究会(2009)における「待遇表現」の分類に基づいて、「待遇表現」の「形式」を、「敬語」「文体」「待遇的意味を持つ他の表現」の3種類の形式から捉えることとした。そして、この三つの側面から、中国で使用されているビジネス日本語教科書の会議場面の会話文における「待遇表現」の使用実態を分析し、その「自然さ」について考察を行った。また、これからの教科書編集のための参考として、「他社との打ち合わせ」という場面を取り上げて、その場面での自然会話における「待遇表現」の使用実態を分析した。

　まず、教科書における「待遇表現」の使用実態の分析結果から、会議場面における「敬語」の使用が少なくないこと、特に会社間の会議場面では、「敬語」の使用が最も多いことが明らかになった。また、「文体」の選択について、「丁寧体」のほうが圧倒的に多く、「普通体」の使用が極めて少ないことも明らかになった。さらに、「敬語」の使用と比較すると、「待遇的意味を持つ他の表現」の使用量があまり高くないことも分かった。

　次に、教科書の会話文の「自然さ」に関する調査の結果から、現在中国で使用されているビジネス日本語教科書の会話文があまり自然ではないということが分かった。この調査によると、22の会話文、199の発話の中に、163の不自然な表現が調査協力者によって指摘され、これは極めて大きい割合であると言える。これらの不自然な表現は、「直接的な表現の多用」「表現の丁寧度の不足」「敬語の過剰使用」「中国語式の表現の多用」「人称代名詞の過剰使用と誤用」「〈～んです〉の過剰使用」という6種類に分けられた。

　そして、「他社との打ち合わせ」という場面の自然会話における「待遇表現」の使用実態に関する分析の結果から、「敬語」の使用があまり

多くないことが明らかになった。「文体」の選択については、「人間関係」や「年齢」などの影響で「丁寧体」と「普通体」の併用が多かった。そして、「待遇的意味を持つ他の表現」の使用は「表現意図」に深く関わっていることが明らかになった。

このように、教科書の会話文と自然会話の両方の分析結果を合わせてみると、現在中国で使用されているビジネス日本語教科書においては、会話の「場」の改まり度や「人間関係」、また「表現意図」に対する認識がまだ不十分であり、「形式」との連動もうまく行われていないということが分かった。今後教科書を編集する際、会話文をより実際に近い「自然な形式」にするために、「場」の改まり度に対する認識、「人間関係」に対する認識、「表現意図」に対する認識を更に深め、「場」の改まり度や「人間関係」の種類、また「表現意図」の種類と「形式」の関連性をさらに考察する必要があるのではないかと考える。

第八章　「練習設定」から見た中国のビジネス日本語教科書の実用性

　「待遇表現」の習得には、インプットとアウトプットの両方とも重要である。第五、六、七章では、教科書におけるインプットとしての「情報記述」「場面設定」「会話文」から中国で使用されているビジネス日本語教科書を分析し、教科書の実用性について考察を行った。

　本章では、教科書におけるアウトプットとしての「練習設定」について考察する。中国で使用されているビジネス日本語教科書には、練習部分を設定しているのか、どのように設定しているのか、設定した練習は実用性があるのか、について考察する。そして、今後の教科書の編集に対して提案を行う。

8.1　「待遇表現」の習得から考える「練習設定」

　教科書における「練習設定」は実用性を持っているかどうかを考察するために、まずどのような「練習設定」が実用的なのかを明らかにしなければならない。

　本節では、まず「練習設定」の実用性とは何かを定義し、また「待遇表現」の習得のために、どのような「練習設定」が実用性を持っている

のかを検討する。

8.1.1 「練習設定」の実用性

　どのような「練習設定」は実用性があるのかを考える場合、「練習の目的が明確化されている(何を練習する)」「練習の方法が多様である(どのように練習する)」という二つのことが挙げられるのではないかと考える。

　「練習設定」する時、まず、その練習は何に関する練習なのか、その練習を通して、学習者に何を習得させるのか、学習者のどのような能力を伸ばしたいのか、ということを考えなければならない。例えば、日本語の教科書において、学習者に語彙を覚えさせるために、語彙の記憶練習を設定する必要がある。学習者にある文型の使い方を理解させるためには、その文型に関する練習を設定する必要がある。

　練習の目的が明確になったら、次に練習方法を考える。練習の目的が異なれば、練習の方法も変わるためである。日本語の習得においては、練習の目的は様々である。例えば、学習者に語彙を覚えさせることや文型を理解させることなどの目的がある。そのため、学習者の総合的な能力を高めるために、多様な練習方法が必要であると考える。

　こうした二つの面から教科書の「練習設定」を配慮すれば、その練習が実用性を持つのではないかと考える。

8.1.2 「待遇表現」の習得に実用性のある「練習設定」

　本研究における「待遇表現」の定義によると、「待遇表現」の産出において「主体」は、「場面(人間関係と場)認識」に基づいて、「態度・きもち」を決める。また「意図」に基づいて、「内容・形式」の選択肢を考える。最後に決めた「態度・きもち」により、「内容・形式」の選択肢から最もふさわしいものを選択するという一連の行為を行い、その過程において、「場面認識」「場面と態度・きもちの連動」「意図と内容・形式の連動」「態度・きもちと内容・形式の連動」の四つの行為が重要である。これにより、「待遇表現」の習得には、学習者の「場面認識」能力、「場面と態度・きもちを

第八章 「練習設定」から見た中国のビジネス日本語教科書の実用性

連動させる」能力、「意図と内容・形式を連動させる」能力、「態度・きもちと内容・形式を連動させる」能力を高める必要がある。

従って、教科書における「練習設定」では、学習者のこの四つの能力を高めることを練習の目的として明確化する必要があるのではないかと考える。

これらの能力を高めるために、様々な練習方法が考えられるだろう。本節では、「機能別の練習」「場面別の練習」「タスク別の練習」を挙げて検討する。

「機能別の練習」は、まず「言語形式」を重視した練習である。「待遇表現」を「言語形式」として捉えることは多くの研究者に批判されている。しかし、これらの研究者が批判しているのは「言語形式」のみを「待遇表現」と捉えることであり、「言語形式」は必要ではないという主張ではない。本研究における「待遇表現」の定義にも、「言語形式」も重要な一部分として位置付けている。これにより、「待遇表現」の習得には、「言語形式」の練習も必要であると考えられる。また、「機能別の練習」は学習者が持っている各言語形式の表現機能に関する情報を確認するための練習である。つまり、学習者がある言語形式の表現機能に対する理解が正しいか正しくないかを検証し、そのギャップを意識させる練習である。この練習によって、言語形式の表現機能に対する理解が深くなり、学習者の「意図と言語形式を連動させる」能力を高めることができる。繰り返すことにより、その言語形式の運用を自動化させることが望まれる。

「場面別の練習」は「言語形式」を重視するだけではなく、「待遇表現」を構成する各要素の総合的な運用を重視する練習である。ある「場面」において、どのように「場」の改まり度や「人間関係」の種類を認識するのか、どのような「意図」を持っているのか、認識した「人間関係」によってどのような「待遇意識」を持っているのか、その「場面」においてどのような「社会的規範」があるのか、「場面」「意図」「待遇意識」「社会的規範」に基づいて、どのような行動がふさわしいのかをすべて総合的に考慮し表出する。このような練習によって、学習者は

自分が認識した「場面」「意図」「待遇意識」「社会的規範」は正しいのか、自分が選択した行動はふさわしいものだったのかについて「待遇表現」の構成要素の全般を検証できる。

　「タスク別の練習」は、近年注目を浴びている「タスク中心の教授法」に基づいて、筆者が考案した練習方法であり、用語である。「タスク」とは自分や他の人のために行う仕事、または課題のことであり、「ホテルを予約する」「スケジュールを作る」などの例が挙げられる。「タスク中心教授法」とは、タスクの遂行を学習者に課すことによって、本物に近い言語使用の機会を教室内に作り出し、言語習得を促進させようとするものであり、第二言語学習者から自然なアウトプットを産出させる上で効果的な指導法と言われている。タスクの内容は現実の社会生活と深く関連したもので、学習者の興味・知的関心と合致したものであることが効果的なタスクの条件として挙げられている（白畑・若林・村野井 2010 参照）。本研究では、このような様々なタスクを遂行するための練習を「タスク別の練習」と呼ぶ。一つのタスクを遂行するために、いくつかの「場面」が含まれる可能性があるため、「タスク別の練習」は「場面別の練習」よりも、人間関係調整や問題解決などが含まれ、練習の範囲がさらに広がり、学習者に対してさらに高い能力を要求するものとなる。

　図 18 が示すように、この 3 種類の練習は単純な言語形式の練習から総合的なコミュニケーション練習へ進展し、様々な練習形式が含まれる。これらの練習により、学習者の「待遇表現」の運用能力を総合的に高められることが望まれる。

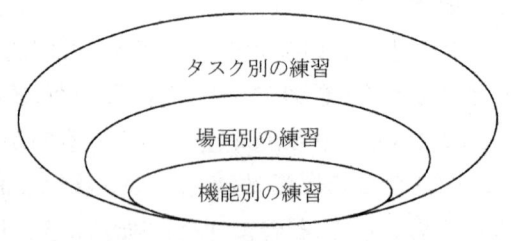

図 18　「待遇表現」の 3 種の練習

8.2　本章の分析項目

　本章は、中国のビジネス日本語教科書において、どのような目的で練習問題を設定しているのか、設定した練習問題は「待遇表現」の習得を促進できるのかについて考察する。具体的な分析項目は次の二つである。
　① それぞれの教科書の中で、練習問題は設定されているのか。
　② 練習問題が設定されている場合、どのような内容であるのか、どのような方法で練習しているのか。

8.3 中国のビジネス日本語教科書における「練習設定」の実態

　中国で使用されているビジネス日本語教科書における「練習設定」を分析した結果を表38にまとめた。次に、「練習設定」の量と種類の二つの面から具体的に考察を行う。

表38　中国のビジネス日本語教科書における「練習設定」

教科書種類	教科書	練習設定の有無	練習の種類
中編	① 李(2004)	×	×
	② 于・張(2005)	×	×
	③ 魏・孫・周(2008)	×	×
	④ 孔・王・林(2009)	○	翻訳練習
	⑤ 李(2010)	×	×
	⑥ 陳・奚(2011)	×	×
日編	⑦ 日本語普及協会(2003)	○	書き込み練習
	⑧ 前川(2008)	×	×
	⑨ 千駄谷研究所(2008)	○	1、ロールプレイ 2、課題対応練習
	⑩ 岩沢(2009)	○	1、場面表現練習 2、表現修正練習 3、書き込み練習 4、ロールプレイ
	⑪ 宮崎・郷司(2010)	○	1、表現変形練習 2、ロールプレイ
	⑫ 原(2010)	×	×
	⑬ 目黒・細谷(2010)	○	1、表現変形練習 2、書き込み練習 3、場面表現練習

续表

教科書種類	教科書	練習設定の有無	練習の種類
日中編	⑭ 井田・林(2009)	×	×
	⑮ 高見澤・陳(2009)	○	1、書き込み練習 2、場面表現練習 3、翻訳練習 4、表現変形練習 5、質問会話練習
	⑯ 高見澤・陳(2010)	○	1、書き込み練習 2、表現変形練習 3、翻訳練習 4、質問会話練習

8.3.1 「練習設定」の量

「練習設定」がある教科書の数からみると、16冊の教科書の中で、8冊が練習問題を設定している。量的には多いとは言えない。そのうち、6冊の中編教科書の中で、練習問題を設定してあるのは1冊しかない。練習問題を設定している教科書は日編教科書に比較的多く、7冊の中に5冊が設定している。3冊の日中編教科書のうち、練習問題が設定されている教科書は2冊ある。

「練習設定」の種類から見ると、「練習設定」がある中編教科書には1種類の練習しかない。日編教科書では練習の種類がより多くあり、合わせて6種類の練習が設定されている。日中編教科書には5種類の練習が設定されていた。

この結果から見ると、中編教科書では練習があまり重要視されておらず、文型や会話文の提示が主であることが分かった。

8.3.2 「練習設定」の種類

練習の種類は、「書き込み練習」「場面表現練習」「表現変形練習」「翻訳練習」「質問会話練習」「表現修正練習」「ロールプレイ」「課題対応練習」の8種類に分けられる。

中編教科書の中で、練習問題を設定してあるのは1冊であり、設定した練習の種類は「翻訳練習」しかなかった。一方、日編教科書と日中編教科書における練習は種類がより多かった。

次に、具体例を挙げながら、各種の練習の具体的な内容を見る。

●「書き込み練習」について

「書き込み練習」とは、一つの文や一つの談話、または一つの会話の中に空いているところに適切な語彙や表現を書き込む練習である。一部の書き込み練習は選択肢を提供する。「書き込み練習」を設定している教科書は5冊あり、教科書の編集者が好む練習方法とも言える。各教科書における「書き込み練習」の例を取り上げて、表39にまとめた。

表39　各教科書における「書き込み練習」例

教科書	練習の目的	練習問題例
日本語普及協会 (2003:47)	・表現の機能 ・会話の展開	課長:スミスさん、＿＿＿＿＿＿(「指示」切り出し) スミス:はい。 課長:都合で今日の課長会議に出席できなくなったので、私の代わりに＿＿＿＿＿＿(「指示」の動作・行為)
岩沢 (2009:21)	・表現の機能 ・会話の展開	(外出中の山田さんの携帯に電話して上海商事のAさんからの伝言を伝えてください) 山田:(電話を受ける)はい、山田です。 B:(名乗って、要件を言う)＿＿＿＿＿＿＿＿。 山田:(内容を復唱する)＿＿＿＿＿＿＿＿。 B:(内容を確認する)＿＿＿＿＿＿＿＿。 山田:(軽く礼を言う)了解しました、どうも。 B:(挨拶をして話を終える)いいえ、では、よろしくお願いします。失礼します。
目黒・細谷 (2010:27)	・表現の機能	係長:課長、＿＿＿＿が、今日は娘の誕生日なので、＿＿＿＿いただきます。 課長:そうだったね。＿＿＿＿様。
高見澤・陳 (2009:36)	・表現の意味	A:すみません、＿＿＿＿はどの方ですか。 B:＿＿＿＿は、あの方です。 A:＿＿＿＿は、どの部の人ですか。 B:＿＿＿＿は、経理部の人です。
高見澤・陳 (2010:27)	・表現の意味と構造	朝ごはんを食べるとき、＿＿＿＿＿＿。

第八章 「練習設定」から見た中国のビジネス日本語教科書の実用性

　各教科書における「書き込み練習」から見ると、練習の目的はそれぞれであるが、日本語普及協会（2003）、岩沢（2009）、目黒・細谷（2010）の3冊の教科書は学習者に表現の機能や会話の展開を理解してもらうことを練習の目的として設定している。つまり、学習者に練習を通して、ある意図を達成するために、どのような表現を使ったら適切であるのか、どのように会話を展開したら良いのかを理解してもらうことが目的である。この3冊の教科書と異なり、高見沢・陳（2009、2010）は、学習者に表現の意味や構造を理解し記憶してもらうことを練習の目的としているものと思われる。なぜならば、設定した練習は場面設定がないため、どのような状況で、何のために会話するのかが分からないためである。表現の置き換え練習や文を作る練習になると考える。

● 「表現変形練習」について

　「表現変形練習」とは表現の意味を変えず、場面によって表現の形を変えるという練習である。「表現変形練習」を設定している教科書は4冊ある。それぞれの教科書から具体例を取り上げて、表40にまとめた。

表40　各教科書における「表現変形練習」の具体例

教科書	練習の目的	練習問題例
宮崎・郷司 （2010:67）	・表現の構造	（次の文を丁寧な言い方で言ってください） A:〈打ち合わせが終わる/報告する〉→＿＿＿＿＿。 B:では、よろしく。
目黒・細谷 （2010:117）	・場面と表現の連動	（次の文をビジネス会話にふさわしい表現に変えてください） 何か急ぎの用ですか。→＿＿＿＿＿＿＿＿＿。
高見沢・陳 （2009:125）	・表現の構造	（次の丁寧体を敬語に変形してください） 課長は10時ごろ営業部へ来ました。→＿＿＿＿＿。
高見沢・陳 （2010:27）	・表現の構造	（次の文を引用文に変形してください） 孫さんは銀行を辞めます/王さん→＿＿＿＿＿。

　これらの教科書における「表現変形練習」の具体例からみると、「表現変形練習」は「待遇表現」を含め、様々な表現の文法構造を学習者に

理解してもらうことを練習の目的としている。宮崎・郷司(2010)、高見沢・陳(2009、2010)の3冊の教科書における「表現変形練習」は、普通体から丁寧体への変形や、丁寧体から敬語への変形などの練習がほとんどである。目黒・細谷(2010)はこの3冊の教科書と違い、日常的な場面における表現からビジネス場面における表現への変形という「場面」と「表現」を連動させた練習を設定している。

● 「場面表現練習」について

　「場面表現練習」とは、「場面」を提示し、その「場面」においてどのように表現するのかを練習するものである。こうした「場面表現練習」を設定している教科書は3冊ある。具体例を取り上げ、表41にまとめた。

表41　各教科書における「場面表現練習」の具体例

教科書	練習の目的	練習問題例
岩沢(2009:17)	・場面、意図と表現の連動	営業部社員であるあなたは初めて話す総務部の水野さんに休暇届のことで電話します。あなたはどういいますか。
目黒・細谷(2010:69)	・意図と表現の連動	相手の意見にはっきり反対するとき、どういいますか。
高見沢・陳(2009:8)	・場面と表現の連動	夜、隣に住んでいる人に会うとき、何を言いますか。

　これらの教科書にある具体例から見ると、「場面表現練習」は学習者に「場面」や「意図」、「表現」の連動を理解させたうえで、適切に表現することを練習目的としていることがわかる。3冊の教科書のうち、岩沢(2009)は「場」「人間関係」「意図」を明確に提示している。目黒・細谷(2010)は「意図」しか提示していないため、この練習問題では、「意図」と「表現」の連動を練習することになるだろう。高見沢・陳(2009)は「場面」を提示しているため、この練習問題は「場面」と「表現」の連動の練習になる。しかし、ここで提示された「場面」は日常的な場面が多く、ビジネス場面が少ないことが問題であると考える。

第八章 「練習設定」から見た中国のビジネス日本語教科書の実用性

● 「ロールプレイ」について

　単一な場面設定である「場面表現練習」と違い、「ロールプレイ」は様々な状況や意図などを含め、より複雑な場面設定で、学習者の総合的なコミュニケーション能力を高めるための練習である。「ロールプレイ」を設定している教科書は3冊ある。具体例を取り上げ、表42にまとめた。

表42　各教科書における「ロールプレイ」の具体例

教科書	練習の目的	練習問題例
千駄谷研究所 (2008:156)	・場面、意図と表現形式の連動	(依頼する側・される側、許可を求める側・許可する側の役割分担をして練習しましょう) A:入国管理局へ行くので、木曜日か金曜日に休暇がほしい。リーダーに許可を求める。 B:金曜日に急ぎの作業を頼みたい。
岩沢 (2009:51)	・場面、意図と表現形式の連動	(上司に依頼する) A:依頼する人(商品企画部社員)→今回、あなたが担当となったインターネットを利用した新しい商品の企画のプロジェクトに、先輩の田中さんにも加わって手伝ってもらえるよう、部長に頼んでください。 B:依頼される人(商品企画部部長)→あなたは商品企画部の部長です。Aさんが依頼に来ます。内容を聞いて承諾してください。
宮崎・郷司 (2010:13)	・場面、意図と表現形式の連動	あなたは入社したばかりの社員です、今日は初めて会社へ来ました。同じ課の人たちに自己紹介をしてください。

　これらの具体例からみると、「ロールプレイ」を設定しているすべての教科書では、「場」「人間関係」「意図」を具体的に設定してあり、「場面」や「意図」と「表現」の連動、また会話展開の方法などは学習者に容易に理解できるものと考えられる。しかし、「ロールプレイ」という練習を設定するときに、どのような「場面」を設定したら良いのか、どのように評価したら良いのかが課題になると考えられる。

● 「翻訳練習」について

　「翻訳練習」は中国語を日本語に翻訳したり、日本語を中国語に翻

訳したりする練習である。このような練習を通して、日本語と中国語の表現の仕方の相違を学習者に理解させることができると考える。「翻訳練習」を設定しているのは3冊の教科書である。具体例を取り上げ、表43にまとめた。

表43　各教科書における「翻訳練習」の具体例

教科書	練習の目的	練習問題例
孔・王・林 (2009:103)	ことば遣い	听说你升职了,恭喜。→(昇進)と聞きましたよ、おめでとうございます。
高見沢・陳 (2009)	文法構造	山田曾经是医生吗？→山田さんはかつてお医者さんでしたか。
高見沢・陳 (2010)	文法構造	来日本的时候买的这个皮包。→日本に来たとき、この鞄を買いました。

「翻訳練習」の最も大きな目的は、翻訳を通して、言葉遣いや文法構造、また社会的・文化的規範による言語表現の仕方の相違を理解することと考える。各教科書における「翻訳練習」の例からみると、ことばの翻訳や文法構造からの翻訳がほとんどであり、社会的・文化的規範による言語表現の相違に関する練習は全くない。そして、中国語から日本語へ翻訳する練習しかない。この点は、まだ改善する必要があると考える。

● 「質問会話練習」「表現修正練習」「課題対応練習」について

「質問会話練習」「表現修正練習」そして「課題対応練習」は数が少ないため、まとめて考察を行う。「質問会話練習」とは、学習者が教科書の中に提示している質問に答える練習である。この練習を設定している教科書は2冊である。「表現修正練習」とは、一つの文や会話の中から、不自然な表現を抽出し、修正する練習である。この練習を設定している教科書は1冊しかない。「課題対応練習」とは、課題を設定し、学習者に課題を遂行させる練習である。この練習を設定している教科書は1冊しかない。具体例を取り上げ、表44にまとめた。

表44　各教科書における「質問会話練習」「表現修正練習」「課題対応練習」の具体例

練習の種類	教科書	練習の目的	練習問題例
質問会話練習	高見沢・陳(2009:242)	一般会話練習	質問:あなたの趣味は何ですか。
	高見沢・陳(2010:36)	一般会話練習	質問:中国の入学試験は難しいですか。
表現修正練習	岩沢(2009:17)	待遇表現の使い方の練習	(不適切な個所に下線を引き、適切な表現に変えなさい) B:東京建設の郭ですが、岡田常務はいらっしゃいますか。 A:岡田常務は只今外出なさっていますが。
課題対応練習	千駄谷研究所(2008:161)	課題対応能力	母国と日本のIT技術に関する調査を行う。調査結果および将来の展望について発表する。

　これらの例から見ると、高見沢・陳(2009・2010)における「質問会話練習」は日常的な会話練習であり、文の構造や意味を理解するための会話練習であると考え、「待遇表現」の使用との関係はあまり見られない。岩沢(2009)における「表現修正練習」は「待遇表現」の適切さに関する練習であり、誤った表現を見出すことを通して、適切な表現に対する理解を深めることが意図されている。千駄谷研究所(2008)における「課題対応練習」は、ある課題を遂行することによって、学習者の情報収集能力や分析能力、また発表における表現能力などを全体的に高めることができると考えられる。

8.4　考　察

　中国で使用されているビジネス日本語教科書における「練習設定」に対する分析結果を見ると、3種類の教科書の中では、中編教科書における「練習設定」の量が極めて少なく、練習の種類も言葉の翻訳練習しかなかった。日編教科書における「練習設定」はより多く、練習の種類も様々あり、「待遇表現」を理解するための練習も少なくなかった。日中編教科書における「練習設定」の量は少なくなく、種類も豊富である。しかし、これらの練習は表現の構造や意味を理解するための練習が多く、「待遇表現」を理解するための練習が少ない。また、ビジネス場面の練習が少ない。
　全体的に見ると、これらの教科書における「練習設定」は主に「機能別練習」や「場面別練習」が多く、「タスク別練習」はあまり設定されていない。今後教科書を編集する際に、「タスク別練習」を含めた学習者の課題対応能力や総合的なコミュニケーション能力を高める方法を検討する必要があると考えられる。

8.5　本章のまとめ

　本章では、「待遇表現」に対する理解力や運用能力を高めるために、様々な練習が必要であると考え、「機能別練習」や「場面別練習」、また「タスク別練習」を有効的な練習方法として取り上げた。これに基づき、現在中国で使用されているビジネス日本語教科書における「練習設定」について考察を行った。
　その結果、全体的に練習の量は少ないが、様々な練習方法が採用されていることが明らかになった。また、「書き込み練習」「表現変形練習」「場面表現練習」「ロールプレイ」「質問会話練習」「表現修正練習」「課題対応練習」「翻訳練習」の8種類の練習が教科書に取り入れられていることが明らかになった。特に日編教科書はその中の6種類の練習を取り入れ、「待遇表現」の練習を含め、様々な内容の練習が設定されている。
　しかし、これらの練習は「機能別練習」や「場面別練習」が多数を占め、「タスク別練習」が少ないことから、今後の教科書編集では、「タスク別練習」について検討する必要があると考えられる。

第九章　終　章

9.1　本研究のまとめと総合的考察

　本研究は、中国におけるビジネス日本語教育に関する基礎的研究として、教育の体系性と実用性に関する問題点を考察し、問題の解決に向けた改善案を提案するものである。第一章では予備調査を通して問題の所在を見出した。第二章では先行研究の概観に基づき、本研究の課題を設定した。第三章以降が本論である。第三章では中国の大学におけるビジネス日本語教育の体系性について検討し、体系的なカリキュラムを提案した。第四章から第八章までは待遇表現の観点から中国のビジネス日本語教科書の実用性について考察を行った。

　第一章では、中国の大学におけるビジネス日本語教育の現状についての調査から、中国の大学におけるビジネス日本語教育には、「教育の目的と内容が全面的ではない」「教育内容と学生のニーズに齟齬がある」「カリキュラムが体系性に欠けている」「教科書が体系性や実用性に欠けている」「教師の資質が不足している」という問題点が存在することが明らかになった。これらの問題の解決は教育の体系性

と実用性に繋がると考えられる。

　第二章では、これらの問題点についてどのような考察があるのかを明らかにするために、ビジネス日本語教育に関する先行研究を概観した。先行研究では、ビジネス日本語教育の内容について、様々な研究がなされているが、教育機関の差異に配慮した研究が少ない。教科書に関する研究もまだ不足している。つまり、ビジネス日本語教育において、「どのような教育が体系性を持っているのか」「どのような教科書が実用性を持っているのか」などのことが先行研究ではまだ明らかにされていない。

　第三章では、「学生を社会のニーズに応えられる専門的人材に育成する」という中国の大学教育の目的に合わせ、「キャリア教育」の視点から中国の大学におけるビジネス日本語教育のカリキュラムを体系的に再整理した。「ビジネス日本語」「ビジネス事情」「ビジネス総合演習」という三つの科目に分け、それぞれ大学三年と四年に実施することを提案した。具体的に、大学三年に「ビジネス日本語」と「ビジネス事情」を開設し、「ビジネス日本語」では、ビジネス日本語知識を主な教育内容とし、学習者の基礎的日本語力や待遇表現の運用能力、専門用語の運用能力を高める。「ビジネス事情」では、ビジネス文化知識や専門知識を主な教育内容とし、学習者の異文化理解能力などを高める。大学四年に「ビジネス総合演習」を開設し、言語運用、社会理解、課題対応などの総合的な能力を高める。

　第四章から第八章までは、「待遇表現」の観点から中国のビジネス日本語教科書の実用性について考察を行った。第四章では、「待遇表現」に関する先行研究をもとに、本研究における「待遇表現」の定義を規定し、「待遇表現」の産出には、「場面認識」「態度・きもち決定」「意図表出」「内容・形式選択」というプロセスがあり、各プロセスには社会的・文化的規範が働いていると捉えている。この観点から、実用性を持つ教科書は、「充実した情報記述」「実際的な場面設定」「自然な会話文」「多様な練習方法」という四点に配慮する必要があると考えられる。これに基づいて、第五章から第八章までは「情報記述」「場面

第九章　終　章

設定」「会話文」「練習問題」の四つの面から中国のビジネス日本語教科書の実用性を検証した。さらにこの四つの観点の有効性を検証するために、企業で働いている中国人従業員と日本人従業員を対象としてそれぞれ調査を行ったことに加え、ビジネス現場における自然会話に対する分析を行った。それによって、中国で使用されている教科書には、「待遇表現に関する情報の記述が少ない」、「場面設定が実際のビジネス場面に合っていない」、「会話文には不自然な表現が多い」、「練習の量が少なく、練習方法が単一である」という予備調査の結果を補強する結果が得られた。

　このように、本研究では、中国のビジネス日本語教育の体系性と実用性について具体的に考察を行い、それぞれの問題点を見出したが、この教育の体系性と実用性という二つはそれぞれ独立したものではないと考える。教育の体系性はその教育が実用性を持つための基礎となる。なぜならば、体系性のある教育では、何のために教育を行うのか、何について教育を行うのかが明確であり、これらの教育目的を合わせて、具体的な教育内容を考えるため、学習者のニーズに応えることができるためである。中国のビジネス日本語教育における待遇表現教育が実用性に欠ける理由として、ビジネス日本語教育と待遇表現教育の両方が体系性に欠けている点にあると考える。中国におけるビジネス日本語教育では、教育機関別の教育目的が明確でなく、カリキュラムが体系的に設定されていない。ビジネス日本語教育の重要な項目の一つである待遇表現においても、誰に、何のために、何を、どのように教えるのかについて体系的に整理されていない。そのため、具体的な教育内容に関わる教科書の編集において、どのような学習者向けの教科書なのか、どのような科目で使われる教科書なのか、どのような能力を育成するための教科書なのかなど、様々なことが一切明確にされていない。ただ一般的なビジネス場面を想定し、会話文を羅列することが多い。このような教育では実用性があると言うことはできないと思われる。

　従って、中国の大学におけるビジネス日本語教育の体系性と実用

性に関する問題を解決するために、教育目的に基づいて、全体的にどのようにカリキュラムを体系的に設置するのか、そして具体的に各教育科目の内容をどのように体系的に設置するのかを総合的に考える必要がある。カリキュラム全体の体系性について第三章ではすでに論じたが、それをもとに、具体的な教育科目の体系性について次節で提案する。

9.2　中国の大学のビジネス日本語教育における待遇表現教育への提言

9.2.1　体系的な教育内容の設定

本論文の3.3では、中国の大学におけるビジネス日本語教育のカリキュラムを体系的に整理し、「ビジネス日本語」「ビジネス事情」「ビジネス総合演習」という三つの科目を提案している。ビジネス日本語教育における待遇表現教育はこの三つの科目に盛り込もうとする。

表45が示すように、「ビジネス日本語」では、学習者に「待遇表現」における言語形式に関する基礎的知識を理解させることを目的とし、「会話観察」や「機能別・場面別練習」などを通して、「表現意図」と「言語形式」の連動や「場面」と「言語形式」の連動について理解させる。蒲谷(2003)によると、教育において「表現意図」と「場面」をある程度類型化する必要があるが、実際にどのように「表現意図」と「場面」を類型化するのかが課題となる。

表45　中国の大学のビジネス日本語教育における待遇表現教育の体系化

ビジネス 日本語教育科目 ＼ 待遇表現教育	教育目的	教育内容	教育方法	課題
ビジネス日本語	待遇表現における言語形式に関する基礎的知識の理解	・意図と言語形式の連動 ・場面と言語形式の連動	・会話観察 ・機能別/場面別練習	意図と場面の類型化
ビジネス事情	待遇意識の育成	・場面認識 ・対人意識 ・社会的・文化的規範	事例観察	事例の収集
ビジネス総合演習	待遇表現運用のための総合能力の育成	・課題対応訓練	タスク別練習	タスクの設定

「ビジネス事情」では、学習者の「待遇意識」を育成することが目的であり、事例観察①を通して、学習者の「場面」「対人態度」「社会的・文化的規範」に対する理解を深め、実際のビジネス場面における社会人意識を高める。この科目における課題として、どのような事例を観察するのかを検討する必要がある点が挙げられる。

　「ビジネス総合演習」では、学習者の「待遇表現」を運用するための総合的な能力を育成することが目的である。タスク別練習により、学習者が適切な「待遇意識」を持ち、相応しい言語行動を行い、具体的な課題に対応する能力を高める。この科目における課題は、どのようなタスクを設定するのかという点である。

　以上のように、中国の大学のビジネス日本語教育における待遇表現教育の目的や内容を体系的に整理した。各科目の課題を解決することにより、教育の実用性を高めることができるものと考えられる。

9.2.2　体系的な教科書の開発

　前節では、中国の大学のビジネス日本語教育における待遇表現教育の実用性を高めるために、その教育の目的や内容を体系的に整理した。各科目の課題を解決することにより、教育の実用性向上を図り、また、教科書の体系化により、教育の実用性を高めることができると考える。

　現在、中国のビジネス日本語教科書はどのような学習者に向け、どのような能力を育成するために教科書を編集しているのかについて、まだ明確にされていない。そのため、教科書の内容が実用性に欠けていると考えられる。一つの教科書の中に、様々な内容が無目的に混在し、どの内容が実用的なのかを判断するのが難しい。従って、教科書の内容を細分化し、体系的に編集することが教科書の実用性

---

① 事例観察とはコミュニケーション事例を観察することにより、「社会的・文化的規範」の相違を理解する活動である。どのような事例を観察するのか、文化理解にどれほど有効なのかなどのような課題が残されている。

を高める方法の一つであると考える。

　本研究では、一つの提案として、前節で整理した中国の大学のビジネス日本語教育における待遇表現教育の目的や内容に基づいて、中国の大学における日本語学習者に向け、ビジネス場面での待遇表現運用能力を高めるための教科書の開発案を提示する。

　提案の内容は表 46 にまとめる。

表 46　中国の大学のビジネス日本語教育における
待遇表現教育のための教科書の開発案

科目＼教科書	教科書名	シラバス	内容
ビジネス日本語	『ビジネス場面における待遇表現の基礎知識』	機能シラバス　場面シラバス	・表現意図による言語形式の使用 ・場面による言語形式の使用
ビジネス事情	『ビジネス場面における待遇意識』	事例シラバス①	・事例観察による待遇意識の理解
ビジネス総合演習	『ビジネス場面における待遇表現の総合運用』	タスクシラバス	・タスク別練習による待遇表現運用能力の育成

　この開発案には二つの特徴がある。一つは教科書の目的が明確にされていることである。現在の中国のビジネス日本語教科書は目的が明確にされていないため、教科書の内容が混乱している。本研究の教科書の開発案は、学習者のビジネス場面における待遇表現の運用能力を高めることを、目的として明確にしている。すべての内容がこの目的を核として構成される。科目「ビジネス日本語」では、『ビジネス場面における待遇表現の基礎知識』という教科書を使用し、「表現意図」と「場面」による「言語形式」の使用を練習する。科目「ビジネス事情」では、『ビジネス場面における待遇意識』という教科書を使用し、学習者の「待遇意識」を高める。科目「ビジネス日本語総合演

---

① 筆者が提案し命名したものであり、コミュニケーション事例を巡って教科書を構成するシラバスを指す。

習」では、『ビジネス場面における待遇表現の総合運用』という教科書を使用し、学習者の総合的な待遇表現運用能力を高める。

　二つ目は様々なシラバスにより、教科書の内容が体系的に整理されることである。3冊の教科書は、教科書の目的により、異なるシラバスで内容を構成する。『ビジネス場面における待遇表現の基礎知識』は機能シラバスと場面シラバスにより構成され、ビジネス現場に必要な機能や場面を包括的に扱うことができる。『ビジネス場面における待遇意識』は事例シラバスにより構成され、様々なビジネス現場のコミュニケーション事例を含める。『ビジネス場面における待遇表現の総合運用』はタスクシラバスにより構成され、ビジネス現場に必要なタスクを含める。

　以上のように、中国の大学のビジネス日本語教育における待遇表現教育のための教科書の開発案を提案した。体系性を備えた教科書は教育の実用性を高めるために大きく貢献できるものと考える。

9.3　今後の課題

　本研究は、中国の大学におけるビジネス日本語教育の体系性と実用性について、カリキュラムと教科書の観点から考察を行った。その結果に基づき、中国の大学のビジネス日本語教育における待遇表現教育について提案を行った。しかし、本研究は次の点についての考察が不足しており、今後の課題として引き続き調査や分析を行う必要がある。

　まず、教科書や自然会話における「待遇表現」に対する考察は、主として「会議」場面での会話について分析を行ったが、他の場面における「待遇表現」の考察も重要であるため、今後の研究はより多くのビジネス場面を研究対象とする必要がある。

　次に、本研究では、「敬語」「文体」「待遇的意味を持つ他の表現」を「待遇表現」の「形式」として分析を行ったが、実際には「待遇表現」の「形式」には「あいづち」「沈黙」「返事の使い分け」など様々な表現形式が含まれている。今後の研究では、ビジネス場面において、これらの「待遇表現」がどのように使用されているのかを分析し、その結果を教科書の開発に活用することが重要である。

　本研究は中国のビジネス日本語教育に関する基礎的研究であり、研究の最終的な目的は体系性と実用性を持つ教科書を開発することである。そのために、更に多くの文献を調査し、様々なビジネス場面におけるコミュニケーション事例を収集しなければならない。また、より多くの教科書を分析し、問題点を明らかにすることも重要であると考える。

参考文献

(英語文献)

● 論文

Brown, P. and Levinson, S. (1978). Universals in language usage: politeness phenomena. In Esther N. Goody. Ed. *Questions and politeness.* 56 - 311. Cambridge University Press.

Grice, H.P.(1975).Logic and conversation.in Cole P. and Morgan.*op.cit*.41 - 58

● 著書

Brown, P. and Levinson, S. (1987). *Politeness: Some universals in language usage.* Cambridge University Press.

Krashen, S. (1982). *Principles and practice in second language acquisition.* Oxford: Pergamon Press

Leech, G.(1983) *Principles of pragmatics.* Longman.〈邦訳:池上嘉彦・河上誓作訳(1987)『語用論』紀伊国屋書店〉

Swain, M. (1985). Communicative competence: Some roles of comprehensible input and comprehensible output in its development. In S. Gass and C. Madden (Eds.). *Input and second language acquisition.* Rowley, MA: Newbury House

(日本語文献)

● 論文

AJALTビジネス日本語評価基準作成プロジェクト(2008)「ビジネス日本語評価基準作成の試み」『アジャルト』(31)、pp.36 - 39、国際日本語普及協会

栗飯原志宣(2009)「ビジネス接触場面における日本語母語話者と学習者に生じる問題―海外で日本語を使用する日本語母語話者の視点を探る」『間谷論集』(3)、pp.49 - 77、日本語日本文化教育研究会編集委員会

秋山和平(1994)「ビジネス・コミュニケーションにおける『話しことば』の役割と課題」『日本語学第十三巻第十二号十一月号』、pp.38 - 45　明治書院

池田伸子(1996a)「ビジネス日本語教育における教育目標の設定について―文化・習慣についての重要性を考える」『ICU日本語教育研究センター紀要』5、pp.11 - 24

池田伸子(1996b)「日本人ビジネスマンの話し言葉における語彙調査—ビジネスマン用日本語教育システム開発の基礎として」『日本語教育』88号、pp.117 - 127、日本語教育学会

池田伸子(2003)「ビジネス会話における『聞き返し』ストラテジーの使用傾向—ビジネス日本語教育用教材開発の基礎として」『広島大学留学生センター紀要』13、pp.37 - 45、広島大学留学生センター

池田伸子(2009)「留学生の就職を支援するための実践的日本語教育について」『異文化コミュニケーション学部紀要』1、pp.131 - 142、立教大学

石川清彦・池田万季(2004)「日系企業が期待する日本語能力」『いろは』16、pp.1 - 3、財団法人交流協会日本語センター

板井美佐(1999)「香港における日系企業にとっての理想的人財について」『二十一世紀における日本研究』、pp.515 - 528、香港日本語教育研究会

岩脇千裕(2009)「理想の人材像と若者の現実—大学新卒者採用における行動特性の能力指標としての妥当性」『独立行政法人労働政策研究・研修機構ディスカッション・ペーパー』(6)、pp.43 - 83、労働政策研究・研修機構

上田和子(1995)「テープ通信」を用いた日本語コースの試み—香港でのビジネス・ジャパニーズの場合」『世界の日本語教育』5、pp.45 - 60、国際交流基金

上原徳子・陶婉悠(2015)「中国の大学におけるビジネス日本語教育の現状と問題点について」『宮崎大学教育文化学紀要　人文科学』第32号、pp.21 - 45、宮崎大学

ウォーカー泉(2008)「初級学習者のスピーチスタイルに関する気づき—待遇コミュニケーション教育に関する考察」『早稲田日本語教育学』(2)、pp.15 - 28、早稲田大学大学院日本語教育研究科

宇佐美まゆみ(2001)「談話のポライトネス——ポライトネスの談話理論構想」『第7回国際シンポジウム第4部会報告書　談話のポライトネス』、pp.9 - 58、凡人社

宇佐美まゆみ・阪本俊生・滝浦真人・橋元良明(2001)「ポライトネス理解のためのキーワード集(特集〈敬意〉はどこから来るか)」『言語』30(12)、pp.68 - 72、大修館書店

内海美也子(2006)「ビジネス場面に対応する敬語表現—習得を促すアプローチの方法」『敬語表現教育の方法』、pp.78 - 107、大修館書店

内海美也子(2007)「ビジネス関係者を対象とした待遇表現の指導—初級教科書の会話例を活用した授業の報告」『AJALT日本語研究誌』(3)、pp.18 - 29、国際日本語普及協会

戎谷梓(2012)「日本のIT企業のブリッジ人材に求められるビジネス・コミュニケーション能力—ソフトウェア開発中に発生するコミュニケーション上の問

題分析から」『日本語教育』152号、pp.14－29、日本語教育学会

王敏東(1997)「台湾におけるビジネス日本語関係の教材について」『日本語教育研究』34、pp.128－141、言語文化研究所

大浦容子(1996)「第1章　熟達化」『認知心理学5　学習と発達』、pp.11－36、東京大学出版会

大木理恵(2007)「ビジネス日本語授業報告―全学日本語プログラム800(超級)レベルにおいて」『留学生日本語教育センター論集』33、pp.169－177、東京外国語大学

大崎正瑠(1994)「ビジネス・コミュニケーションを考える」『大妻女子大学紀要・文系』26、pp.87－132　大妻女子大学

大崎正瑠(2003)「日中異文化コミュニケーションについての一研究」『コミュニケーション科学』(18)、pp.165－191、東京経済大学コミュニケーション学会コミュニケーション科学編集委員会

岡野喜美子(1998)「初級におけるスピーチスタイルの指導」『早稲田大学日本語研究教育センター紀要』11、pp.1－17、早稲田大学

岡野喜美子(2000)「留学生の待遇表現使用-発話調査の結果から」『早稲田大学日本語研究教育センター紀要』13、pp.1－13

岡本和枝(1997)「オーストラリアにおけるビジネス日本語コース」『日本語教育学会春季大会予稿集』、pp.159－164、日本語教育学会

尾崎学(2004)「外国人に対する待遇表現教育の理論―表現に至る過程の重要性について」『日本語教育研究』46、pp.47－57、言語文化研究所

小野寺志津他(2004)「ビジネス日本語教育のあり方―新入社員教育マニュアルから見えるもの」『東京家政学院筑波女子大学紀要』8、pp.127－137、筑波学院大学

小野寺志津(2005)「ビジネス日本語教科書の日韓対照分析」『東京家政学院筑波女子大学紀要』9、pp.67－71、筑波学院大学

蒲谷宏(1995)「〈言語＝行為〉観に基づく言語教育について」『早稲田大学日本語研究教育センター紀要』7、pp.1－23、早稲田大学日本語研究センター

蒲谷宏(1999)「〈言語＝行為〉観に基づく日本語研究の構想-序論」『日本語研究と日本語教育』、pp.222－233、明治書院

蒲谷宏(2000)「〈言語＝行為〉観に基づく日本語教育学の構想」『早稲田大学日本語研究教育センター紀要』13、pp.15－26、早稲田大学日本語研究教育センター

蒲谷宏(2002)「意図とは何か-意図をどのように捉えるか」『早稲田大学日本語研究教育センター紀要』15、pp.1－14、早稲田大学日本語研究センター

蒲谷宏・待遇表現研究室(2003)「待遇コミュニケーションとは何か」『早稲田大学日本語教育研究』2、pp.55－76、早稲田大学

蒲谷宏(2003)「待遇コミュニケーション教育の構想」『講座日本語教育』39、pp.1－28、早稲田大学日本語研究教育センター

蒲谷宏(2006)「『待遇コミュニケーション』における『場面』『意識』『内容』『形式』の連動について」『早稲田大学日本語研究教育センター紀要』19、pp.1－12

蒲谷宏(2011)「待遇コミュニケーション教育から見た日本語能力の育成」『早稲田日本語教育学』第9号、pp.9－14　早稲田大学大学院日本語教育研究科

蒲谷宏(2012)「待遇コミュニケーション教育の構想」『早稲田日本語教育学』10、11、pp.1－19、早稲田大学大学院日本語教育研究科

蒲谷宏・川口義一・坂本恵(1993)「依頼表現方略の分析と記述－待遇表現教育への応用に向けて」『早稲田大学日本語研究教育センター紀要』5、pp.52－69

蒲谷宏・川口義一・坂本恵(1994)「待遇表現研究の構想」『早稲田大学日本語研究教育センター紀要』6、pp.1－22、早稲田大学日本語研究センター

蒲谷宏・川口義一・坂本恵(2002)「待遇表現研究における仮説(1)」『国語学研究と資料』25、pp.14－25、国語学研究と資料の会

蒲谷宏・坂本恵(1991)「待遇表現教育の構想」『早稲田大学日本語研究教育センター紀要』3、pp.23－44、早稲田大学日本語研究教育センター

蒲谷宏・髙木美嘉(2003)「談話における『意図』の諸相―依頼の談話を例として」『早稲田大学日本語研究教育センター紀要』16、pp.1－16、早稲田大学日本語研究教育センター

川口義一(1997)「許可求め/与え表現の文脈化」『早稲田大学大学院文学研究科紀要』第3分冊43、pp.29－44

川口義一(2002a)「海外における待遇表現教育の問題点－台湾での研修会における事前課題分析1」『早稲田大学日本語研究教育センター紀要』15、pp.15－28

川口義一(2002b)「海外における待遇表現教育の問題点－台湾での研修会における事前課題分析2」『講座日本語教育』38、pp1－15、早稲田大学日本語研究教育センター

川口義一(2003)「海外における待遇表現教育の問題点－台湾での研修会における事前課題分析3」『早稲田大学日本語研究教育センター紀要』16、pp.37－50

川口義一(2004)「海外における待遇表現教育の問題点－台湾での研修会における事前課題分析・番外編」『早稲田大学日本語教育研究』4、pp.1－13

川口義一(2005)「日本語教科書における『会話』とは何か―ある『本文会話』批判」『大学院日本語教育研究科紀要』第6号、pp.1－13、早稲田大学大学院日本語教育研究科

川口義一(2012)「初級日本語課程の教室の文脈における待遇コミュニケーション教育」『早稲田日本語教育学』10・11、pp.37－51

川口義一・蒲谷宏・坂本恵(2002)「待遇表現としての誘い」『早稲田大学日本語

教育研究』1、pp.21-30
川口義一・蒲谷宏・坂本恵(2002)「敬語表現とポライトネス-日本語研究の立場から」『社会言語科学』第5巻第1号、pp.21-27
川口義一・坂本恵・蒲谷宏(1998)「待遇表現としてのご挨拶について」『早稲田日本語研究』6、pp.64-53、早稲田大学国語学会
岸本俊子(2000)「日米文化の特徴を取り入れたビジネス日本語教育のこころみ―就職活動プロジェクトワークの実施と効果」『SEATJ 15th Annual Conference at Emory University. March 19, 2000』
菊地康人(1989)「待遇表現―敬語を中心に」『講座日本語と日本語教育1』、明治書院
北直美(1995)「日本語教育における待遇表現の研究」『北陸大学紀要』第19号、pp.311-320、北陸大学
木下是雄(1994)「これからのビジネス・コミュニケーション」『日本語学第十三巻第十二号十一月号』、pp.4-8 明治書院
北原恵(2005)「日中間ビジネスにおける中国語・日本人人財の育成」『神戸学院経済学論集』6(3/4)、pp.37-80、神戸学院大学
仇文俊(2012)「中国の大学におけるビジネス日本語教育の現状と問題点について」『比較社会文化研究』32号、pp.1-6、九州大学大学院比較社会文化学府
仇文俊(2013)「中国のビジネス日本語教科書における待遇表現の扱われ方に関する一考察―待遇情報の記述を中心として」『東アジア日本語・日本文化研究――新機軸の日本語・日本語教育研究』第15集特別号、pp.131-145、東アジア日本語・日本文化研究会
仇文俊(2013)「教科書の構成から見る中国のビジネス日本語教科書における待遇表現の扱われ方の問題点―日本のビジネス日本語教科書と比べて」『東アジアと日本学』、pp.154-163、アモイ大学
仇文俊(2014)「中国のビジネス日本語教科書における場面設定の傾向に関する一考察―待遇コミュニケーションの視点から」『中朝韓日文化比較研究叢書―日本語言文化研究』第三輯、pp.481-490、延辺大学出版社
仇文俊(2014)「中国のビジネス日本語教科書における場面設定の実用性に関する一考察―日系企業の中国人社員に対する調査に基づいて」『東アジア日本語・日本文化研究――新機軸の日本語・日本語教育研究』第17集特別号、pp.105-120、東アジア日本語・日本文化研究会
仇文俊(2016)「中国におけるビジネス日本語教育の体系化に関する一提案―先行研究概観に基づいて」『地球社会統合科学研究』第4号、pp.51-65、九州大学大学院地球社会統合科学府
金東奎(2005)「待遇コミュニケーションにおける敬語表現化に関する考察-待遇

表現教育のあり方への視座」『早稲田大学日本語教育研究』7、pp.67－80
工藤節子(1994)「JSPにおけるタスク中心のカリキュラム」『日本語学第十三巻第十二号十一月号』、pp.62－70　明治書院
工藤節子(2007)「経済活動の接触場面から日本語教育を考える—台湾の日系企業の調査より」『中国 21』27、pp.65－86、風媒社
熊谷智子・篠崎晃一(2006)「依頼場面での働きかけ方における世代差・地域差」『国立国語研究所報告 123　言語行動における配慮の諸相』、pp.19－54、くろしお出版
経済産業省産業人材参事官室(2007)「外国人留学生向けの研修のあり方について」
小池浩子(2006)「日本人と日系ブラジル人の職場における情動摩擦：自由回答調査の分析」『国際行動学研究』1、pp.40－51、国際行動学会
黄涵梅(2007)「台湾におけるビジネス日本語教科書についての研究— MIJ 教科書と MIT 教科書の語彙分析を中心に」『中国四国教育学会　教育学研究紀要』第 53 巻、pp.554－559
呉少華(2008)「談話分析理論による敬語・待遇表現指導の試論—中国における日本語教育への提言」『武蔵文化論巌』8、pp.13－25、武蔵大学
小林和夫(1993)「ビジネス・コミュニケーションの実態を調べる」『AJALT、NO.16、特集ビジネス日本語を考える』pp.22－26、社団法人国際日本語普及協会
小林和夫(1994)「ビジネス・コミュニケーションの阻害要因と言語投資状況の実態調査」『日本語学第十三巻第十二号十一月号』、pp.21－29　明治書院
近藤彩(1998)「ビジネス上の接触場面における問題点に関する研究—外国人ビジネス関係者を対象として」『日本語教育』98 号、pp.97－108、日本語教育学会
近藤彩(2000)「国際見本市におけるインターアクション—日本人ビジネス関係者は何をどのように評価するのか」『言語文化と日本語教育』19、pp.75－88、お茶の水女子大学日本言語文化学研究会
近藤彩(2001)「商談におけるインターアクション—参加者全員の視点から」『アメリカ・カナダ大学連合日本研究センター紀要』24、pp.35－60　アメリカ・カナダ大学連合日本研究センター
近藤彩(2004a)「日本語教育のためのビジネス・コミュニケーション研究」『言語文化と日本語教育・増刊特集号、第二言語習得・教育の研究最前線』、pp.202－222　日本言語文化学研究会
近藤彩(2004b)「会議におけるコミュニケーションスタイルに関する事例研究」『アメリカ・カナダ大学連合日本研究センター紀要』27、pp.24－40、アメリカ・カナダ大学連合日本研究センター
近藤彩(2005)「ビジネスにおける異文化コミュニケーション—日本語での会議

は非効率か」『講座社会言語科学第1巻・異文化とコミュニケーション』、pp.202-222、ひつじ書房

近藤彩・金孝卿(2010)「『ケース活動』における学びの実態─ビジネス上のコンフリクトの教材化に向けて」『日本言語文化研究会論集』第6号、pp.15-31、国際交流基金日本語国際センター・政策研究大学院大学

榊原祥隆(1991)「米大学の国際ビジネス学科での大学院生を対象として日本語プログラムの開発」『世界の日本語教育』1、pp.173-182、国際交流基金

坂本恵・川口義一・蒲谷宏(1993)「行動展開表現について─待遇表現教育のための基礎的考察」『日本語教育』82号、pp.47-58、日本語教育学会(D8)

坂本恵(1999a)「敬語表現の意味するもの」『神奈川大学言語研究』22、pp.73-83

坂本恵(1999b)「日本語待遇表現教育における日本人学生参加型授業の試み」『国際経営論集』16・17、pp.363-376、神奈川大学(D16)

坂本恵(1999c)「待遇表現としてのあいさつ」『日本語研究と日本語教育』、pp.234-246、明治書院

坂本恵・蒲谷宏・川口義一(1996)「待遇表現としての不満表現について」『国語学研究と資料』20、pp.29-38、国語学研究と資料の会

品田潤子・吉田依子・内海美也子(2005)「ビジネス日本語のCan-do-statementsの記述─目標設定・プログラム作成・評価のために」『日本語教育学会2005年春季大会予稿集』、pp.212-213、日本語教育学会

諸見昭(1996)「外国人のための『ジェトロビジネス日本語能力テスト』」『日外協マンスリー』190、pp.10-13、日本在外企業協会

島田めぐみ(2002)「日本語ビジネス文書の評価─会社員と日本語教師への調査から」『多摩留学生センター教育研究論集』第3号、pp.23-31、多摩留学生センター

島田めぐみ・澁川晶(1998)「外国人ビジネス関係者の日本語使用─実態と企業からの要望」『世界の日本語教育』8、pp.121-140

島田めぐみ・澁川晶(1999a)「アジア5都市の日系企業におけるビジネス日本語のニーズ」『日本語教育』103号、pp.109-118、日本語教育学会

島田めぐみ・澁川晶(1999b)「企業における外国人社員の採用に関する諸要素─日本語のニーズを中心に」『二十一世紀における日本研究』、pp.529-537、香港日本語教育研究会

陣内正敬(2006)「ぼかし表現の二面性─近づかない配慮と近づく配慮」『国立国語研究所報告123　言語行動における配慮の諸相』、pp.115-132、くろしお出版

杉戸清樹(1983)「〈待遇表現〉気配りの言語行動」　水谷修(編)『講座　日本語の表現3　話しことばの表現』、pp.129-152、筑摩書房

杉戸清樹(2001)「待遇表現行動の枠組み」『第7回国際シンポジウム第4部会報告書　談話のポライトネス』、pp99-109、凡人社

杉戸清樹・尾崎喜光(2006)「敬意表現から言語行動における配慮へ」『国立国語研究所報告123　言語行動における配慮の諸相』、pp.1-10、くろしお出版

鈴木伸子(2009)「インタビューを活用したビジネス日本語教育の試み—日本企業のOJT研修に備えたProject Based Learningとして」『立教大学観光学部紀要』11、pp.140-147、立教大学

鈴木衛(2012)「日本におけるビジネス日本語教育及び就職に関する一考察」『台湾応用日語研究』第九期、pp.192-221、台湾応用日語学会

鈴木由美子(2003)「待遇表現としての『提案表現』の『提示』類型に関する一考察」『早稲田大学日本語教育研究』2、pp.121-135

鈴木渉・斎藤玲(2015)「第二言語学習におけるアウトプットの効果に関する研究の課題と今後の展望：認知心理学の観点から」『宮城教育大学紀要』50、pp.223-230、宮城教育大学

清ルミ(1995)「上級日本語ビジネスピープルのビジネスコミュニケーション上の支障点—インタビュー調査から教授内容を探る」『日本語教育』87号、pp.139-152、日本語教育学会

清ルミ(1998a)「外国人社員と日本人社員—日本語によるコミュニケーションを阻むもの—」『異文化コミュニケーション研究』10、pp.57-73、神田外語大学

清ルミ(1998b)「ビジネス会話ワークショップにおける待遇表現学習の試み」『講座日本語教育第33分冊』、pp181-196、早稲田大学日本語研究センター

清ルミ(2006)「禁止の場面における現実の言語表現-医師と美術館員の場合」『世界の日本語教育』16、pp.107-123

孫愛維・劉娜・野々口ちとせ・徳永あかね・矢高美智子・近藤彩・尹松・張瑜珊(2009)「日本人と中国人のビジネス・コミュニケーション及び習慣に関する意識調査—在中日系企業を対象に」『言語文化と日本語教育』37号、pp.55-58、日本言語文化学研究会

高江洲由美子・中川麻美(2009)「アジア人材資金構想ビジネス日本語第1期第1フェーズ—ビジネス会話クラス授業担当者報告書」『琉球大学留学生センター紀要留学生教育』第6号、pp.25-31、琉球大学

高木美嘉・川口義一(2007)「企業の重役への敬語表現教育の理念と方法—社会生活の内省を通した敬語表現教育の試み」『専門日本語教育研究』9、pp.3-8、専門日本語教育学会

高見澤孟(1994)「ビジネス・コミュニケーションと日本語の問題—外国人とのコミュニケーションを考える」『日本語学第十三巻第十二号十一月号』、pp.30-37　明治書院

高見澤孟(2010)「ビジネス日本語理論と指導法の研究」『日本語教育研究』56、pp.1-27、長沼スクール

田島弘司(1994)「『外国人ビジネス関係者のための日本語教育Q&A』を紹介する」『日本語学第十三巻第十二号十一月号』、pp.85-90　明治書院

田中奈央(2003)「就学生における待遇コミュニケーションに関する考察−相談場面のロールプレイからその実態と問題点を探る」『待遇コミュニケーション研究』1、pp.53-68

田中奈央(2004)「就学生における待遇コミュニケーションの実態と問題点を探る−依頼・許可求め場面のロールプレイによる考察」『早稲田大学日本語教育研究』5、pp.125-140

タナサーンセーニー美香他(2005)「ビジネスで使う日本語を考える―企業と教育現場の視点から(タイ国日本語教育研究会調査・シンポジウム報告)」『国際交流基金バンコク日本文化センター日本語教育紀要』第2号、pp.207-222、国際交流基金バンコク日本文化センター

田丸淑子(1994)「ビジネス・スクールの日本語教育―コース・デザインの課題」『日本語学第十三巻第十二号十一月号』、pp.54-61　明治書院

張紅濤(2006)「言語コミュニケーションの日中比較−日本語の言語表現の特徴についての考察」『異文化コミュニケーション論集』4、pp.111-122、立教大学

チンプラサートスック・パチャリー(2005)「タイ人と日本人との間のビジネス・コミュニケーションの問題に関する研究」『共生時代を生きる日本語教育―言語学博士上野田鶴子先生古稀記念論集』pp.349-376　お茶の水女子大学日本言語文化学研究会編集委員会

辻周吾(2007)「中国日系企業に従事する日本人と中国人とのコミュニケーションに関する調査研究――注意喚起表現、依頼懇願指示表現、賞賛表現、断り表現の特徴及び誤解や摩擦の解明をめぐって」『日中対照言語学研究論文集―中国語からみた日本語の特徴、日本語からみた中国語の特徴』、pp.453-482、和泉書院

辻村敏樹(1958)「待遇語法」『続　日本文法講座』1、pp.323-344、明治書院

辻村敏村(1977)「日本語の敬語の構造と特色」『講座日本語4　敬語』、岩波書店

湯瑾(2011)「ビジネス日本語教育の試み―カリキュラム編成をめぐって」『大阪大学国際教育交流センター研究論集　多文化社会と留学生交流』第15号、pp.69-75、大阪大学

トムソン木下千尋・尾辻恵美(2009)「ビジネス日本語教科書とジェンダーの多面的考察」『世界の日本語教育』19、pp.49-67、国際交流基金

永尾正章(1994)「国際ビジネス・コミュニケーション」『日本語学第十三巻第十二号十一月号』、pp.46-53　明治書院

西尾珪子(1994)「ビジネス・コミュニケーションと日本語教育」『日本語学第十三巻第十二号十一月号』、pp.9-13　明治書院
西尾珪子(1995)「ビジネス関係者への日本語教育―現状と展望」『日本語教育』86号別冊、pp.108-118、日本語教育学会
倪虹(2011)「ビジネス日本語の授業における体験型教室活動の試み―ビジネスマナーを中心に」『日本言語文化研究会論集』第7号、pp.31-58、日本言語文化研究会
根橋玲子(2006)「海外日系企業における現地従業員の上司に対する役割スキーマの相違―フィリピン人、マレーシア人、中国人を対象に」『国際行動学研究』1、pp.17-27、国際行動学会
野元千寿子(2004a)「国際学生に対する『ビジネス日本語教育』の課題」『ポリグロシア』9、pp.155-168
野元千寿子(2004b)「留学生に対するビジネス日本語教育―APUにおける教育実践とアンケート実施より」『昭和女子大学大学院日本文学紀要』15、pp.31-43、昭和女子大学
野元千寿子(2005)「大学におけるビジネス日本語教育―受講者アンケートを通して見えるもの」『昭和女子大学大学院日本文学紀要』16、pp.13-23、昭和女子大学
野元千寿子(2007)「日系企業が現地社員に求める『ビジネス日本語』の実態」『ポリグロシア』13、pp.69-81、立命館アジア太平洋研究センター
服部明子(2008)「ビジネス場面における電話会話終結部の分析―中国語を母語とする日本語学習者(JFL)のクレームへの応対を中心に」『日本語教育』138号、pp.63-72、日本語教育学会
服部明子(2009)「電話会話における日本人ビジネス関係者のクレームへの応対」『言葉と文化』10、pp.77-93、名古屋大学大学院国際言語文化研究科日本言語文化専攻
原田明子(2004a)「バンコクの日系企業の求める日本語ニーズに関する分析―ビジネス・パーソンによる日本語学習動機との比較から」『早稲田大学日本語教育研究』5、pp.169-181、早稲田大学
原田明子(2004b)「海外のビジネス場面における日本語シラバスの開発―タイの日系企業における日本語使用の実態調査から」『2004年日本語教育学会秋季大会予稿集』、pp.105-110、日本語教育学会
樋口裕子(2008)「留学生に対するビジネス場面を意識した敬語教育の重要性」『大阪大谷国文』38、pp.47-60、大阪大谷大学
平井一樹(2005)「ビジネス日本語の課題と新たな領域」『愛知産業大学日本語教育研究所紀要』2、pp.49-56、愛知産業大学

馮芳(2007)「中国の職業高校のビジネス日本語教育—平湖職業中等専業学校のカリキュラムの改善に向けて」『日本言語文化研究会論集』第3号、pp.115 - 140、日本言語文化研究会

福島恵美子・吉川香緒子(2005)「待遇コミュニケーション教育におけるロールプレイについての一考察:「口頭表現6B」での実践から」『早稲田大学日本語教育実践研究』2、pp.13 - 22(D15)

藤本明(1993)「スタンフォード大学夏期講座"Japanese for Business"」『AJALT、NO.16、特集ビジネス日本語を考える』pp.10 - 15、社団法人国際日本語普及協会

古川雅子(2004)「就職場面を取り上げた日本語教材の現状分析」『昭和女子大学大学院日本語教育研究紀要』第2号、pp.118 - 127、昭和女子大学大学院

堀口純子(2000)「会話の状況設定と開始部の発話」『AJALT23号　談話研究が日本語教育にもたらすもの』、pp.10 - 13、(社)国際日本語普及協会

堀井恵子(2009)「留学生に対するビジネス日本語教育のシラバス構築のための調査研究——中国の日系企業へのインタビューからの考察」『武蔵野大学文学部紀要』10、pp.90 - 78、武蔵野大学

マスデン真理子(2010)「外国人の失礼な日本語表現について—待遇表現の間違いと見えにくい用例」『熊本大学国際化推進センター紀要』1、pp.59 - 76、熊本大学

松井治子(1993)「ビジネス日本語とは」『AJALT、NO.16、特集ビジネス日本語を考える』pp.8 - 9、社団法人国際日本語普及協会

松嶋緑(2003)「中国のビジネス日本語教材における待遇表現の扱われ方:教科書の分類と教科書中の待遇表現の扱われ方」『別科日本語教育:大東文化大学別科論集』5、pp.55 - 66、大東文化大学

丸山敬介(1991)「日本語教育上級段階における専門教育の一モデル—営業職にあるビジネスマンを対象に」『同志社女子大学日本語日本文学』3、pp.34 - 53、同志社女子大学

水谷修(1994)「ビジネス日本語を考える」『日本語学第十三巻第十二号十一月号』、pp.14 - 20　明治書院

宮崎里司(1991)「日本語教育と敬語-主として敬語回避の観点から」『世界の日本語教育』1、pp.91 - 103　独立行政法人国際交流基金

宮副ウォン裕子(1999)「香港人日本語話者に期待される『ビジネス・社交場面での書く能力』」『二十一世紀における日本研究』、pp.387 - 398、香港日本語教育研究会

向山陽子・村野節子・山辺真理子(2009)「ビジネス日本語教育におけるタスク先行型ロールプレイ教材に対する学習者の評価」『言語文化と日本語教育』37

号、pp.63-66、日本言語文化研究会

茂住和世(2004)「異文化環境に適応する人材に求められるもの—日中合弁企業における社員研修の事例から」『東京情報大学研究論集』Vol.7　No.2、pp.93-104、東京情報大学

山下暁美(1991)「ブラジルの企業における日本語の評価」『日本語教育』73号、pp.179-193、日本語教育学会

山田伸子(1992)「買い物場面のインターアクション—店員の販売行動を中心に」『日本語教育』77号、pp.116-127、日本語教育学会

山本千津子(2006)「日本語の待遇表現教育における自己表現学習の意義」『早稲田日本語研究教育センター紀要』19、pp.151-178

山本冨美子・糸川優・澁谷倫子・副島健治・戸坂弥寿美・星野智子(2008)「企業が期待する『人財』の能力とビジネス日本語」『専門日本語教育研究』第10号、pp.47-52、専門日本語教育学会

ヤルディー・ムグダ(2007)「ビジネス・コミュニケーションを中心とした中級向けのシラバス開発—日印ビジネスの現場における日本語使用実態調査をもとに」『日本言語文化研究会論集』第3号、pp.197-223、日本言語文化研究会

吉岡泰夫(2006)「敬語についての規範意識」『国立国語研究所報告123　言語行動における配慮の諸相』、pp.133-163、くろしお出版

李志暎(2001)「ビジネス場面における『確認要求』発話の効果—受け手の応答に対する後続発話の展開を中心に」『学芸日本語教育』第3号、pp.17-31、東京学芸大学

李志暎(2002)「ビジネス日本語教育を考える」『言語文化と日本語教育』2002年5月特集号、pp.245-260、お茶の水女子大学日本言語文化学研究会

李志暎(2003)「ビジネス場面における〈依頼・許可求め〉の言語行動—社会的役割によってどう違うのか」『言語文化と日本語教育』25、pp.26-38、お茶の水女子大学日本言語文化学研究会

李承禧(2004)「待遇表現における意思・希望表現-韓国人日本語学習者の失礼な表現とそれを回避する方法」『早稲田大学日本語教育研究』4、pp.37-52

林長河・陳怡如(2005)「日本語学科におけるビジネス日本語教育の一考察—アンケート調査を中心に」『銘傳日本語教育』第8期、pp.272-298、銘傳大學

● 著書

池田伸子(2001)『ビジネス日本語教育の研究』、東京堂出版

ウォーカー泉(2011)『初級日本語学習者のための待遇コミュニケーション教育—スピーチスタイルに関する「気づき」を中心に』、スリーエーネットワーク

蒲谷宏(2013)『待遇コミュニケーション論』　大修館書店

蒲谷宏・川口義一・坂本恵(1998)『敬語表現』 大修館書店
蒲谷宏・川口義一・坂本恵・清ルミ・内海美也子(2006)『敬語表現教育の方法』 大修館書店
菊地康人(1997)『敬語』講談社
小柳かおる(2004)『日本語教師のための新しい言語習得概論』スリーエーネットワーク
近藤彩(2007)『日本人と外国人のビジネス・コミュニケーションに関する実証研究』 ひつじ書店
白畑知彦・若林茂則・村野井仁(2010)『詳説第二言語習得研究―理論から研究法まで』研究社
西尾純二(2015)『マイナスの待遇表現行動―対象を低く悪く扱う表現への規制と配慮』 くろしお
日本語記述文法研究会(2009)『現代日本語文法』 くろしお出版
日本語教育学会(1982)『日本語教育辞典』縮刷版、大修館書店
ネウストプニー,J.V.(1995)『新しい日本語教育のために』大修館
野中郁次郎(2010)『日本の持続的な成長企業―優良＋長寿の企業研究』東洋経済新報社
ピッツィコーニ・バルバラ(1997)『待遇表現からみた日本語教科書―初級教科書五種の分析と批判』くろしお
福原英子・平田有史郎・雲野加代子(2006)『ビジネス・コミュニケーションを学ぶ―これから社会で活躍する人のために』 春風社
藤田晃之(2014)『キャリア教育基礎論―正しい理解と実践のために』実業之日本社
文化庁(1971)『日本語教育指導参考書2 待遇表現』大蔵省印刷局
文化庁文化部国語課(1994)『外国人ビジネス関係者のための日本語教育Q&A』、大蔵省印刷局
町田健・籾山洋介・滝浦真人・堀川智也(1997)『言語学大問題集163』大修館書店
三宅和子(2011)『日本語の対人関係把握と配慮言語行動』 ひつじ書房
山崎久之(1963)『国語待遇表現体系の研究―近世編』武蔵野書院
● 報告書
海外技術者研修協会(2007)「日本企業における外国人留学生の就業促進に関する調査研究報告書」
国立国語研究所(1957)『国立国語研究所報告11 敬語と敬語意識』秀英出版
国立国語研究所(1971)『国立国語研究所報告41 待遇表現の実態―松江24時間調査資料から』秀英出版

国立国語研究所(1982)『国立国語研究所報告 73　企業の中の敬語』三省堂
国立国語研究所(1983)『国立国語研究所報告 77　敬語と敬語意識—岡崎における20年前との比較』三省堂
国立国語研究所(1986)『国立国語研究所報告 86　社会変化と敬語行動の標準』秀英出版
国立国語研究所(1991)『方言文法全国地図　第2集』国立印刷局
国立国語研究所(2002)『国立国語研究所報告 118　学校の中の敬語1-アンケート調査編』三省堂
国立国語研究所(2003)『国立国語研究所報告 120　学校の中の敬語2-面接調査編』三省堂
国立国語研究所(2005)『日本語社会における配慮の言語行動』非売品
(財)地球産業文化研究所(1993)『ビジネス・コミュニケーションの阻害要因と日本語の需要実態』
日本貿易振興会ビジネス・コミュニケーション研究委員会(1995)『ビジネス・コミュニケーションに関するアンケート(中間)』

(中国語文献)
● 論文

范可旭(2013)「新时期商务日语能力构成分析」『陇东学院学报』vol.24 No.4　pp.31-33
胡小春/陈岩(2012)「商务日语教育的指导理论,教材编写方针及内容」『日语学习与研究』2012年第1期总158号　pp.73-80　对外经济贸易大学
李爱文(2011)「中国商务日语教育的历史,现状及未来展望」『日语学习与研究』2011年第4期总155号　pp.7-13　对外经济贸易大学
卜庆立(2014)「论商务日语教材的建设」『吉林省教育学院学报』2014年第8期第30卷　pp.74-76
宋金梅(2008)「论商务日语教学中的日本企业文化导入」『广西大学报(哲学社会科学版)』第30卷增刊　pp.73-75　广西大学
宋金梅・邓烨桦(2009)「对商务日语课程设置的思考」『高教论坛』第11期　pp.48-51
周林娟・唐千友(2006)「商务日语的语用特征分析」『日语学习与研究』2006第3期总第126期　pp.40-46 对外经济贸易大学
谭冰(2011)「現場実践から見たビジネス日本語教育」『日语教育与日本学研究』pp.93-96　华东理工大学出版社
王琳(2011)「论商务日语课程教学改革」『日语学习与研究』2011年第3期总154号　pp.67-71　对外经济贸易大学

周林娟・潘幼芳(2010)「商务日语教学中的语用能力培养研究」『日语学习与研究』2010年第1期总146号　pp.71-76　对外经济贸易大学
周君(2014)「对商务日语教育现状的若干思考」『湖北科技学院学报』2014年第34卷第11期　pp.122-123

● 著書

鐘玉海(2005)『高等教育学』、合肥工業大学出版社

付　録

〈付録一〉　中国の大学におけるビジネス日本語教育の現状に関するビジネス日本語教育(教師インタビュー原文の日訳文)[1]

被調査者	質問	質問一:ビジネス日本語に関する授業が開設されていますか。ビジネス日本語教育の位置づけは何ですか。教育の目的は何ですか。	質問二:どのような内容を教えていますか。どのような方法で教えていますか。	質問三:何か困っていることがありますか。
大学Ⅰ	教師A	開設しています。4年前期から週2コマで「ビジネス日本語」「ビジネス概論」という科目で実施しています。大学の1年から3年までは、基礎的な日本語教育を行います。学習者の今後の就職を考えると、専門領域の日本語を教える必要があります。ビジネス日本語に関する授業を受けることを通して、学習者のビジネス日本語における日本語の運用能力を高めるのが一番大きな目的です。その他に、日本のビジネス文化に対する理解力を高めるのももう一つの目的です。また、現在の学習者は就職に対して、あまり自信を持っていません。大学で学んだ日本語を職場でどれほど使えるのか分からないのです。ビジネス日本語教育を受けることによって、実際に職場で使用する日本語を学び、自信をつけることを望んでいます。	「ビジネス日本語」という授業の教育内容は、ビジネス専門用語の説明と記憶、またビジネス場面の会話の練習を含めています。時々、ビジネスマナーに関する内容も含めております。専門用語の教育は主に教師が説明し、学習者が暗記するという形で行っています。会話の練習はモデル会話の暗記とロールプレイが多いです。「ビジネス概論」という授業はビジネス知識と日本語のビジネス文を化などの内容を含めています。新聞記事の講読が多いです。	私が担当しているのは「ビジネス日本語」の授業です。最も難しいと思っているのは教科書の内容が古くて、あまり時代遅れだということです。私は企業で働いた経験があります。教科書の内容には実際に使わないものが多いと実感しています。「ビジネス概論」は他の教師が担当していますが、教科書がないということです。教師が自分で資料を探すということが最も大変だとよく言われます。

[1] インタビューは中国語を使用した。本資料は筆者がインタビューの内容を文字化し、その要点を日本語に翻訳しまとめたものである。

续表

被調査者	質問	質問一：ビジネス日本語に関する授業が開設されていますか。ビジネス日本語教育の位置づけは何ですか。教育の目的は何ですか。	質問二：どのような内容を教えていますか。どのような方法で教えていますか。	質問三：何か困っていることがありますか。
大学Ⅱ	教師B	開設しています。大学3年からの2年間に週1コマで実施しています。大学3年には「ビジネス日本語会話」、大学4年には「ビジネス文書」という授業が開設されています。大学の方針として、大学3年から、各専門に関連する知識の教育が始まります。例えば、旅行ガイド専門の学習者に日本の歴史や地理の教育、日本言語文化専門の学習者にビジネス日本語や日本語貿易専門の学習者にビジネス日本語や日本の文学作品の教育、経済貿易専門の学習者にビジネス日本語などの教育をそれぞれ実施します。大学1年と2年に学んだ基礎的な日本語を自分の専攻と結び付け、学習者の専門領域における日本語運用能力を高めることが目的です。また、言語の学習や職場の行動において、その背景になる文化を理解しなければならないと考えています。そのため、ビジネス文化などに対する理解力を育成することもビジネス日本語教育の重要な目的の一つと言えるでしょう。	「ビジネス日本語会話」という授業では、ビジネス場面の会話練習が殆どです。専門用語を含め、ビジネス場面で使用する語彙や表現、またモデル会話を学習者に暗記させ、それに基づいて、ロールプレイを行います。日本のビジネス文化に関する情報もその時学習者に伝えます。 「ビジネス文書」という授業では、ビジネス活動で使用されている様々な文書の書き方を教えます。教師が例文を説明し、学習者に暗記させることが多いです。	私が担当しているのは「ビジネス日本語」の授業です。私は企業で働いた経験がないため、教科書に沿って授業を行うことが多いです。しかし、今の教科書はモデル会話ばかりで、解説や練習が少ないので、非常に使いにくいです。 以前、「ビジネス文書」を担当したことがあります。その時、最も感じたのは教科書の内容が古いということです。そのため、学習者があまり興味を持たないということです。授業の時、寝たり、携帯をいじったりすることが多いです。教師としても、どのように学習者に興味を持たせるのかに悩んでいました。

续表

被调查者 \ 质問	質問一：ビジネス日本語に関する授業が開設されていますか。ビジネス日本語教育の位置づけは何ですか。教育の目的は何ですか。	質問二：どのような内容を教えていますか。どのような方法で教えていますか。	質問三：何か困っていることがありますか。
大学Ⅲ 教師C	うちの大学の日本語専攻学習者は大学院に進学する人が圧倒的に多く、ビジネス日本語に対するニーズがそれほど多くありません。このため、うちの大学ではビジネスのための日本語教育は実施されていません。今後、もし日系企業で就職したいという学生が多くなれば、ビジネス日本語の授業を開設する可能性もあります。	（質問①：もしビジネス日本語の授業を開設するなら、どのような内容を教えなければならないと思いますか？）ビジネス日本語と言えば、もちろんビジネス場面で使用される日本語のことを指しているでしょう。そのため、ビジネス日本語の授業では、ビジネスのいろいろな場面で使用される日本語のいろいろを教える必要があると思います。例えば、専門用語、待遇表現など。また、知識の他に、日本語の「聴く」「話す」「読む」「書く」の四技能の習熟度も要求するべきでしょう。また、ビジネス文化の学習も必要だと思います。	無し

① 教師Cの大学では、ビジネス日本語に関する授業は開設されていないため、教師Cに他の教師と異なる質問をした。

续表

被調査者	質問	質問一: ビジネス日本語に関する授業が開設されていますか。ビジネス日本語教育の位置づけは何ですか。教育の目的は何ですか。	質問二: どのような内容を教えていますか。どのような方法で教えていますか。	質問三: 何か困っていることがありますか。
大学IV	教師D	はい、開設しています。やはり経済発展に伴って、中国に進出している日系企業の数が非常に増えています。うちの学生の競争力を高めるために、ビジネスに関連する教育を実施する必要があると思います。また、大学1年から3年まで、日本語の基礎的な教育が終わり、基礎的な教育で身に付けたものを専門的な教育に結び付け、職場での実践力を高める必要があります。うちの大学は大学4年からの1年間に、「ビジネス日本語会話」という2つの授業を開設し、学習者の日本語の「聴く」「話す」「読む」「書く」の四技能を強化し、特にビジネス場面の日本語運用力を高めることが目的です。そのうち、ビジネスに関する専門用語の知識やビジネス文書の書き方などの技能も重要です。	うちの大学は「ビジネス日本語会話」という授業を実施しています。ビジネス日本語教育の名称からわかるように、この授業はビジネス場面における会話能力の育成を目的としています。そのために語彙と文型の記憶が基礎であり、特に敬語の習得が大変重要だと考えています。また、モデル会話を読むことによって、ビジネス場面の会話の方法を学習者に理解させます。最後にロールプレイによって、実際に練習します。会話のほかに、ビジネス文化に関する情報も学習者に伝えています。	困っていることと言えば、やはり教科書の問題だと思います。私自身を含めて、「ビジネス日本語」の授業を担当している教師の殆どはビジネスの経験がありません。私たちにとって、教科書が非常に重要だと思います。しかし、今の教科書には様々な問題があり、非常に使いにくいです。例えば、教科書の内容が非常に古いです。十年前か二十年前のビジネス情報も常に出ています。教師はそれらの情報を更新しなければならない。また、練習が極めて少ないです。教師が練習問題を考えるのは非常に大変です。自分で練習問題を考えるのは非常に大変だと思います。

续表

被调查者 \ 质问	質問一：ビジネス日本語に関する授業が開設されていますか。ビジネス日本語教育の位置づけは何ですか。教育の目的は何ですか。	質問二：どのような内容を教えていますか。どのような方法で教えていますか。	質問三：何か困っていることがありますか。
大学教師 V E	開設しています。大学3年の1年間に、「ビジネス日本語」という授業を開設し、週1コマで実施しています。うちの大学は2年間で日本語の基礎的な教育を実施します。その2年間で、「聞く」「話す」「読む」「書く」という日本語の四技能を育成します。3年になってから、ビジネス専門知識の教育が始まります。ビジネス専門知識を持ち、さらに難しい日本語の教育です。もちろん、それは学習者の就職のためです。学習者の就職率が高まることが、大学の発展に有利です。これらの教育を通して、職場で必要な知識と能力を育成することが目的です。例えば、ビジネス日本語教育では学習者のビジネス表現場面における日本語の運用力を高めるのが最も重要だと考えています。	うちの大学の「ビジネス日本語」の授業は主に2つの内容を含めています。一つはビジネス専門用語や敬語の決まり文句などの語彙・文型面の内容であり、もう一つはビジネス場面の会話の練習です。専門用語と決まり文句の教育は主に教師が必要と思っている内容をリストにまとめ、学習者に覚えさせるという方法です。ビジネス場面の会話の教育はまず学習者にモデル会話を読ませたり覚えさせたりします。そして、ロールプレイで実践します。どちらかというと、ロールプレイの比重がちょっと低いと思います。	最も困っているのは、教科書の内容が体系性に欠けていることです。今の教科書はモデル会話を羅列するだけで、学習項目は体系的に整理されていません。授業の時、教師が先に学習項目を整理しなければならない。例えば、用語の整理、敬語の整理など。また、教科書には練習設定が少ないです。ロールプレイをするとに、教師が自分で練習設定をしなければならない。

付　録

257

续表

被调查者	質問一：ビジネス日本語に関する授業が開設されていますか。ビジネス日本語教育の位置づけは何ですか。	質問二：どのような内容を教えていますか。どのような方法で教えていますか。	質問三：何か困っていることがありますか。
大学Ⅵ 教師F	うちの大学はビジネス日本語という授業は開設していませんが、大学4年で、「経済学」という授業が開設されています。週1コマで進めています。学習者の就職支援のために、日本語の他に、ビジネスや専門知識の教育が必要であると考えているためです。授業は日本語を使用し、経済知識や貿易知識を教えています。その目的は、学習者の就職をサポートすることです。学習者に自信を持たせることも目的の一つです。	うちの大学では、会話能力の他にビジネスに関する専門知識の教育が学習者の就職にとって大変重要だと考え、「経済学」という授業を開設しています。この授業は、日本語を使って講義をしています。基礎的な経済理論や貿易に関する知識、またビジネス文化などを含めています。授業の内容が多いので、教師が説明し、学習者が聞くという形で授業を進めることが多いです。時々、学習者に発表してもらうこともあります。	最も悩んでいるのはどのように学習者に興味を持たせることです。経済理論が教育の内容なので、教師が一方的に説明することが多い。授業の時、学習者が寝たり小説を読んだりすることが多いです。もう一つの悩みは教科書の内容ですね。古くて、学習者の興味を起こさせる内容が少ないです。

258

续表

被调查者		質問	質問一:ビジネス日本語に関する授業が開設されていますか。ビジネス日本語教育の位置づけは何ですか。教育の目的は何ですか。	質問二:どのような内容を教えていますか。どのような方法で教えていますか。	質問三:何か困っていることがありますか。
大学Ⅶ	教師G		開設しています。大学3年から、「ビジネス日本語会話」という授業を開設し、週1コマで実施しています。一般的な日本語教育は学習者のニーズに応えることができないので、その埋め合わせとして、学習者に必要なビジネス日本語を教育するようになっています。埋め合わせと言っても、確実に学習者のビジネス日本語運用力やビジネス文化の理解力を高めたいと思っています。例えば、ビジネス現場における日本語の聞く・話す・読む・書く練習、また敬語の練習は大変重要だと考えています。	ビジネス日本語と言えば、敬語が最も重要だというイメージがあります。専門用語などは職場で習得できると思いますが、敬語はビジネス日本語の基礎でもあり、大学で学ばなければならないと思います。 従って、うちの大学の「ビジネス日本会話」の授業内容は敬語の使い方を主要内容としています。基本文型の暗記からいろいろなビジネス場面の使い方の実践練習まで、全面的に敬語の教育を行なっています。	私はビジネスの経験がないので、ビジネス場面で実際にどのように敬語を使用しているのか、どのような敬語を使用しているのか、などのことについてあまり詳しくありません。授業の前、いろいろな資料を調べなければなりません。とても大変です。実際にビジネス経験を持つ編集者が編集した実用性が高い教科書があればいいなと思っています。

259

续表

被調査者	質問	質問一：ビジネス日本語に関する授業が開設されていますか。ビジネス日本語教育の位置づけは何ですか。教育の目的は何ですか。	質問二：どのような内容を教えていますか。どのような方法で教えていますか。	質問三：何か困っていることがありますか。
大学Ⅷ	教師H	開設しています。大学3年から「ビジネス日本語」という授業を開設し、週1コマで実施しています。うちの学習者は企業へ就職するのがほとんどです。現在、企業が大学卒業生の能力に求める基準は、どんどん高くなっています。企業のニーズに応えるために、一般的な日本語教育の他に、専門的な日本語の教育も必要だと思います。つまり、ビジネス日本語教育は、一般的な日本語教育の専門化です。学習者が専門的な日本語知識を身に付けることができ、面接や今後の仕事でできる限り早く一人前になると思っています。	ビジネス日本語の難点は内容にあると思います。日常会話はいくら上手に使えても、専門知識がなければ仕事できないと思います。従って、うちの大学は専門性ということを注目し、「ビジネス文書」という授業を開設し、専門的な日本語を教えます。ビジネス専門用語と日本語により、ビジネス文例観察により、ビジネス文書の書き方を教えています。その他に、ビジネス文化にも少し触れています。	「ビジネス文書」には、専門的な知識が多く含まれています。そのため、授業前の準備がすごく大変です。教科書には、各種の文書の例は一つか二つしかないので学習者にもっと多くの例を見せるために、私はいろいろな資料を調べ、例文を探さなければならない。私は企業で働いた経験がないため、実際にどのような文書を使用しているのかはわからないので、教科書や資料に頼るしかないです。

〈付録二〉 中国の大学におけるビジネス日本語教育の現状に関する予備調査(学習者用アンケート用紙・日本語版)

ご協力、誠にありがとうございます。
　次の質問に回答してください。「その他」という選択肢を選ぶ場合、簡単に説明を加えてください。

(被調査者情報)
大学名：　　　　　　　　学部：
学年：　　　　　　　　　年齢：

(質問)
1. どれぐらい日本語を勉強していますか。＿＿＿＿年＿＿＿＿月
2. なぜ日本語を勉強しますか。
　　A:趣味　　　　　　　　B:就職
　　C:留学　　　　　　　　D:その他(　　)
3. 将来どのような仕事をしたいですか。
　　A:会社員　　　　　　　B:日本語教師
　　C:公務員　　　　　　　D:その他(　　)
4. ビジネス日本語に関する授業で、一番教えてほしい内容はなんですか。
　　A:ビジネス場面での会話の仕方
　　B:ビジネスに関する専門用語
　　C:ビジネス文書の書き方
　　D:ビジネス習慣・マナー
　　E:その他

5. ビジネス日本語に関する授業を受けて、一番身に付けたい能力はなんですか。
   A:ビジネス場面で適切に会話する能力
   B:正しく語彙や文型を使用する能力
   C:日本人のビジネス習慣を理解し、正しく行動する能力
   D:その他
6. ビジネス日本語に関する授業を受けたことがある学習者が答えてください。
   6-1　ビジネス日本語に関する授業の内容や教科書、また授業の方法や学習効果に対して、満足していますか。
       A:非常に満足している
       B:ほぼ満足している
       C:あまり満足していない
       D:全然満足していない
   6-2　もし満足していないところがあれば、例を挙げて、具体的に説明してください

〈付録三〉 中国のビジネス日本語教科書における「場面設定」の実用性に関する調査票

日系企業で働いている中国人社員が良く直面するビジネス場面に関する調査	
性別：　　　年齢：　　　日本語學習年数：　　　　　　業種(例:食品製造業)：	
部署(例:営業)：　　　職位(例:チームリーダー)：　　　仕事年数：	
メールアドレス(調査結果フォロー用)：	

調査に関して：
① 本調査は仕事の場面で日本語を使用する現状を調べ調査ですり、会社の機密一切觸れない。そして、調査のテータは研究以外には必ず使わない。個人情報なども必ず大切にする。
② 本調査は二部分を含めている。一つ目は自由記述であり、自分が良く直面する日本語のビジネス場面を記述することである、中國語か日本語かどちりを使って記述してください。二つ目は選択問題であり、仕事で調査票に挙げた場面をよく直面するかについて、四つの選択肢かり選ぶ、記入の仕方は選びたい選択肢を太字にするか(例：②時々ある)、または下線するか(例：②時々ある)、どちらかを使って選んでください。
③ 調査票をご記入いただき、30689369@qq.comにご送付お願いします。ご協力、誠にありがとうございます。

● 第一部分(よく直面する場面と日本語の使用を悩んでいる場面はそれぞれ異なってもかまわない)

		仕事でよく直面する場面	仕事でどのような日本語がその場面に相応しいなのかを悩んでいる場面
場面	例	会議室で上司と同僚に出張報告をします。(場所、人物、事件を明記すること)	事務室で上司と相談するときに、敬語を使うかどうか(場所、人物、事件、悩みの内容を明記すること)
	1		
	2		
	3		
	4		
	5		

续表

● 第二部分（自分の状況によって、選択肢を選んでください）

		場　面	仕事でこの場面を良く遇しますか	この場面でどのような日本語が適切であるのかについて悩んでいますか
1	紹介	新入社員として事務室で上司と先輩社員に自己紹介をする。	① よくある　② 時々ある　③ あまりない　④ 全然ない	① よくある　② 時々ある　③ あまりない　④ 全然ない
2		上司として事務室で社員に新入社員を紹介する。	① よくある　② 時々ある　③ あまりない　④ 全然ない	① よくある　② 時々ある　③ あまりない　④ 全然ない
3		応接室で他社来訪者に自己紹介をする。	① よくある　② 時々ある　③ あまりない　④ 全然ない	① よくある　② 時々ある　③ あまりない　④ 全然ない
4		応接室で他社来訪者に自分の上司を紹介する。	① よくある　② 時々ある　③ あまりない　④ 全然ない	① よくある　② 時々ある　③ あまりない　④ 全然ない
5		他社で他社社員に自分の後任者を紹介する。	① よくある　② 時々ある　③ あまりない　④ 全然ない	① よくある　② 時々ある　③ あまりない　④ 全然ない
6		応接室で他社社員に自分の部下を紹介する。	① よくある　② 時々ある　③ あまりない　④ 全然ない	① よくある　② 時々ある　③ あまりない　④ 全然ない
7		面接の時に、自己紹介をする。	① よくある　② 時々ある　③ あまりない　④ 全然ない	① よくある　② 時々ある　③ あまりない　④ 全然ない
8	挨拶	出勤の時、上司と同僚にあいさつをする。	① よくある　② 時々ある　③ あまりない　④ 全然ない	① よくある　② 時々ある　③ あまりない　④ 全然ない
9		退勤の時、上司と同僚にあいさつをする。	① よくある　② 時々ある　③ あまりない　④ 全然ない	① よくある　② 時々ある　③ あまりない　④ 全然ない
10		事務室で自分の上司に昇進祝いの挨拶をする。	① よくある　② 時々ある　③ あまりない　④ 全然ない	① よくある　② 時々ある　③ あまりない　④ 全然ない
11		長期休眠して、また出勤する時に上司と同僚にあいさつをする。	① よくある　② 時々ある　③ あまりない　④ 全然ない	① よくある　② 時々ある　③ あまりない　④ 全然ない
12		出張かり帰社する時、上司と同僚にあいさつする。	① よくある　② 時々ある　③ あまりない　④ 全然ない	① よくある　② 時々ある　③ あまりない　④ 全然ない
13		退職する時、上司と同僚にあいさつする。	① よくある　② 時々ある　③ あまりない　④ 全然ない	① よくある　② 時々ある　③ あまりない　④ 全然ない
14		担当後任者として、他社の応接室で取引先の担当者にあいさつする。	① よくある　② 時々ある　③ あまりない　④ 全然ない	① よくある　② 時々ある　③ あまりない　④ 全然ない

续表

		場　面	仕事でこの場面を良く遇しますか	この場面でどのような日本語が適切であるのかについて悩んでいますか
15	電話	他社の電話を受けて、相手が探したい人がいない時、伝言を受けたりして対応する。	①よくある　②時々ある　③あまりない　④全然ない	①よくある　②時々ある　③あまりない　④全然ない
16		他社に電話をして、探したい人がいない時、伝言をする。	①よくある　②時々ある　③あまりない　④全然ない	①よくある　②時々ある　③あまりない　④全然ない
17		他社かりの電話を担当者に回す。	①よくある　②時々ある　③あまりない　④全然ない	①よくある　②時々ある　③あまりない　④全然ない
18		他社に電話して、担当者に回すのをお願いする。	①よくある　②時々ある　③あまりない　④全然ない	①よくある　②時々ある　③あまりない　④全然ない
19		電話内容を聞き取れていない時に、電話内容を確認する。	①よくある　②時々ある　③あまりない　④全然ない	①よくある　②時々ある　③あまりない　④全然ない
20	注意	言葉遣いについて、上司に注意される。	①よくある　②時々ある　③あまりない　④全然ない	①よくある　②時々ある　③あまりない　④全然ない
21		仕事が遅れているから、上司に注意される。	①よくある　②時々ある　③あまりない　④全然ない	①よくある　②時々ある　③あまりない　④全然ない
22	依頼	上司からの仕事の依頼を受ける。	①よくある　②時々ある　③あまりない　④全然ない	①よくある　②時々ある　③あまりない　④全然ない
23		上司からの仕事の依頼を断る。	①よくある　②時々ある　③あまりない　④全然ない	①よくある　②時々ある　③あまりない　④全然ない
24		同僚からの仕事協力の依頼を受ける。	①よくある　②時々ある　③あまりない　④全然ない	①よくある　②時々ある　③あまりない　④全然ない
25		同僚からの仕事協力の依頼を断る。	①よくある　②時々ある　③あまりない　④全然ない	①よくある　②時々ある　③あまりない　④全然ない
26		同僚に仕事協力の依頼をする。	①よくある　②時々ある　③あまりない　④全然ない	①よくある　②時々ある　③あまりない　④全然ない

续表

		場面	仕事でこの場面を良く遇しますか	この場面でどのような日本語が適切であるのかについて悩んでいますか
27	許可	上司に休暇の許可をもらう。	①よくある ②時々ある ③あまりない ④全然ない	①よくある ②時々ある ③あまりない ④全然ない
28		上司に退職の許可をもらう。	①よくある ②時々ある ③あまりない ④全然ない	①よくある ②時々ある ③あまりない ④全然ない
29		他社に工場見学の許可をもらう。	①よくある ②時々ある ③あまりない ④全然ない	①よくある ②時々ある ③あまりない ④全然ない
30	予約	電話で他社担当者のスケジュールを確認し、訪問を予約する。	①よくある ②時々ある ③あまりない ④全然ない	①よくある ②時々ある ③あまりない ④全然ない
31		会議の予約をするために、上司のスケジュールを確認する。	①よくある ②時々ある ③あまりない ④全然ない	①よくある ②時々ある ③あまりない ④全然ない
32		電話で他社担当者に予約を変更する。	①よくある ②時々ある ③あまりない ④全然ない	①よくある ②時々ある ③あまりない ④全然ない
33	接待	空港で他社からの訪問者を出迎えに行く。	①よくある ②時々ある ③あまりない ④全然ない	①よくある ②時々ある ③あまりない ④全然ない
34		他社訪問者に訪問スケジュールを説明する。	①よくある ②時々ある ③あまりない ④全然ない	①よくある ②時々ある ③あまりない ④全然ない
35		他社訪問者に自分の会社を紹介する。	①よくある ②時々ある ③あまりない ④全然ない	①よくある ②時々ある ③あまりない ④全然ない
36		他社訪問者に自分の会社と工場を案内する。	①よくある ②時々ある ③あまりない ④全然ない	①よくある ②時々ある ③あまりない ④全然ない
37		他社訪問者に観光案内をする。	①よくある ②時々ある ③あまりない ④全然ない	①よくある ②時々ある ③あまりない ④全然ない
38		宴会で他社訪問者にあいさつをする。	①よくある ②時々ある ③あまりない ④全然ない	①よくある ②時々ある ③あまりない ④全然ない
39		空港で他社訪問者を見送る。	①よくある ②時々ある ③あまりない ④全然ない	①よくある ②時々ある ③あまりない ④全然ない

续表

		場　面	仕事でこの場面を良く遇しますか	この場面でどのような日本語が適切であるのかについて悩んでいますか
40	尋ねる	先輩に仕事の内容を尋ねる。	①よくある　②時々ある　③あまりない　④全然ない	①よくある　②時々ある　③あまりない　④全然ない
41		同僚に日本語の使い方を尋ねる。	①よくある　②時々ある　③あまりない　④全然ない	①よくある　②時々ある　③あまりない　④全然ない
42		同僚に業務進捗を確認する。	①よくある　②時々ある　③あまりない　④全然ない	①よくある　②時々ある　③あまりない　④全然ない
43	報告	上司に仕事の進捗を報告する。	①よくある　②時々ある　③あまりない　④全然ない	①よくある　②時々ある　③あまりない　④全然ない
44		出張後、上司と同僚に出張の状況を報告する。	①よくある　②時々ある　③あまりない　④全然ない	①よくある　②時々ある　③あまりない　④全然ない
45	相談	仕事の計画と提案に関して、上司と相談する。	①よくある　②時々ある　③あまりない　④全然ない	①よくある　②時々ある　③あまりない　④全然ない
46		出張スケジュールに関して、上司と相談する。	①よくある　②時々ある　③あまりない　④全然ない	①よくある　②時々ある　③あまりない　④全然ない
47		仕事上の悩みに関して、同僚と相談する。	①よくある　②時々ある　③あまりない　④全然ない	①よくある　②時々ある　③あまりない　④全然ない
48	商談	取引先に商品のカタログとサンプルを求める。	①よくある　②時々ある　③あまりない　④全然ない	①よくある　②時々ある　③あまりない　④全然ない
49		取引先にオファーを求める。	①よくある　②時々ある　③あまりない　④全然ない	①よくある　②時々ある　③あまりない　④全然ない
50		取引先と値段交渉をする。	①よくある　②時々ある　③あまりない　④全然ない	①よくある　②時々ある　③あまりない　④全然ない
51		取引先と支払方法に関して相談する。	①よくある　②時々ある　③あまりない　④全然ない	①よくある　②時々ある　③あまりない　④全然ない

续表

		場　面	仕事でこの場面を良く遇しますか	この場面でどのような日本語が適切であるのかについて悩んでいますか
52	商談	取引先と出荷日と梱包に関して相談する。	①よくある　②時々ある　③あまりない　④全然ない	①よくある　②時々ある　③あまりない　④全然ない
53		取引先と契約の内容について欲認や訂正する。	①よくある　②時々ある　③あまりない　④全然ない	①よくある　②時々ある　③あまりない　④全然ない
54		取引先と契約を結ぶ。	①よくある　②時々ある　③あまりない　④全然ない	①よくある　②時々ある　③あまりない　④全然ない
55		商品品質問題ね出荷遅れなどに関して、取引先にクレームする。	①よくある　②時々ある　③あまりない　④全然ない	①よくある　②時々ある　③あまりない　④全然ない
56	会議	会議の準備状況について、同僚に確認する。	①よくある　②時々ある　③あまりない　④全然ない	①よくある　②時々ある　③あまりない　④全然ない
57		会議の流れについて、同僚に確認する。	①よくある　②時々ある　③あまりない　④全然ない	①よくある　②時々ある　③あまりない　④全然ない
58		社内会議を司会する。	①よくある　②時々ある　③あまりない　④全然ない	①よくある　②時々ある　③あまりない　④全然ない
59		社内会議で、会社の業務や他人や提案について、自分の意見を述べる。	①よくある　②時々ある　③あまりない　④全然ない	①よくある　②時々ある　③あまりない　④全然ない
60		社内会議で、自分が担当している仕事の状況を報告する。	①よくある　②時々ある　③あまりない　④全然ない	①よくある　②時々ある　③あまりない　④全然ない
61	催促	部下に仕事の進捗を催促する。	①よくある　②時々ある　③あまりない　④全然ない	①よくある　②時々ある　③あまりない　④全然ない
62		電話で取引先に支払を催促する。	①よくある　②時々ある　③あまりない　④全然ない	①よくある　②時々ある　③あまりない　④全然ない
63		電話で取引先に出荷を催促する。	①よくある　②時々ある　③あまりない　④全然ない	①よくある　②時々ある　③あまりない　④全然ない

続表

		場　面	仕事でこの場面を良く遇しますか	この場面でどのような日本語が適切であるのかについて悩んでいますか
64	指示	部下に仕事の指示をする。	① よくある　② 時々ある　③ あまりない　④ 全然ない	① よくある　② 時々ある　③ あまりない　④ 全然ない
65	説明	新入社員に仕事の内容を説明する。	① よくある　② 時々ある　③ あまりない　④ 全然ない	① よくある　② 時々ある　③ あまりない　④ 全然ない
66		取引先に会社の状況を説明する。	① よくある　② 時々ある　③ あまりない　④ 全然ない	① よくある　② 時々ある　③ あまりない　④ 全然ない
67	謝罪	出勤遅刻について、上司にお詫びする。	① よくある　② 時々ある　③ あまりない　④ 全然ない	① よくある　② 時々ある　③ あまりない　④ 全然ない
68		仕事のミスについて、上司にお詫びする。	① よくある　② 時々ある　③ あまりない　④ 全然ない	① よくある　② 時々ある　③ あまりない　④ 全然ない
69		納期遅れについて、取引先にお詫びする。	① よくある　② 時々ある　③ あまりない　④ 全然ない	① よくある　② 時々ある　③ あまりない　④ 全然ない
70	弁明	取引先とのトラブルに関して、上司に弁明する。	① よくある　② 時々ある　③ あまりない　④ 全然ない	① よくある　② 時々ある　③ あまりない　④ 全然ない

〈付録四〉 中国のビジネス日本語教科書における「場面設定」の実用性に関する調査の結果(第一部分自由記述の原文の日訳文)

　本研究は中国の日系企業で働いている中国人社員41名を対象として、中国のビジネス日本語教育における「場面設定」の実用性に関して調査を行った(調査内容は付録三を参照)。本調査は二つの部分に分けられ、第一部分は職場でよく直面する場面はどのような場面なのかについての自由記述であり、第二部分は教科書における場面は実際によく遭遇するのかについての選択問題である。
　付録四はこの調査の第一部分の自由記述の内容であり、被調査者が記述した中国語の原文を日本語に翻訳したものである。

項目 被調査者	仕事でよく直面する場面 (日本語を使用する)	どのような日本語がその場面に相応しいなのかを悩んでいる仕事場面
1	① 部門の会議で、上司に報告する。 ② 部門の打ち合わせ ③ 通常職場で、上司と同僚に仕事の確認、依頼をする。 ④ 電話で、取引先と連絡し、仕事の確認や依頼をする。 ⑤ 取引先との懇親会で、いろいろコミュニケーションする。	① 会議の時に、後輩や親しい同僚に依頼や断り、指示、助言をするときに、敬語を使うのか。 ② 懇親会の時、取引先の人に必ず敬語を使うのか。
2	① 通常職場で、上司や同僚とのやり取り ② 部門の会議や会社の会議で、自部門の同僚や他部門の同僚とのやり取り ③ 管理職への報告	① 通常の職場で、上司に報告したり、許可求めたりするときに、敬語を使うのか。 ② 会議で必ず丁寧体を使うのか。

续表

项目 被調査者	仕事でよく直面する場面 （日本語を使用する）	どのような日本語がその場面に相応しいなのかを悩んでいる仕事場面
3	① 同僚と打ち合わせする。 ② 取引先の人を接待し、会議する。 ③ 取引やと業者と電話でやり取りする。	① 先輩の同僚に、敬語を使うのか。 ② 業者に使う日本語の丁寧さがわからない。
4	① 部門内の日常的な業務 ② 部門内の会議、 ③ 会社の会議 ④ 業者との連絡	① 業者にクレームをつけるとき、どのような日本語を使うのかわからない。丁寧さの把握が難しい。
5	① 部門内の会議で同僚と打ち合わせをする。 ② 日本人社員が参加する会社の会議 ③ 日常的な業務連絡	① 私は会議でよく敬語を使ったが、面倒くさいから使わなくてもいいよと言われたことがある。ちょっと悩んでいる。
6	① 部門内の打ち合わせ ② 会社の会議 ③ 取引先や業者との電話連絡 ④ 取引先や業者との会議 ⑤ 本社との電話連絡	① 業者に指示をするとき、直接的な表現は大丈夫なのか。 ② 取引先と会議するときに、自分の意思を強く表したい場合（例えば、断り）はどのような日本語を使うのか。
7	① 同僚との打ち合わせ ② 取引先や業者との電話連絡	① 電話で連絡するとき、敬語の使い方が難しい。
8	① 部門内の打ち合わせ ② 管理職に仕事の進捗を報告する。 ③ プロジェクトメンバーと打ち合わせをする。	① 同僚との会議でも、敬語を使うのか。
9	① 会社の会議で、会社の管理職や他の部門の人に業績を報告する。 ② 本社の人と電話で連絡する。	あまり悩むことはない。
10	① 部門内の会議で、上司や同僚と打ち合わせする。 ② 会社の会議で、会社の管理職に報告する。 ③ 取引先や業者に電話で連絡する。 ④ 取引先や業者との会議	① 上司の意見に反対する場合に、どのような日本語が相応しいのか。 ② 取引先の意見に反対したり、断ったりするとき、どのような日本語が相応しいのか。

续表

項目 被調査者	仕事でよく直面する場面 （日本語を使用する）	どのような日本語がその場面に相応しいなのかを悩んでいる仕事場面
11	①部門内会議で、上司や同僚に報告する。 ②他の部門の人と連絡する。	①会議で、親しい同僚に依頼したりするときも敬語を使うのか。
12	①部門内の打ち合わせで、上司や同僚と相談する。 ②会社の会議で、管理職に報告する。	①会議で上司にアドバイスするときに、どのような日本語が良いのか。
13	①部門内の同僚と打ち合わせする。 ②取引先と連絡する。 ③取引先と打ち合わせする。	①取引先の人と親しくなった後、どのような日本語を使うのか、丁寧語を使うのか。ちょっとくだけた表現は大丈夫なのか。
14	①部門内の会議で、報告、打ち合わせ。 ②日常的な業務。 ③取引先と打ち合わせする。	①取引先の人に反対の意見を表したいとき、どのような日本語を使うのかわからない。
15	①部門内の会議での相談 ②取引先との日常的な業務連絡	①上司にアドバイスや助言するときの表現がわからない。
16	①部門の打ち合わせ ②取引先や業者との業務連絡 ③取引先や業者との打ち合わせ ④取引先や業者との懇親会	①取引先や業者との懇親会の時は、敬語を使うのか。 ②業者に敬語を使うのか。
17	①会社の会議で、管理職に報告する。 ②部門内の打ち合わせ ③他部門の社員との打ち合わせ	①部門内の打ち合わせには敬語を使うのか。丁寧な表現を使うのか。
18	①工場現場で業者と一緒に設備を試運転する ②業者との打ち合わせ ③管理職への報告	①業者と話すときに敬語を使う必要があるのか、
19	①社内会議で報告する。 ②部門内の打ち合わせ	①部門内の打ち合わせの時の日本語の丁寧さがわからない。
20	①会社の日本人出張者と打ち合わせする。 ②取引先と打ち合わせする。 ③取引先と連絡する。	①目上の日本人同僚に対して、敬語を使うのか。 ②取引先の依頼を断るときに、どのような日本語を使うのか。

付　録

续表

項目 被調査者	仕事でよく直面する場面 （日本語を使用する）	どのような日本語がその場面に相応しいなのかを悩んでいる仕事場面
21	① 部門内の打ち合わせで、日程や進捗などを確認する。 ② 会社の会議で、管理職へ報告する。	なし
22	① 日本人同僚との日常業務に関するコミュニケーション ② 日本人同僚との打ち合わせ ③ 会社の会議で、上司に報告する。 ④ 取引先に電話で連絡する。	① 同僚との打ち合わせには、敬語を使うのか。
23	① 取引先との日常的連絡 ② 取引先と打ち合わせする。 ③ 会社の技術担当と打ち合わせする。	① 取引先との日常的な連絡では、どのような丁寧さで話すのかわからない。
24	① 部門内の打ち合わせで、上司や同僚とコミュニケーションする。 ② 日本人同僚との日常的なコミュニケーション	① 部門内の打ち合わせで、敬語は必要なのか。例えば、同僚に依頼するときは敬語を使うのか。
25	① 部門会議で、上司に業績や日程などを報告する。 ② 日本人同僚と打ち合わせする。	① 同僚との打ち合わせは敬語を使うのか。
26	① 取引先に電話で連絡する。 ② 取引先の人と会議をする。 ③ 取引先と懇親会をする。	① 懇親会で、取引先の人と話すときに、敬語を使うのか。
27	① 部門内会議で報告する。 ② 日常的な業務について、日本人同僚とコミュニケーションする。	① 部門内会議で必ず敬語を使うのか。
28	① 取引先の人を接待する。 ② 取引先の人と連絡する。 ③ 取引先の人と会議をする。	① 取引先の人の意見に対して、反対の意を強く表したいが、どのような日本語を使うのかわからない。
29	① 取引先の人と打ち合わせする。 ② 上司に報告する。	① 親しい上司に報告するときに、丁寧語を使うのか。
30	① 部門内会議の通訳 ② 懇親会の通訳	① 懇親会で敬語を使うのか。

续表

项目 被調査者	仕事でよく直面する場面 （日本語を使用する）	どのような日本語がその場面に相応しいなのかを悩んでいる仕事場面
31	① 取引先と打ち合わせする。 ② 部門会議で報告する。	① 親しくなった取引先の人と打ち合わせするとき、敬語を使うのか。
32	① 技術問題について、日本人技術者とコミュニケーションする。 ② 会議で上司に報告する	なし
33	① 日本人技術者と打ち合わせする。 ② 電話で本社と連絡する。	① 電話用語はあまりわからない。
34	① 普段の職場で、上司に報告する。 ② 同僚に上司の指示を伝える。 ③ 会議の司会者を担当する。	① 上司との関係は親しいから、敬語は使わなくても良いかなと思うが。
35	① 現場で日本人技術者とコミュニケーションする。 ② 日本人技術者と打ち合わせする。	① 日本人技術者と違う意見を持つことが多いが、どのように適切に表すのかが分からない。
36	① 日本人技術者とコミュニケーションする。 ② 日本人技術者と打ち合わせする。	なし
37	① 会社の会議で営業業績を報告する。 ② 部門内の打ち合わせ	① 部門内の打ち合わせにおいて、上司に報告や依頼するときはもちろん敬語を使うが、同僚に対してはどうだろう。
38	① 部門内の会議 ② 業者との会議	① 業者に話すとき、くだけた表現を使ってもいいのか。
39	① 部門内の会議で報告したり、確認したりする。 ② 業者と打ち合わせしたり、値段交渉したりする。	① 業者と打ち合わせるときに、中国人社員はちょっと傲慢な態度で話すが、日本人はどのような態度であるのか。
40	① 電話で本社と連絡する。 ② 部門内の会議で報告する。	① 上司に反対の意見を表したいときに、どのような日本語が適切なのか。
41	① 部門内の会議で報告する。 ② 日本人社員とコミュニケーションする。	① 飲み会の時に、上司にちょっとくだけた態度で話してもいいのか、それとも敬語を使って、フォーマルに話すのか。

〈付録五〉 中国のビジネス日本語教科書の会議場面の会話文における「待遇表現」の使用分析表

番号	会　話　文
〈会話一〉課内のミーティング	
K001	課長：この企画案でいくかどうか、そろそろ結論を出さなければなりません。
K002	李：このままでは議論は平行線ですし、多数決を取りませんか。
K003	孫：李さんの意見に反対というわけではありませんが、私はまだ議論が不十分だと思います。
K004	同僚：私も多数決はどうかと思います。課としてのコンセンサスが不十分なところで多数決で決めても、後がうまくいかなくなる恐れがあります。
K005	課長：それもそうですね。では、明日もう一日、この件で話し合いましょう。この案に不十分なところがあれば、明日までに対案を考えてきてください。それでいいですか。
K006	全員：はい、結構です。
〈会話二〉営業会議で発言する	
K007	司会：ただ今の部長のご提案について、ご意見はございませんか。
K008	課長A：私は部長のご提案に異存はございません。
K009	司会：他のご意見の方はございませんか。
K010	課長B：部長のご提案については私も基本的に賛成なのですが、二、三検討したほうがいいと思う点がございます。その一つは、販売目標に関してですが、少し控えめすぎるのではないでしょうか。二つは販売促進策に関してですが、もっと新規顧客獲得のために方策を検討すべきではないでしょうか。
K011	部長：(挙手して)発言、よろしいでしょうか。
K012	司会：はい、どうぞ
K013	部長：竹井課長、もう少し具体的に話してもらえませんか。

续表

番号	会　话　文
〈会話三〉	
K014	A:それでは、始まりましょう。皆さん、こんばんは。
K015	B:こんばんは。
K016	A:私は李明と申します。ソフトウェアの開発者です。今回司会者として大変光栄に存じます。
K017	B:李明さん、こんばんは。
K018	A:それでは、社長を歓迎いたしましょう。
K019	C:皆さん、こんばんは。
K020	A:私たちは今日の議題は製品の開発です。何か異議がありますか。
K021	B:ないです。続けてください。
K022	A:私は田中さんに議題の要点を頼みました。これはパンフレットです。ご覧ください。
K023	B:よかったですね。会議の手順はすぐわかりますね。
K024	A:それから検討しましょう。最後に社長はまとめてくださることをお願いします。
K025	C:考え通りに言ってください。
〈会話四〉	
K026	A:林さんは会議記録の準備はいいですか。
K027	B:はい。いいですよ。
K028	A:よかったです。他には何かありますか。
K029	C:ないです。
K030	A:じゃ、主な議題を検討しましょう。李さん、市場の開拓はどうですか。
K031	D:順調だと思います。この地域の半分を占めています。
K032	A:あ、すごいですね。
K033	D:そして農村の市場を開拓するつもりです。だから新しい製品のデザインが必要ですよ。
K034	C:私は全部賛成します。

续表

番号	会 話 文
〈会話五〉	
K035	A:目下は製品のデザインをもう一度工夫しなければならないです。皆さんの意見を聞きたいですが。
K036	B:種類さえ増加すればいいと思います。
K037	C:そう言えば製品のデザインを全部もう一度しないですか。
K038	B:はい。都市の市場をもっぱら力を注ぎます。
K039	C:しかし都市の市場を段々失っていますよ。
K040	A:この問題が十分わかるように部長にご発言をお願いいたします。
K041	D:アドバイスとしては人気製品をそのままにして他はもう一度デザインを工夫します。
K042	B:申し訳ないですが、賛成できません。我々はそんなお金と資源がないからです。
K043	D:申請すればいいと思いますよ。
K044	A:それでは、社長にご発言をお願いいたします。
K045	E:皆さん、こんばんは。私の結論としては皆さんが仕事をよくできたということです。
K046	A:ちょっと知りたいですが、本部は私たちの計画を支持してくれますか。
K047	E:計画が利潤をもらえると証明できれば私たちは賛成しますよ。
〈会話六〉	
K048	A:今までの討論でいくつかの意見が出たんですが、どちらに支持しますか。
K049	B:私は、いくつかの製品を増やすと主張します。
K050	A:あなたたちは賛成ですか。
K051	C:恐縮ですが、私としては、賛成できません。
K052	A:それでは、あなたはどのように考えていますか。
K053	C:私は部長の意見に賛成します。皆さん、賛成ですか。
K054	A:大賛成です。あなたたちは?
K055	B:この点については、私も大賛成です。
K056	A:皆で賛成すれば、ここで意見をまとめます。

续表

番号	会　话　文
〈会話七〉	
K057	A:激しい議論を通して、皆さんは全員で部長の意見に賛成することになりました。
K058	B:はい
K059	A:しかし、自分の意見を主張したい人もいると思います。
K060	C:確かにそうですが、私は自分の意見をあくまでも主張します。
K061	A:ええ。それもかまいません。我々がすべきことはもう明らかです。
K062	D:はい。部長の提案のように計画を立ちましょう。
K063	A:失敗しないように、私もいくつの提案をします。
K064	B:ええ、確かにそうです。
K065	A:もし、異議がなければ、私は以下のように提案します。(提案内容略)。他に補充したい人がいますか。
K066	E:もしなければ散会しましょう。
K067	A:主催者として、皆様のご参加に心から感謝します。
〈会話八〉	
K068	議長:それでは、会議を始めます。初めに最近発生したクレームについて話し合いたいと思います。王さんからお願いいたします。
K069	王:はい、ご報告します。先週、A社にセーターを50カートン納品したんですが、そのうち10カートンが破損していたというクレームがありました。早急に新しい段ボール箱を発送しました。商品には問題がなかったので、大きなクレームにはなりませんでした。
K070	田中:それで、破損の原因はなんだったんですか。
K071	王:はい、華東運送の梱包の仕方が悪かったのが原因です。もっと丁寧に取り扱うように、担当者には注意をしておきました。もしよろしければ、課長のほうからも一度注意をしていただきたいんですが。
K072	課長:よし、わかった。会議が終わったら、華東運送の部長に電話して、この件について話し合ってみるよ。
K073	王:よろしくお願いします。また同じことが起これば、当社の信用がなくなりますので。
K074	佐藤:私の考えでは、今回の破損は、運送会社の取り扱い方だけではなくて、段ボール箱の強度にも問題があったと思いますが。

续表

番号	会　話　文
K075	田中:私も佐藤さんと同じ意見ですね。確かに当社が使用している段ボール箱は少し弱いと思うんです。
K076	佐藤:それでは、丈夫そうな段ボール箱をいくつか取り寄せて、検討してみてはいかがでしょうか。
K077	議長:では、段ボール箱のことは、佐藤さんと田中さんで進めてもらうということでどうでしょうか。
K078	課長:じゃあ、そうしてください。田中さん、王さんも加えて三人で検討してもらえますか。
K079	田中:承知しました。
K080	議長:次は先月の販売実績について、田中さんから発表してもらいます。
K081	田中:それでは、最初に各商品売り上げ結果をご報告いたします。お手元の資料をご覧ください。
〈会話九〉	
K082	A:もし時間があったら、来月の新店舗のオープンパーティーについて打ち合わせをしたいのですが。
K083	B:はい、大丈夫です。
K084	C:私も大丈夫です。
K085	A:それではここで簡単に打ち合わせをしましょう。まずは会場のセッティングですが、これは小林さん、手配をお願いします。
K086	B:はい、テーブルやイスの搬入などはもう済んでいます。あとは会場を飾る花や各テーブルに置く小物を注文します。
K087	A:飲み物や食べ物については?
K088	B:午後3時からのパーティーですので、サンドイッチやフルーツなどの軽食と飲み物を用意したいと思います。
K089	A:お客様の席への誘導は石川さんにお願いします。
K090	C:わかりました。
K091	A:案内状はもう送りましたか。
K092	C:はい、先週皆さんに送りました。すでに何通か返事が届いています。
K093	A:お客様の出席状況を確認して、座席表を作ってください。

续表

番号	会　话　文
K094	C:はい、各席には、お客様のお名前が入ったオリジナルワインの小ボトルをネームプレート代わりに置く予定です。
K095	A:それはいいですね。

〈会話十〉

番号	会　话　文
K096	A:今日は社長が御社の工場を見学させていただく件について打ち合わせをしたいのですが。
K097	B:はい、社長さんの他、何名いらっしゃいますか。
K098	A:私も含めて5人です。
K099	B:まずは応接間で弊社の社長が一言あいさつを申し上げます。そのあと、工場にお連れします。御社の社長さんはフランスの方ですよね、通訳はどういたしましょうか。
K100	A:こちらから通訳を連れて行きますので、ご心配は無用です。
K101	B:そうですか。一通り工場を見学していただいたあと、再び応接間に戻って、弊社について詳しく説明をさせていただきます。そのあと昼食を用意しておりますので、食事をしながらざっくばらんにお話をいたしましょう。
K102	A:ありがとうございます。それでは来週の火曜日午前10時ということでよろしいですね。
K103	B:はい、お待ちしております。
K104	A:よろしくお願いします。

〈会話十一〉

番号	会　话　文
K105	A:それでは只今から、本年度の第三回営業会議を始めさせていただきます。まずは今回の会議の簡単な流れを説明いたします。始めに、上半期の営業実績報告と下半期の営業目標について、各部署からの説明とそれに関する意見交換を行います。皆様には事前に資料をお配りし、すでに目を通してきていただいていると思いますので、この場では意見交換をメインにお願します。そのあと、新商品の開発とプロジェクトチームの紹介をいたします。ご質問のある方は挙手でお願いいたします。それではまず、営業一課からお願いします。

续表

番号	会　话　文
K106	B:はい。結論から言いますと、上半期の売り上げは目標を下回るものでした。原因はいくつか考えられますが、一番大きいのはライバル業者B社の値下げ攻撃です。B社は当社のヒット製品の類似品を開発し、しかも安い価格で販売を始めたため、苦戦しております。幸いなことにほとんどの優良顧客は引き続き当社との取引を望んでいますので、これまで以上に価格やサービスの上で優遇し、優良顧客は何としても死守するつもりです。
K107	A:ありがとうございました。何か意見のある方はいらっしゃいますか。……鈴木さん、どうぞ。

〈会話十二〉

番号	会　话　文
K108	A:明日の会議の進行表を作りましたので、チェックをお願いします。
K109	B:そうですね。この現状報告に20分も費やす必要はない。事前に報告書を用意してもらって、10分で切り上げるようにしましょう。そのかわり、新プロジェクトの打ち合わせに要する時間を30分から40分に増やしましょう。会議の中でプロジェクトチームの紹介も行いたいので。
K110	A:かしこまりました。他にどこか訂正すべき箇所はありますか。
K111	B:会議の成功は時間をいかに効率よく使うかにかかっている。時間は短ければ短いほうがいい。常にそのことを頭に置き、会議がダラダラしないよう上手く進行してください。
K112	A:わかりました。議事録は小林さんにお願いしました。
K113	B:ああ、それはいい。彼女なら慣れているから、安心して任せられる。

〈会話十三〉

番号	会　话　文
K114	A:B社に比べ価格的に不利なのであれば、新規顧客の開拓は難しいのではないですか。優良顧客だけを死守していても、新しい顧客を開拓しないことには、売り上げを伸ばすことはできない。それはどう解決するつもりですか。
K115	B:はい、おっしゃる通りです。しかしB社の価格設定は、製品の市場浸透をはかるために当社をねらった無理なものになっていると思われます。ですから、そう長くは続かないと予想されます。
K116	A:そうですか。しかしそれはあくまでも予想であって、B社が何らかの対応策をとって今の低価格を維持し続けたら、後々は優良顧客までも奪われてしまいます。優良顧客はしぶとく攻めなければなりませんが、どうしても攻めきれないと判断したら、思い切って攻め先を転換する素早さも大切です。市場には未開拓の有力な見込み客がまだ相当いるはずですから。経験の浅い営業担当者は、見込度が低いにもかかわらず惰性的に訪問していることがよくあります。本人が見極めをつけられないときには、客観的立場から上司が決断すべきでしょう。

续表

番号	会　话　文
K117	B:そうですね。B社の低価格攻撃についてもう一度分析すると同時に、顧客開拓について改めて戦略を練り直します。

〈会話十四〉

番号	会　话　文
K118	A:婦人用コートの売り上げが軒並み下がっています。他社の同類の製品と比べ、やはり価格面での競争力が足りないと思われます。
K119	B:しかしこれ以上コストを下げるのは無理です。すでにギリギリのところまで下げていて、これ以上下げたら、品質に問題が出てきます。
K120	A:そうですか。何かいい方法はありませんか。
K121	C:もう少し安く生産できる工場に変えてはどうですか。
K122	D:この前、縫製工場の方と話をしたところ、5～6月は工場の閑散期に入るそうで、その時期だったら通常の2～3割引で生産してくれるそうです。
K123	A:それはいいですね。工場を変えるのはリスクも高くなるので、なるべく避けたい。田中さん、さっそく縫製工場と連絡を取って、閑散期の生産について話をつめてください。

〈会話十五〉

番号	会　话　文
K124	A:いろいろなご意見をいただき、大変ありがとうございました。そろそろ意見も出尽くしたようですので、取りまとめをしたいと思います。他に、付け加えるようなことがあれば、おっしゃってください。
K125	B:最後に、一つだけよろしいでしょうか。今回の新商品は、地域密着型ということで、地元商店街との連携が欠かせません。そういった意味でも、営業部の方々にはいろいろなご協力をいただきたいと思います。営業活動の中で得たご意見は、どんな小さなことでも構いませんので、すぐに開発チームに伝えてください。
K126	A:皆さん、よろしいですね。では、今回のテーマである新商品の開発方法については、山下課長の提案を承認する形で異議はございませんか。賛成の方は挙手にてお願いします。挙手多数と認め、可決することとします。これにて本年度の第三回営業会議を終了させていただきます。この会議の議事録については、2,3日中に社内のシステムにアップしますので、各自ご確認ください。今日はお忙しいところありがとうございました。

续表

番号	会　话　文
〈会話十六〉	
K127	A:田中さん、今の意見は大変有意義なのですが、予算の都合上、難しい部分もあるでしょうし、今ここでは結論を出すことができません。もう少し内容を吟味して、具体的な費用も計算してみてください。次回の会議の議題としましょう。他に意見がなければ、時間も迫っていますし、まとめに入りましょう。新企画については、小林さんと山本さんと鈴木さんの3人でチームを組んで進めるということでよろしいですね。後で営業担当者にも紹介します。
K128	B:わかりました。
K129	A:次回の会議は15日午後を予定しています。その時に新企画の進行状況を報告してください。他にも何か話し合いたいことがありましたら、13日までに議題を提出してください。
〈会話十七〉大正フードは新製品の天然果汁を発売することになった。これに先立ち、社内のコンセンサスを得るために、中村部長は会議を招集した。	
K130	中村部長:早速お集まりいただいて、ありがとうございます。皆さん、すでにご承知のように新製品の市場調査の結果もできましたので、今日は発売の基本方針についてご説明して、いろいろとご意見を伺いたいと思っております。早速、担当の木村課長から発売計画の概要についてご説明させていただきます。
K131	木村課長:ただ今の部長からのお話のように、一応、市場調査の結果もできましたので、それを踏まえて次のように考えています。まず、四月にチルドのルートが整備している名古屋でテストセールスをする。一ヵ月遅れて東京支店で発売する。その他の地域は九月発売です。価格や販売条件はお手元の資料のとおりです。 名古屋支店長:私とも名古屋支店からのスタートで、非常に責任も感じ、ありがたく思っております。幸いチルドでしたら、ここ数年来、地元の乳業会社を起用して、販売網を整備してきましたので、安心してスタートさせていただけると思っております。
K132	大阪支店長:ちょっと質問してもいいですか。大阪としては異議があるんですが。
K133	木村課長:はい、どうぞ。
K134	大阪支店長:テストセールスといったって、ちょっとの間ですし、それに、他の地域が九月というのは、とても話にならないと思うんですよね。
K135	木村課長:はあ…

续表

番号	会　话　文
K136	大阪支店長:商品の性格からいっても、ジュースの発売は春が常識ですし、東京支店が五月なら、全国一斉に五月にしていただけないんですかね。ご承知のとおり、このところ新製品が出ていないんで、問屋筋も大型新商品の発売を待っているところなんです。春の新商品として、ぜひとも大阪にも売らせていただきたいと思っているんですが。
K137	木村課長:はい、わかりました。申し訳ございませんが、実はちょっと生産が間に合わないもんですから…。とりあえず、東京だけでも先鞭をつけておきたいというところなんですが。
K138	大阪支店長:要するに首都圏と東海地区優先ということですね。そうした戦略も結構だけれども、まるで、十二月二十六日にクリスマスケーキを売れ、というようなもんじゃありませんか。もう少し販売に全力投球している我々の立場にもなってくださいよ。春が無理なら、せめて六月とか七月とか…。
K139	木村課長:だいぶ手厳しいお言葉をちょうだいしまして…。ご理解いただけると思いますが、この商品はチルドで、卸店も従来のドライ商品とは違った系列を使うことになります。そこで、チルドの販売網が整備している名古屋で、まずやる。そして、業界によく売れるという評判が立った勢いを駆って東京に進出する、という筋書きなんですが、いかがでしょうか。
K140	中村部長:いろいろご意見をいただきましたが、時間の関係もありますので、今日はここで終わりたいと思います。いただいたご意見を踏まえてさらに検討したいと思いますので、もし何かお気づきの点がありましたら、私か、木村課長にご連絡いただきたいと存じます。今日はありがとうございました。
	〈会話十八〉　SJIシステム株式会社第一開発部、プロジェクトサブリーダーの渡辺さんとシステムエンジニアの大森さんとプログラマーの孫さん・鄭さん・山口さん・グプタさんが会議で進捗報告をしている。
K141	渡辺:それでは、進捗報告会議を始めます。すでにお知らせしたように、お客様との話し合いの結果、先日の仕様変更依頼に対応することになりました。各自の変更された作業分担、スケジュールに従って、進捗の報告をお願いします。では、大森さんからお願いします。
K142	大森:はい。A画面のコーディングが完了しましたので、今朝から仕様変更対応になった検索条件入力画面の修正作業に入りました。までに終わらせ、B画面の単体テストに戻る予定です。
K143	渡辺:わかりました。では、次に鄭さんお願いします。
K144	鄭:はい。私も進めていたメンテナンス画面のコーディングを一旦止めて、仕様変更になった共通関数を修正しました。変更後のスケジュール通り、2日半で終了したので、昨日からメンテナンス画面のコーディングに戻っています。こちらもスケジュール通り、今日中に終了する予定です。

续表

番号	会　話　文
K145	渡辺:わかりました。では、次にグプタさんお願いします。
K146	グプタ:はい…

〈会話十九〉　作業が遅れた事情を説明する。

番号	会　話　文
K147	渡辺:それでは、次に孫さんお願いします。
K148	孫:はい。先週の進捗会議以降、C画面のコーディングと単体テストは、予定通りに進んでいたんですが、鄭さんの共通関数が修正されたのを受けて、昨日から詳細検索モジュールの仕様変更対応に着手しました。予定ではコードの修正と単体テストを含め、1日で終わるはずだったんですが、まだ単体テストが半分ぐらいしか終わっていない状態です。
K149	渡辺:何が原因で遅れたんですか。
K150	孫:実は、一旦単体テストまで進んだところで、対応できていなかったケースがあることに気づきまして、再度コーディングに戻ったんです。遅れてしまって申し訳ありません。
K151	渡辺:そうですか。スケジュールを変更する必要はありますか。
K152	孫:いいえ、ただ、スケジュールでは今日中にD画面も含め終了しなければならないので、遅れを取り戻すため、今日10時ぐらいまで残業させていただけないでしょうか。
K153	渡辺:わかりました。10までならいいです。お願いします。
K154	孫:ありがとうございます。それから、大森さんにお願いなんですが、詳細検索モジュールの単体テストが終わるまで、画面からモジュールを呼ばないようにしていただけないでしょうか。
K155	大森:わかりました。使えるようになったら、教えてください。
K156	孫:はい、申し訳ありません。
K157	渡辺:明日の朝、私に終了したかどうか報告してください。
K158	孫:はい。
K159	渡辺:では、次は山口さんお願いします。
K160	山口:はい…。

续表

番号	会　話　文
〈会話二十〉 SJIシステム株式会社第一開発部のプロジェクトサブリーダーの渡辺さんとプログラムの孫さんが五大陸トラベル株式会社の事業部長の吉川さんと社員の服部さんと会議しています。	
K161	吉川：今日はお忙しいところありがとうございます。
K162	渡辺：いえいえ、今日は中国関連のお話ということでしたので、弊社の社員で中国出身の孫を連れてまいりました。
K163	孫：SJIシステム第一開発部の孫と申します。どうぞよろしくお願いいたします。
K164	吉川：五大陸トラベルの吉川と申します。よろしくお願いいたします。どうぞお掛け下さい。
K165	孫：失礼いたします。
K166	吉川：実は、いま作っていただいているウェブシステムなんですが、中国版を作ることになりまして。
K167	渡辺：そうなんですか。
K168	吉川：ええ、そこで、御社にまたぜひお願いしたいと思っているんです。
K169	渡辺：それは、ありがとうございます。
K170	吉川：それで、やはり中国向けのものを作るなら中国人が好むデザインや作りを研究して、他の有力サイトとの差別化も図っていけたらと思っているんですよ。
K171	渡辺：そうですか。
K172	吉川：何かご提案をいただけたらありがたいんですが。
K173	渡辺：うーん、そうですね…。孫君はどう思う？
K174	孫：そうですね、私は中国語のウェブサイトもよくチェックしているんですが、今中国で人気がある大手の旅行関連のサイトが二つあるんです。それぞれ使いやすさやデザインの特徴が全く違うので、よろしければここでそのサイトをお見せしましょうか。
K175	吉川：ぜひお願いします。
K176	孫：はい。わかりました。

续表

番号	会　話　文
〈会話二十一〉 大連にある大東施設株式会社という日系企業が現在の経済状況に応じるために、会議を開き、会社の営業戦略を検討しています。東京本社の副社長も出席しています。	
K177	副社長：東京の状況は、以上の通りですが、こちらの現状から今何をすべきかを検討したいと思います。
K178	総経理：営業部長、最新の営業成績を説明してください。
K179	部長：お手元の資料の通り、大連の営業成績は、東京ほど悪くありません。今月は中国企業からの受注はむしろ増える傾向です。
K180	副社長：発注はどんな企業からですか。
K181	部長：主として地方の企業からですが、工場や事業所のIT化の依頼です。
K182	総経理：地方の企業は工場の新設が遅れて、現在でも施設や内装の整備が行われています。
K183	副社長：それはありがたいですね。今後の見通しはどうですか。
K184	部長：地方の状況につきましては、担当の蔡課長が説明いたします。
K185	課長：国際的な不況は、中国にも大きな影響を与えていますが、国内需要はまだかなりありますので、今年度の落ち込みはあまり大きくはならないと思います。
K186	部長：蔡課長は、最近新しい顧客の開拓のために、いろいろやり始めています。
K187	副社長：それはご苦労様。とにかく、日本の景気回復は当分かかりそうなので、こちらで頑張ってください。
K188	総経理：かしこまりました。では、次に税務問題についてご報告いたします。
〈会話二十二〉 会社が成立した翌日、総経理である大山さんは専務の白俊さんと他の社員を集めて、会社の今後の方針を検討しています。	
K189	大山：我々は全社員が研究者ですが、これからは、研究だけでなく、会社の経営にも参加してもらいます。
K190	白俊：研究成果ばかりでなく、企業としての業績も上げなければならないわけですね。

续表

番号	会　話　文
K191	大山：そうです。我々が協力して、儲かる会社にするわけです。そのために何をすべきか率直な話し合いをしたいと思います。
K192	小石：我々が開発したビジネスモデル特許を実践することになりますね。
K193	大山：その通り。特許を売り込むのではなくて、あのビジネスモデルに基づいて商売をするわけです。
K194	黒田：我々が開発した特許の使用料はどうなりますか。
K195	白俊：今までの特許は、研究費を負担した本社とわが社が50パーセントずつ受け取ることになりますが、特許の所有権は本社になります。
K196	黒田：これからの特許の所有権も本社のものになりますか。
K197	大山：それはわが社の所有になりますが、本社はわが社の出資者ですから、今後は収益を配当として受け取ることになります。
K198	小石：とにかく、頑張って利益を上げるべきですね。
K199	大山：そうです。そうすれば我々の未来も開けてきますよ。

〈付録六〉 中国のビジネス日本語教科書の会議場面における会話文の「自然さ」に関する調査票

　お忙しいところ、ご協力くださり誠にありがとうございます。本調査はビジネス会議場面における会話文の自然さに関するアンケート調査です。場面、人間関係、また日本のビジネス習慣などに基づいて、下記の会話文から、言葉遣いや表現の仕方、また丁寧さなどがその場面に相応しくない(日本人はそのように言わない)と感じる部分を選び、その部分に下線を引いてください。また、会話の後ろに簡単に理由を書いてください。
　では、よろしくお願いいたします。
例:課長、この提案は<u>よくないです</u>。……(婉曲表現を使っていない)

● 被調査者について:
性別:
年齢:① 20代　② 30代　③ 40代　④ 50代　⑤ 60代　⑥ 70代
業種:
部署:
従業年数:

● では、調査を始めましょう。
〈会話一〉課内のミーティング
課長:この企画案でいくかどうか、そろそろ結論を出さなければなりません。
李:このままでは議論は平行線ですし、多数決を取りませんか。
孫:李さんの意見に反対というわけではありませんが、私はまだ議論

が不十分だと思います。
同僚:私も多数決はどうかと思います。課としてのコンセンサスが不十分なところで多数決で決めても、後がうまくいかなくなる恐れがあります。
課長:それもそうですね。では、明日もう一日、この件で話し合いましょう。この案に不十分なところがあれば、明日までに対案を考えてきてください。それでいいですか。
全員:はい、結構です。

〈会話二〉営業会議で発言する
司会:ただ今の部長のご提案について、ご意見はございませんか。
課長A:私は部長のご提案に異存はございません。
司会:他のご意見の方はございませんか。
課長B:部長のご提案については私も基本的に賛成なのですが、二、三検討したほうがいいと思う点がございます。その一つは、販売目標に関してですが、少し控えめすぎるのではないでしょうか。二つは販売促進策に関してですが、もっと新規顧客獲得のために方策を検討すべきではないでしょうか。
部長:(挙手して)発言、よろしいでしょうか。
司会:はい、どうぞ
部長:竹井課長、もう少し具体的に話してもらえませんか。

〈会話三〉
A:それでは、始まりましょう。皆さん、こんばんは。
B:こんばんは。
A:私は李明と申します。ソフトウェアの開発者です。今回司会者として大変光栄に存じます。
B:李明さん、こんばんは。
A:それでは、社長を歓迎いたしましょう。
C:皆さん、こんばんは。

A:私たちは今日の議題は製品の開発です。何か異議がありますか。
B:ないです。続けてください。
A:私は田中さんに議題の要点を頼みました。これはパンフレットです。ご覧ください。
B:よかったですね。会議の手順はすぐわかりますね。
A:それから検討しましょう。最後に社長はまとめてくださることをお願いします。
C:考え通りに言ってください。

〈会話四〉
A:林さんは会議記録の準備はいいですか。
B:はい。いいですよ。
A:よかったです。他には何かありますか。
C:ないです。
A:じゃ、主な議題を検討しましょう。李さん、市場の開拓はどうですか。
D:順調だと思います。この地域の半分を占めています。
A:あ、すごいですね。
D:そして農村の市場を開拓するつもりです。だから新しい製品のデザインが必要ですよ。
C:私は全部賛成します。

〈会話五〉
A:目下は製品のデザインをもう一度工夫しなければならないです。皆さんの意見を聞きたいですが。
B:種類さえ増加すればいいと思います。
C:そう言えば製品のデザインを全部もう一度しないですか。
B:はい。都市の市場をもっぱら力を注ぎます。
C:しかし都市の市場を段々失っていますよ。
A:この問題が十分わかるように部長にご発言をお願いいたします。

D:アドバイスとしては人気製品をそのままにして他はもう一度デザインを工夫します。
B:申し訳ないですが、賛成できません。我々はそんなお金と資源がないからです。
D:申請すればいいと思いますよ。
A:それでは、社長にご発言をお願いいたします。
E:皆さん、こんばんは。私の結論としては皆さんが仕事をよくできたということです。
A:ちょっと知りたいですが、本部は私たちの計画を支持してくれますか。
E:計画が利潤をもらえると証明できれば私たちは賛成しますよ。

〈会話六〉
A:今までの討論でいくつかの意見が出たんですが、どちらに支持しますか。
B:私は、いくつかの製品を増やすと主張します。
A:あなたたちは賛成ですか。
C:恐縮ですが、私としては、賛成できません。
A:それでは、あなたはどのように考えていますか。
C:私は部長の意見に賛成します。皆さん、賛成ですか。
A:大賛成です。あなたたちは?
B:この点については、私も大賛成です。
A:皆で賛成すれば、ここで意見をまとめます。

〈会話七〉
A:激しい議論を通して、皆さんは全員で部長の意見に賛成することになりました。
B:はい
A:しかし、自分の意見を主張したい人もいると思います。
C:確かにそうですが、私は自分の意見をあくまでも主張します。

A:ええ。それもかまいません。我々がすべきことはもう明らかです。
D:はい。部長の提案のように計画を立ちましょう。
A:失敗しないように、私もいくつの提案をします。
B:ええ、確かにそうです。
A:もし、異議がなければ、私は以下のように提案します。(提案内容略)。他に補充したい人がいますか。
E:もしなければ散会しましょう。
A:主催者として、皆様のご参加に心から感謝します。

〈会話八〉
議長:それでは、会議を始めます。初めに最近発生したクレームについて話し合いたいと思います。王さんからお願いいたします。
王:はい、ご報告します。先週、A社にセーターを50カートン納品したんですが、そのうち10カートンが破損していたというクレームがありました。早急に新しい段ボール箱を発送しました。商品には問題がなかったので、大きなクレームにはなりませんでした。
田中:それで、破損の原因はなんだったんですか。
王:はい、華東運送の梱包の仕方が悪かったのが原因です。もっと丁寧に取り扱うように、担当者には注意をしておきました。もしよろしければ、課長のほうからも一度注意をしていただきたいんですが。
課長:よし、わかった。会議が終わったら、華東運送の部長に電話して、この件について話し合ってみるよ。
王:よろしくお願いします。また同じことが起これば、当社の信用がなくなりますので。
佐藤:私の考えでは、今回の破損は、運送会社の取り扱い方だけではなくて、段ボール箱の強度にも問題があったと思いますが。
田中:私も佐藤さんと同じ意見ですね。確かに当社が使用している

　　　　段ボール箱は少し弱いと思うんです。
佐藤：それでは、丈夫そうな段ボール箱をいくつか取り寄せて、検討
　　　してみてはいかがでしょうか。
議長：では、段ボール箱のことは、佐藤さんと田中さんで進めてもら
　　　うということでどうでしょうか。
課長：じゃあ、そうしてください。田中さん、王さんも加えて三人で
　　　検討してもらえますか。
田中：承知しました。
議長：次は先月の販売実績について、田中さんから発表してもらい
　　　ます。
田中：それでは、最初に各商品売り上げ結果をご報告いたします。お
　　　手元の資料をご覧ください。

〈会話九〉
A：もし時間があったら、来月の新店舗のオープンパーティーについ
　　て打ち合わせをしたいのですが。
B：はい、大丈夫です。
C：私も大丈夫です。
A：それではここで簡単に打ち合わせをしましょう。まずは会場の
　　セッティングですが、これは小林さん、手配をお願いします。
B：はい、テーブルやイスの搬入などはもう済んでいます。あとは会
　　場を飾る花や各テーブルに置く小物を注文します。
A：飲み物や食べ物については？
B：午後3時からのパーティーですので、サンドイッチやフルーツな
　　どの軽食と飲み物を用意したいと思います。
A：お客様の席への誘導は石川さんにお願いします。
C：わかりました。
A：案内状はもう送りましたか。
C：はい、先週皆さんに送りました。すでに何通か返事が届いてい
　　ます。

A:お客様の出席状況を確認して、座席表を作ってください。
C:はい、各席には、お客様のお名前が入ったオリジナルワインの小ボトルをネームプレート代わりに置く予定です。
A:それはいいですね。

〈会話十〉
A:今日は社長が御社の工場を見学させていただく件について打ち合わせをしたいのですが。
B:はい、社長さんの他、何名いらっしゃいますか。
A:私も含めて5人です。
B:まずは応接間で弊社の社長が一言あいさつを申し上げます。そのあと、工場にお連れします。御社の社長さんはフランスの方ですよね、通訳はどういたしましょうか。
A:こちらから通訳を連れて行きますので、ご心配は無用です。
B:そうですか。一通り工場を見学していただいたあと、再び応接間に戻って、弊社について詳しく説明をさせていただきます。そのあと昼食を用意しておりますので、食事をしながらざっくばらんにお話をいたしましょう。
A:ありがとうございます。それでは来週の火曜日午前10時ということでよろしいですね。
B:はい、お待ちしております。
A:よろしくお願いします。

〈会話十一〉
A:それでは只今から、本年度の第三回営業会議を始めさせていただきます。まずは今回の会議の簡単な流れを説明いたします。始めに、上半期の営業実績報告と下半期の営業目標について、各部署からの説明とそれに関する意見交換を行います。皆様には事前に資料をお配りし、すでに目を通してきていただいていると思いますので、この場では意見交換をメインにお願します。そのあ

と、新商品の開発とプロジェクトチームの紹介をいたします。ご質問のある方は挙手でお願いいたします。それではまず、営業一課からお願いします。

B:はい。結論から言いますと、上半期の売り上げは目標を下回るものでした。原因はいくつか考えられますが、一番大きいのはライバル業者B社の値下げ攻撃です。B社は当社のヒット製品の類似品を開発し、しかも安い価格で販売を始めたため、苦戦しております。幸いなことにほとんどの優良顧客は引き続き当社との取引を望んでいますので、これまで以上に価格やサービスの上で優遇し、優良顧客は何としても死守するつもりです。

A:ありがとうございました。何か意見のある方はいらっしゃいますか。……鈴木さん、どうぞ。

〈会話十二〉

A:明日の会議の進行表を作りましたので、チェックをお願いします。

B:そうですね。この現状報告に20分も費やす必要はない。事前に報告書を用意してもらって、10分で切り上げるようにしましょう。そのかわり、新プロジェクトの打ち合わせに要する時間を30分から40分に増やしましょう。会議の中でプロジェクトチームの紹介も行いたいので。

A:かしこまりました。他にどこか訂正すべき箇所はありますか。

B:会議の成功は時間をいかに効率よく使うかにかかっている。時間は短ければ短いほうがいい。常にそのことを頭に置き、会議がダラダラしないよう上手く進行してください。

A:わかりました。議事録は小林さんにお願いしました。

B:ああ、それはいい。彼女なら慣れているから、安心して任せられる。

〈会話十三〉

A:B社に比べ価格的に不利なのであれば、新規顧客の開拓は難しい

のではないですか。優良顧客だけを死守していても、新しい顧客を開拓しないことには、売り上げを伸ばすことはできない。それはどう解決するつもりですか。
B:はい、おっしゃる通りです。しかしB社の価格設定は、製品の市場浸透をはかるために当社をねらった無理なものになっていると思われます。ですから、そう長くは続かないと予想されます。
A:そうですか。しかしそれはあくまでも予想であって、B社が何らかの対応策をとって今の低価格を維持し続けたら、後々は優良顧客までも奪われてしまいます。優良顧客はしぶとく攻めなければなりませんが、どうしても攻めきれないと判断したら、思い切って攻め先を転換する素早さも大切です。市場には未開拓の有力な見込み客がまだ相当いるはずですから。経験の浅い営業担当者は、見込度が低いにもかかわらず惰性的に訪問していることがよくあります。本人が見極めをつけられないときには、客観的立場から上司が決断すべきでしょう。
B:そうですね。B社の低価格攻撃についてもう一度分析すると同時に、顧客開拓について改めて戦略を練り直します。

〈会話十四〉
A:婦人用コートの売り上げが軒並み下がっています。他社の同類の製品と比べ、やはり価格面での競争力が足りないと思われます。
B:しかしこれ以上コストを下げるのは無理です。すでにギリギリのところまで下げていて、これ以上下げたら、品質に問題が出てきます。
A:そうですか。何かいい方法はありませんか。
C:もう少し安く生産できる工場に変えてはどうですか。
D:この前、縫製工場の方と話をしたところ、5～6月は工場の閑散期に入るそうで、その時期だったら通常の2～3割引で生産してくれるそうです。

A:それはいいですね。工場を変えるのはリスクも高くなるので、なるべく避けたい。田中さん、さっそく縫製工場と連絡を取って、閑散期の生産について話をつめてください。

〈会話十五〉
A:いろいろなご意見をいただき、大変ありがとうございました。そろそろ意見も出尽くしたようですので、取りまとめをしたいと思います。他に、付け加えるようなことがあれば、おっしゃってください。
B:最後に、一つだけよろしいでしょうか。今回の新商品は、地域密着型ということで、地元商店街との連携が欠かせません。そういった意味でも、営業部の方々にはいろいろなご協力をいただきたいと思います。営業活動の中で得たご意見は、どんな小さなことでも構いませんので、すぐに開発チームに伝えてください。
A:皆さん、よろしいですね。では、今回のテーマである新商品の開発方法については、山下課長の提案を承認する形で異議はございませんか。賛成の方は挙手にてお願いします。挙手多数と認め、可決することとします。これにて本年度の第三回営業会議を終了させていただきます。この会議の議事録については、2,3日中に社内のシステムにアップしますので、各自ご確認ください。今日はお忙しいところありがとうございました。

〈会話十六〉
A:田中さん、今の意見は大変有意義なのですが、予算の都合上、難しい部分もあるでしょうし、今ここでは結論を出すことができません。もう少し内容を吟味して、具体的な費用も計算してみてください。次回の会議の議題としましょう。他に意見がなければ、時間も迫っていますし、まとめに入りましょう。新企画については、小林さんと山本さんと鈴木さんの3人でチームを組んで進めるということでよろしいですね。後で営業担当者にも紹介します。

B:わかりました。
A:次回の会議は15日午後を予定しています。その時に新企画の進行状況を報告してください。他にも何か話し合いたいことがありましたら、13日までに議題を提出してください。

〈会話十七〉
　大正フードは新製品の天然果汁を発売することになった。これに先立ち、社内のコンセンサスを得るために、中村部長は会議を招集した。
中村部長:早速お集まりいただいて、ありがとうございます。皆さん、すでにご承知のように新製品の市場調査の結果もできましたので、今日は発売の基本方針についてご説明して、いろいろとご意見を伺いたいと思っております。早速、担当の木村課長から発売計画の概要についてご説明させていただきます。
木村課長:ただ今の部長からのお話しのように、一応、市場調査の結果もできましたので、それを踏まえて次のように考えています。まず、四月にチルドのルートが整備している名古屋でテストセールスをする。一ヵ月遅れて東京支店で発売する。その他の地域は九月発売です。価格や販売条件はお手元の資料のとおりです。
名古屋支店長:私とも名古屋支店からのスタートで、非常に責任も感じ、ありがたく思っております。幸いチルドでしたら、ここ数年来、地元の乳業会社を起用して、販売網を整備してきましたので、安心してスタートさせていただけると思っております。
大阪支店長:ちょっと質問してもいいですか。大阪としては異議があるんですが。
木村課長:はい、どうぞ。
大阪支店長:テストセールスといったって、ちょっとの間ですし、それ

大阪支店長：に、他の地域が九月というのは、とても話にならないと思うんですよね。
木村課長：はあ…
大阪支店長：商品の性格からいっても、ジュースの発売は春が常識ですし、東京支店が五月なら、全国一斉に五月にしていただけないんですかね。ご承知のとおり、このところ新製品が出ていないんで、問屋筋も大型新商品の発売を待っているところなんです。春の新商品として、ぜひとも大阪にも売らせていただきたいと思っているんですが。
木村課長：はい、わかりました。申し訳ございませんが、実はちょっと生産が間に合わないもんですから…。とりあえず、東京だけでも先鞭をつけておきたいというところなんですが。
大阪支店長：要するに首都圏と東海地区優先ということですね。そうした戦略も結構だけれども、まるで、十二月二十六日にクリスマスケーキを売れ、というようなもんじゃありませんか。もう少し販売に全力投球している我々の立場にもなってくださいよ。春が無理なら、せめて六月とか七月とか…。
木村課長：だいぶ手厳しいお言葉をちょうだいしまして…。ご理解いただけると思いますが、この商品はチルドで、卸店も従来のドライ商品とは違った系列を使うことになります。そこで、チルドの販売網が整備している名古屋で、まずやる。そして、業界によく売れるという評判が立った勢いを駆って東京に進出する、という筋書きなんですが、いかがでしょうか。
中村部長：いろいろご意見をいただきましたが、時間の関係もありますので、今日はここで終わりたいと思います。いただいたご意見を踏まえてさらに検討したいと思いますので、もし何かお気づきの点がありましたら、私か、木村課長にご連絡いただきたいと存じます。今日はありがとうございま

した。

〈会話十八〉
　SJIシステム株式会社第一開発部、プロジェクトサブリーダーの渡辺さんとシステムエンジニアの大森さんとプログラマーの孫さん・鄭さん・山口さん・グプタさんが会議で進捗報告をしている。
渡辺：それでは、進捗報告会議を始めます。すでにお知らせしたように、お客様との話し合いの結果、先日の仕様変更依頼に対応することになりました。各自の変更された作業分担、スケジュールに従って、進捗の報告をお願いします。では、大森さんからお願いします。
大森：はい。A画面のコーディングが完了しましたので、今朝から仕様変更対応になった検索条件入力画面の修正作業に入りました。までに終わらせ、B画面の単体テストに戻る予定です。
渡辺：わかりました。では、次に鄭さんお願いします。
鄭：はい。私も進めていたメンテナンス画面のコーディングを一旦止めて、仕様変更になった共通関数を修正しました。変更後のスケジュール通り、2日半で終了したので、昨日からメンテナンス画面のコーディングに戻っています。こちらもスケジュール通り、今日中に終了する予定です。
渡辺：わかりました。では、次にグプタさんお願いします。
グプタ：はい…

〈会話十九〉
　作業が遅れた事情を説明する。
渡辺：それでは、次に孫さんお願いします。
孫：はい。先週の進捗会議以降、C画面のコーディングと単体テストは、予定通りに進んでいたんですが、鄭さんの共通関数が修正されたのを受けて、昨日から詳細検索モジュールの仕様変更対応に着手しました。予定ではコードの修正と単体テストを含め、1日

で終わるはずだったんですが、まだ単体テストが半分ぐらいしか終わっていない状態です。
渡辺：何が原因で遅れたんですか。
孫：実は、一旦単体テストまで進んだところで、対応できていなかったケースがあることに気づきまして、再度コーディングに戻ったんです。遅れてしまって申し訳ありません。
渡辺：そうですか。スケジュールを変更する必要はありますか。
孫：いいえ、ただ、スケジュールでは今日中にD画面も含め終了しなければならないので、遅れを取り戻すため、今日10時ぐらいまで残業させていただけないでしょうか。
渡辺：わかりました。10までならいいです。お願いします。
孫：ありがとうございます。それから、大森さんにお願いなんですが、詳細検索モジュールの単体テストが終わるまで、画面からモジュールを呼ばないようにしていただけないでしょうか。
大森：わかりました。使えるようになったら、教えてください。
孫：はい、申し訳ありません。
渡辺：明日の朝、私に終了したかどうか報告してください。
孫：はい。
渡辺：では、次は山口さんお願いします。
山口：はい…。

〈会話二十〉
　　SJIシステム株式会社第一開発部のプロジェクトサブリーダーの渡辺さんとプログラムの孫さんが五大陸トラベル株式会社の事業部長の吉川さんと社員の服部さんと会議しています。
吉川：今日はお忙しいところありがとうございます。
渡辺：いえいえ、今日は中国関連のお話ということでしたので、弊社の社員で中国出身の孫を連れてまいりました。
孫：SJIシステム第一開発部の孫と申します。どうぞよろしくお願いいたします。

吉川：五大陸トラベルの吉川と申します。よろしくお願いいたします。どうぞお掛け下さい。
孫：失礼いたします。
吉川：実は、いま作っていただいているウェブシステムなんですが、中国版を作ることになりまして。
渡辺：そうなんですか。
吉川：ええ、そこで、御社にまたぜひお願いしたいと思っているんです。
渡辺：それは、ありがとうございます。
吉川：それで、やはり中国向けのものを作るなら中国人が好むデザインや作りを研究して、他の有力サイトとの差別化も図っていけたらと思っているんですよ。
渡辺：そうですか。
吉川：何かご提案をいただけたらありがたいんですが。
渡辺：うーん、そうですね…。孫君はどう思う？
孫：そうですね、私は中国語のウェブサイトもよくチェックしているんですが、今中国で人気がある大手の旅行関連のサイトが二つあるんです。それぞれ使いやすさやデザインの特徴が全く違うので、よろしければここでそのサイトをお見せしましょうか。
吉川：ぜひお願いします。
孫：はい。わかりました。

〈会話二十一〉
　大連にある大東施設株式会社という日系企業が現在の経済状況に応じるために、会議を開き、会社の営業戦略を検討しています。東京本社の副社長も出席しています。
副社長：東京の状況は、以上の通りですが、こちらの現状から今何をすべきかを検討したいと思います。
総経理：営業部長、最新の営業成績を説明してください。
部長：お手元の資料の通り、大連の営業成績は、東京ほど悪くありま

せん。今月は中国企業からの受注はむしろ増える傾向です。
副社長：発注はどんな企業からですか。
部長：主として地方の企業からですが、工場や事業所のIT化の依頼です。
総経理：地方の企業は工場の新設が遅れて、現在でも施設や内装の整備が行われています。
副社長：それはありがたいですね。今後の見通しはどうですか。
部長：地方の状況につきましては、担当の蔡課長が説明いたします。
課長：国際的な不況は、中国にも大きな影響を与えていますが、国内需要はまだかなりありますので、今年度の落ち込みはあまり大きくはならないと思います。
部長：蔡課長は、最近新しい顧客の開拓のために、いろいろやり始めています。
副社長：それはご苦労様。とにかく、日本の景気回復は当分かかりそうなので、こちらで頑張ってください。
総経理：かしこまりました。では、次に税務問題についてご報告いたします。

〈会話二十二〉

　会社が成立した翌日、総経理である大山さんは専務の白俊さんと他の社員を集めて、会社の今後の方針を検討しています。
大山：我々は全社員が研究者ですが、これからは、研究だけでなく、会社の経営にも参加してもらいます。
白俊：研究成果ばかりでなく、企業としての業績も上げなければならないわけですね。
大山：そうです。我々が協力して、儲かる会社にするわけです。そのために何をすべきか率直な話し合いをしたいと思います。
小石：我々が開発したビジネスモデル特許を実践することになりますね。
大山：その通り。特許を売り込むのではなくて、あのビジネスモデル

に基づいて商売をするわけです。
黒田：我々が開発した特許の使用料はどうなりますか。
白俊：今までの特許は、研究費を負担した本社とわが社が50パーセントずつ受け取ることになりますが、特許の所有権は本社になります。
黒田：これからの特許の所有権も本社のものになりますか。
大山：それはわが社の所有になりますが、本社はわが社の出資者ですから、今後は収益を配当として受け取ることになります。
小石：とにかく、頑張って利益を上げるべきですね。
大山：そうです。そうすれば我々の未来も開けてきますよ。

　調査内容は以上です。ご協力ありがとうございました。最後に、これらの会話文の表現について、一言でも構わないですが、自分の感想を少し書いていただけませんか。（例：敬語の使用が多すぎる）
（感想：　　　　　　　　　　　　　　　）

〈付録七〉 ビジネス会議場面の自然会話における「待遇表現」の使用分析表

　本分析表に使用しているデータは、2014年4月に福岡市にある機械製造企業で働いている友人に頼んで、企業の許可を得たうえで収集した会話データである。本データはメーカーと取引先との会議（打ち合わせ）における自然会話であり、録音の長さは31 min 40 sである。会議の参加者の属性は次のようである。

会社/部署	会議出席者	国　　籍	性別	年齢
メーカー・営業	C1	中国(2014年当時来日9年間、日本で就職5年目)	男	30代
顧客・技術担当	J1	日本	男	50代
	J2	日本	男	30代
	J3	日本	男	50代

　会社の機密を保つために、本データに出ている会社名、人名、金額関係の数字などはすべて記号に置き換える。記号の意味は次のようである。

● —会社名、○—人名、＄—金額、♯—聞き取れなかった部分

行番号	発話者	発　話　内　容
S001	J1	久しぶりですね。元気でした?
S002	C1	(笑)まあ、おかげさまで。
S003	J1	今日はあの…、あれ? 付属のなんかあのー?
S004	C1	あ、そうです。あっ、お久しぶりです。今日はお世話になります。
S005	J2	久しぶりですね。
S006	J2	サーモスタットって持ってきてもらったんです?

续表

行番号	発話者	発　話　内　容
S007	C1	あ、あの、あの、●●のストッパーは、ちょっとうちの品証で止められちゃって…
S008	J2	あっ、そうなんですか?
S009	C1	はい。あの、なんか今回は、また、なんか、ゴミみたいなやつ、墨みたいなやつは裏側に付いてて、で、うちの品証で、またダメって…、あの、道具付けのやつでもう一回作ってくださいって言われたんです。すいません。申し訳ないです。
S010	J2	もらう気満々で。
S011	C1	あれと…
S012	J1	それといっしょに送ってもらって、それを止められちゃったから、送れなくなったっていう話?
S013	C1	そうですね、あの最初にサーモスタットだけ送ろうと考えているんですけど…
S014	J2	うん、それで、こっちにみえた時にもし、サーモスタットだけ手持ちで送れるんであれば、持ってきてもらえるんだったら、持ってくればよかったのに、って思って。
S015	C1	すみません。あの、工場の者がケチなので、あの、どうせ送るんだったらいっしょに送るって言われたんですよね。すみません。
S016	J2	大丈夫です
S017	C1	申し訳ないです。必ず今週、はい、すみません。
S018	J2	だいたいどれくらいになります?
S019	C1	えっと、たぶんできて、やっぱり1個とか2個とか。たぶん道具付けて…、やっぱり、あの、向こうはほとんど、なんか、あの金は払わなくていいって言われていて。スピード的にはそんなに早くないですよね。おそらく…
S020	J2	どれくらいになります?
S021	C1	今週末は、たぶん土曜日…
S022	J1	もう行かないですか、行って帰ってこないかな。＃＃＃＃＃。
S023	C1	中国ですか? 中国は…
S024	J2	サーモスタットって中国にあるんですか?
S025	C1	そうですね。

续表

行番号	発話者	発話内容
S026	J2	●●に…
S027	C1	あー、●●に置いてないです。すいません。
S028	J2	分かりました。＃＃＃＃＃、来週くらい…
S029	C1	来週くらい、分かりました。
S030	J1	＃＃＃＃＃。
S031	C1	できるだけ早めに送ります。
S032	J3	＃＃＃＃＃。
S033	J1	＃＃＃＃＃、その分が足りないから、ちょうだいって言って。その分だけ。
S034	J3	ちょっとちらちらっと。6台おさえてもらって。チェックシートってね、えっと、実際僕ら見ていない、見てないんだけど、付いてるの？どういう形でチェックシートが入ってるのかなと思って。あの、もう、3台目入れてもらった時に、製品の10台口の三台目。こういうのが来たんですよ、チェックシートが。あの、中国の○○さんの方に来てもらったんだけど、中国版のチェックシートが届いていない。
S035	C1	あれ、日本語版確かにありますね。
S036	J3	それで、その6台、後から入れてもらいましたね。一台おとして、6台。あの時のチェックシートいうのが、どういう形で来るかなと思って。＃＃についてるの？まだ見てないんですけど。
S037	C1	＃＃の下のなんか、あのファイルの中にないですか。
S038	J3	うん、まだ、見てないやけど。＃＃といっしょに提起されてると思う。
S039	C1	ま、前回は確かに。どういう状態ですね、たぶんいっしょに…
S040	J3	それを確認して欲しいなと思ったの。まだ開梱してないんで
S041	C1	あ、そうですか
S042	J3	＃＃＃＃＃、ただチェックシートが気になったの、日本語版できているかどうかいうのが気になって、中国語版できてるのかどうか。三台目のときはね、日本語版、見てないんですよ、ぼく。あの中国のチェックシートしか。だから気になっちゃって。これから、どっちのチェックシートで入ってくるんかなと思って。
S043	J1	日本語版で書いても
S044	J3	それは写してるだけだからねぇ。

续表

行番号	発話者	発話内容
S045	J1	なんの意味もなさんチェックシートやねぇ。
S046	J3	この中国のやつは、中国の人が、自分達で書いてるんよね。だーって。
S047	C1	そうですね。現場の女の子。
S048	J3	そうすると、こっちの方が正しいんよね。
S049	C1	品証の方はですね。いわゆる原本は、こっちです
S050	J3	原本ね。あー。
S051	C1	そして、その後は日本語版に訳して、であと、最後に○○さんが一回チェックして
S052	J3	あっ、○○さんがチェックするんだ。
S053	C1	あ、そうですね。
S054	J3	あー
S055	J1	でも、チェックシートっていうのは、ほんとにチェックしたよっていう証だから。日本語だと何の意味もなさないような。
S056	J3	いや、でも、中国語版があっても、また訳さなあかんっていう話になってくるから。大体分かる。
S057	J1	原本だけもらっておけば。
S058	C1	ちょっと、聞きましょうか。
S059	J3	うん、聞いて。一番いいのは、中国語版と日本語版もあれば、いいかもしれんね。
S060	J1	併記し合えるのが一番いいんだけど
S061	J3	これも併記したいっていえば…、なんか書いてあるね。なんか書いてある。
S062	C1	あー、書いて…
S063	J3	こっちのやつは書いてないけどね。ちょっとそこだけ確認してもらって。6台、ちゃんと付いてるんやろうねって。付いてなかったらえらいことになってしまうんで。
S064	C1	【電話中 3min12s】すみません。後でよろしいですか。あの、まだ昼休み中です。
S065	J3	あっ。そうやね。

续表

行番号	発話者	発話内容
S066	C1	すみません。
S067	J3	いつでもいいよ。はっきりすれば。はっきりして、ちゃんと入ってくれば。
S068	C1	はい。
S069	J3	はっきりしても、入ってこなかったらいかんけどね。入ってくればいい。こっちに。
S070	J1	あと、図面までは書かれてるんだけど。あの、一生懸命作ってもらったんだけど、かかえてるんですよ。なんでかかえているかって言ったら、あのー、もっと安くせいって言われてて。
S071	C1	(笑)安くするんですか。
S072	J1	うん、で、安くせいって言われてて、それは、あの●●も●●もしたいんだけど、場内の作業性の問題で組み立てやすさの改善をしなきゃいけないので、その辺のまだ操作できないので、もうちょっと待ってもらいたい。
S073	C1	分かりました。
S074	J3	何十台、50台…
S075	J1	○○さんが50台出したら、＄＄万でいいよっていうんだったら、なおさらでも出すんだけど。
S076	C1	私は言いたいんですよ。やっぱり、あの日本のお客さんとなんか、あの、いっしょに成長したりとか、あのそういうなんか、あの、やっぱりあの日本に来て、何年続けて、そういう日本の文化あるじゃないですか。
S077	J3	あるよー。
S078	C1	中国のメーカーはですね、たぶん、日本のメーカーさんは10年後のことを考えているんですけど、中国のメーカーは6ヶ月以内で金になるもの…(笑)
S079	J3	あー
S080	J1	やっぱり、いかに金があるかかぁー。
S081	C1	一生懸命、あの工場の方にはっきり言ってるんですけど。お客さんは最初に、あの、充電器の、なんか、売り上げをですね、別に目指してないんですけど。要するに、こういう製品開発して、まあ、将来性、なんか、あの、見えそうな感じで、こういう、なんか、あの、必要なコスト、キャンペーン価格とか、多くのお客さん、もっと入るように、そういうような、なんか工夫とか一生懸命、はっきりしたんですけど、すぐ向こうは、いやって、赤字になるって…

続表

行番号	発話者	発話内容
S082	J3	よくキャンペーン価格いう言葉でてきたね。聞いた？なぜか。キャンペーン価格。
S083	J1	＃＃＃＃＃。
S084	J3	あっ。そっか。
S085	C1	●●さんから50台。
S086	J3	その関係もあって、今、上のほうも、もっと改善できるんじゃないの？みたいな話に全部なってきちゃってる。
S087	C1	やっぱり●●メーカーが作るのは、なんか、作りやすく、作って。
S088	J3	●●メーカーの作りやすさというか組み立ての組み立てやすさ、を言いたいんだけど、場内の。
S089	J1	＃＃＃＃＃なんだろうねえ。ま。
S090	C1	＃＃ものは、ゴールデンウィーク前に、ほぼ、だいぶ決められますか？
S091	J1	ゴールデンウィーク明け。
S092	C1	明けですね。
S093	J3	その製作はねぇ、今期、今期、まあ、立ち上げて、あの、お客さんに受注して販売ってなってくるとあんまり時間ないね。
S094	C1	あー。
S095	J1	確かにね。
S096	J3	あんまり時間ないよね。あんまり時間ないのに、またほんとに新しい＃＃作るか。
S097	J1	新しい＃＃作って、1台作るか、10台作るか、20台作るか、そこが悩みなんですけど。
S098	J3	1台でいいんじゃないの？
S099	C1	最初ですか。最初はですね、2台作ったほうがいいです。あの、●●さん、現場に、あの、来られて、あの、ちゃんと指導していただいて、1台は、あの、溶接前の状態で、黒いモデルで全部こういう形にしてくださいって、そういう指導をいただければ、だいぶ品質が違うと思います。
S100	J3	向こうが、指摘したやつを作ってくれるという話やね。
S101	C1	70台作って、あの、2台、1台、6台、あの、そういうなんか、段取りでやっぱりあの。
S102	J1	だから、2台作って、1台日本に置けば、あとは、もう。

続表

行番号	発話者	発話内容
S103	C1	もう、そうですね。
S104	J1	あの、それに沿って作るから、2回目は、＃＃レベルまで、できるでしょう、というのであれば、2台でいいと思うんですけど、また2台作って、また次の6個作って、また品質が不安だから、また見に行ってたら…、そこなんですよね。見にいかないといかんとは思うんだけど、上の方はなんかっていうから。
S105	J3	2台あって、見本は1つあって、おんなじレベルでできました。1台日本に納めました。1台はちゃんと残しています。＃＃＃＃、これが製品レベルですよ。これを比較して、全部ここで比較して、これより＃＃したやつは、はねるというふうにしてもらわな、大変やなと思うよ。たぶん。でも、それこそ今度こそ…
S106	J1	はねるっていう工事が、●●にはできないっていうのが。
S107	J3	●●にはできないですよ。そんな、詳しくない。ねえ。
S108	C1	うん、あの、あそこは、やっぱり品証が弱い。品証がたぶん、ないみたいですね。もう、●●の分は、すべて○○さんは、あの、今日もまた行ったんですよ。溶接前にみて。
S109	J1	あっ。そうしてもらえるんだったら、あの、安心できるんですけど。だから、●●の品証は当てにならないから。○○さんが責任、●●の品質は責任持つって、だから、そうして？ねっ。
S110	C1	それで、また、あの、○○さんから品証のなんか、費用とか、人件費がアップするとか、文句言われるんですよ。
S111	J3	まあ、それは品質が安定するまでは仕方がないですよ。
S112	J1	だから、それが嫌だったら、●●にそれなりの人をちゃんと雇って育てるまでは○○さんが面倒をみるしかないんですよ
S113	C1	あー、そうですね。前も何回も言ったんですけど、あの、○○さんもいっしょに見て、品証は、ほとんど見当たらないんですよね。聞いたら、えっと、設計の人が品証も全部含めて…
S114	J1	結局は、あの、早い段階で、不良を見つけることが、トータルコストは安くなるんだから。
S115	J3	その前にあの＃＃＃＃一番いいんだけどね。
S116	C1	あ、そうですね。
S117	J1	モノを作っている上で、初期段階で不良を見つけられる視点を作らないと、将来的には、絶対、＃＃になっちゃう。

续表

行番号	発話者	発話内容
S118	J3	不良はでにくい状態にだんだんなって来るんでね。＃＃＃＃にしても、＃＃＃＃にしても、別ピースにするとか。少なくとも歪は出にくい状態になってくるんで、ある程度、改善されてるんだとは思うんですけどね。そうじゃないと、困るしね。
S119	C1	あー、やっぱりあそこは、やっぱり、言われたことはやっぱり聞きますよ。あの、少なくとも。●●の場合は、最初は、全然ダメだった。今は、まあ、ほぼ、あの、ハード設計は、このレベルだったら、まあ、大丈夫って感じ…
S120	J1	中国人はみんなO型ってきいたんだけど。ほんと？
S121	C1	O型？
S122	J1	うん。
S123	C1	えー、違います。私は、A型です。
S124	J1	えー、ほんと？
S125	C1	はい。
S126	J3	A型が一番いいんじゃないよね。
S127	J1	大雑把なら＃＃＃＃。
S128	C1	基本的に大雑把です。
S129	J1	んっ？
S130	C1	基本的には大雑把ですよ。私は中国、帰って、たぶん2、3ヶ月で、すぐ慣れるんですよ。もう、みんなは、大雑把な感じで、はい。実際は、今、えっと、現地、なんか、1台ですか、2台ですか、急速充電器。
S131	J3	急速充電器、最初2台あって、あと1台のあるので、3台あるね。
S132	C1	もうみんなお客さんのところに、全部？
S133	J3	もう行ってるね。
S134	J2	うん。動いてますよ。そうそう。まあ、初めの二台は動いてるっていうか、置いてあるだけ。
S135	C1	いま、実際に使用されているんですか？
S136	J2	今、使っています。
S137	C1	どうですか、やっぱりお客さんは？
S138	J2	まあ、どうですか、と言われたら構造的な話ではなくって、機能的に、まあ、まあ、一般的な急速充電器といっしょだから、それに対しては、いい、悪いは、あってないですね。まあ、制御的にエラーが出るとかいう話はあるんですけど、それはまあ、こちらの話なんで、だから、その＃＃が別にどうだ、ああだという話は特にないんで、いいと思います。

续表

行番号	発話者	発話内容
S139	C1	分かりました。
S140	J2	まだ一台だけなんで(笑)
S141	C1	はい、はあ、じゃあ次の6台はまだ開梱されてないですね?
S142	J3	見よう、見よう、って言われたんだけど、ちょっと別のことやっとって、見てないんです。だけど、もう見ますよ。今週、ほんとは今日見ようかって言ってたんよね。あの、例の開梱を、木枠をはずして、納入してほしい話があったじゃないですか。
S143	C1	あー、はい。
S144	J3	お金がちょっと高くなっちゃったんで、最初の○○さんの見積もりに比べると、今、全部木枠がついた状態で入ってくるもんだから、簡単に見れないでしょ?とれないからね。廃棄しちゃう感じ。で、僕らも困っちゃってるんですよ。
S145	J2	1つ、ワンセット＄＄円くらいですよね?この前いただいたやつ。
S146	C1	うーん、そうですね。
S147	J2	一つ＄＄円だったら、がんばって開けるかな、と。
S148	J3	最初、安かったんですよ。あれ、＄＄円か＄＄円しないけどね、○○さん言っとった値段はねえ。あー、これはお願いしようかーいうて、喜んでお願いしようって言っとったんや。もう、現場に話しちゃってさ。これ。これから、もう入ってこないから。これは、上は。下だけの木枠で、上とって入れてまうでー、いうて。そうですか、わー、助かりますわ！
S149	C1	要するに、製品は出荷前に●●の工場で、あの、なんかビニールを巻いて、で、下の木枠だけ、♯♯だけ、付けて。
S150	J3	上もつけて、入って、日本で解体して、●●さんが上のやつだけ取って、天井と側面を。で、納めてくれれば万々歳なんだけどね、うちとしては。
S151	C1	できないとは言えないですけど。
S152	J1	えっ。
S153	J3	でも、発送費がね。ちょっとね。
S154	J1	●●は安いって言ってましたよね。木枠は。
S155	C1	えー、●●はFOBで、要するに、あのー、船、あのー、中国の港まで、って●●、その運送費用を負担して。でー。
S156	J3	あっ、あとは、民間持ち?

续表

行番号	発話者	発話内容
S157	C1	そうですね、あとは、えーっと、船の運賃と、あと、♯♯とか、あと梱包ガラス費用、保管費用とか全部、あの、別請求で、あのー。♯♯だから、直接●●さんと交渉して。
S158	J3	あーそうなの?!
S159	C1	そうですね。
S160	J2	●●さんは中国の港まで?
S161	C1	そうですね。
S162	J1	あー。
S163	J2	うち、そんな、払えないし。
S164	J1	大変ね、そこまでやってたら…
S165	J2	うちがもしやろうとしたら?
S166	J1	うん。そういった苦労も多いから、分かってるから、できるんじゃない? うちはそういう余力がないから、困ってますな。ふーん。
S167	C1	例えば、中国で、出荷の時点で、下のベースだけ、それはだめですか。下のベースだけ、要するに、あの、パレットの。
S168	J3	うん、壊れるもんじゃなかったら、全然問題ない。
S169	J1	それは、なんか、あれ、木枠、あれ、輸出梱包っていったら、木枠梱包っていう認識で。
S170	J3	どうなのかな、と思って。
S171	C1	あっ、そんなことは、ないですね。
S172	J3	はだかでも、持ってこれるの? 輸出
S173	C1	まあ
S174	J2	〜まで持って来れれば。平気で。
S175	C1	今はですね、あのー、●●さんの製品は、下のパレットだけ、上はトランストリアックロンの提携で。で、そういう状態で入れてるんですよ。
S176	J2	ビニールで巻いて。
S177	C1	そうですね。
S178	J3	それでいいんですよ。もし、それでできるんやったら、そうしましょう.
S179	J2	以前、その梱包処理とかそんなんないですよね。

续表

行番号	発話者	発話内容
S180	C1	一回だけ、あの、倒れてて。(笑)
S181	J3	まあね、倒れることはないよね。あれは。
S182	J2	トランスはないから。木枠にするだけで、中の処理って。
S183	J1	木枠にしたからっていって、倒れる、倒れない、関係ないよね。
S184	C1	高さ、その高さで大丈夫かな。微妙ですね。
S185	J3	下枠はつけてもらわないかんけどね。
S186	J1	だから、木枠があろうがなかろうが、何が心配かっていったら、なんか、フォークで突きささー。
S187	C1	あー、そうですね。傷とか。
S188	J3	でも、＃＃＃ことがないと、傷つかんよな。パレットに入れて、持ってこれたの？
S189	C1	でも、トランスの…
S190	J3	コンテナに載せて、持ってこれたの？
S191	C1	でもトランスの場合はですね、私がみた、ここ下は、あの、その、パレットじゃないですか。上はトランス。このトランスの移動したら駄目じゃないですか。下の、なんか、パレットと、なんか、ボルトでくっつけていたんですよ。
S192	J3	ずれんようにね。
S193	C1	はい、ずれないように。
S194	J1	今も、そうやってやってるから。
S195	J3	うちの＃＃もそうやって、トルトマスターで。
S196	C1	あーそうですか。
S197	J3	ねえ。
S198	C1	だったら、出荷の時点でビニール。
S199	J3	そうそうそう。
S200	C1	あー、心配するのは、あのガンボックスあるじゃないですか。あれが、ちょっと揺れで、なんか、ぶつかったりとか、大丈夫ですか。
S201	J1	あの一応、それも。
S202	C1	それとも、そのガンボックスを外した状態で？

续表

行番号	発話者	発話内容
S203	J1	この木枠は、ガンボックス付けててもらって、(木枠に)こういうふうな、あれ、これ、木枠組んどってもらったらずっといい。
S204	J3	だから木枠が大きいんですよ。
S205	C1	そうですね。
S206	J3	ガンボックスの中で♯♯♯。そういうふうな木枠っていうのをやってもらえれば、全然おっけーなんで。ちょっと、聞いてもらえません?
S207	C1	分かりました。
S208	J3	そうすると、向こうで、木枠でやる手間暇もなくなって、傷さえつけなければ、うちも嬉しいし、そっちも嬉しい。
S209	J2	木枠梱包代だって、馬鹿にならないでしょ。
S210	C1	そうですね。
S211	J2	輸出梱包の場合は、木枠がマストっていうわけではないんですよね。絶対木枠じゃないといけないっていうわけじゃないんよね。
S212	C1	うんうん。そういうきまりはないですね。
S213	J1	気になるのは、木枠に、重さとか、書いてあるかな? なんか、輸出でよくやってあるような。
S214	J2	あの住所とか。
S215	C1	あー。
S216	J2	その辺の記載をどうするかっていう問題ですね。
S217	C1	記載は、今ですね、あの、うちは、えっと、要するに、プリントして印刷して、ビニール巻いてるんじゃないですか。ビニールの上に、あの、例えば、一回巻いてて、で、貼り付けて、もう一回ビニールで巻く。
S218	J2	それでいいなら、それは、実際はそうやってるんですよね? ビニールで。
S219	C1	はい、実際はそうですね。
S220	J2	やってるんですよね。
S221	J1	それは、コンテナから出さないっていう、お客さんのところまで、コンテナで運ぶという条件で。
S222	C1	いや、そうじゃないです。あの、一回、あの、港に着いて、でー、コンテナから出して、でー、●●さんの倉庫で。で、あのトラック上に載せて、で、発送するんです。コンテナから出しますね。実際は、コンテナは、コンテナごとに確かにあるんですよね。要するに、コンテナごとお客さんのところに送るとか。ありますね。

续表

行番号	発話者	発話内容
S223	J2	傷、傷なんですよね。
S224	J1	そうそう。傷が心配。
S225	C1	そこは心配です。
S226	J2	＃＃＃＃っていえるのか、分からないけど。
S227	J3	でも今ってね、えーっと、ビニール袋の中やったか、外か忘れたけど、あの、やわらかいクッション、でっかいクッションばっかりで囲ってあるでしょ?
S228	C1	あー。はい。
S229	J3	あれって、ビニールの中でした? 外でした?
S230	J2	なか、なか、なか、なか。
S231	C1	なかー、中です。
S232	J3	中にクッションを、分厚いやつに、そのでっかいやつの。
S233	C1	緩衝材ですか。緩衝材。
S234	J3	緩衝材みたいな、ちょっと分厚いやつが。あれにビニール被せとるぎ、結構いいよね。あれ。
S235	J1	傷がつかない。
S236	J3	そう、そう、そう、そう。結構いい。ただのビニール袋のあれじゃないんで。
S237	J1	あー。
S238	J3	意外といけるかもしれないな。やりたいな。
S239	J1	うーん、もし、それだったら。木枠梱包代が1万円下がりそう。
S240	J3	一万円だけ?（笑）
S241	J2	ほんとに下げろって去年言われてて、このあたり。困ってるんですよ。ちょっとでもそういう。
S242	J1	○○さんが上げろ上げろっていうから。○○さんは利益＃＃＃＃。
S243	J2	トランスが思いの他、最近高くなってきて、日本メーカーも、その値段で作れちゃうんですよ。
S244	C1	あー、確かにね。あのー、あのー、みせたんですよ。あのー、あのー、うちのジャパンのメンバーに、あのー、一応こんな値段ですから。○○さんはふざけるなって。

続表

行番号	発話者	発話内容
S245	J2	そうですよ。だって、同じ値段で変わらなければ、トランス、日本で同じ値段で買えますもん。
S246	C1	そうですね。で、実際は、えっと、やっぱり、○○さんのところは、あのー、小さいトランスは、基本的には、もう、あの、3000台とか。
S247	J1	うーん。いや、いいことないよ、それは＃＃＃＃。
S248	C1	あのー、あのー、私の立場といえば、あの、＃＃はこの仕事はやりたくないとか。もう、そんなのですよ。でもあのー、一回○○さんは、あのー、もっと下げる余地がありますが、で、実際は、あのー、図面とかまだ作成してないんで、着手してないので、たぶん少しくらいは、まあ、下げる余地はあると思うんですよね。
S249	J2	うん、最近それー、○○さんも、やっぱり、えーって言うぐらいなんで、自分もそう思ってるし、まだ下がる余地は全然あると思っていて。
S250	C1	あの、○○さんの希望価格は、ありますか？
S251	J2	ありますよ、＄＄万。
S252	C1	＄＄万?!
S253	J2	＄＄万、トランスだけですよ。
S254	C1	あ、6キーウェーの？
S255	J1	ふーん、あっ、6キーウェー?!
S256	C1	あっ、違うの？あのー25キーウェー。＄＄万。
S257	J2	6キーウェーもびっくりしちゃって。なんで、＄＄万もかかるんだって思って。日本で、と思ったら、＄＄万以下で作れる。
S258	C1	あ、そうですか。＄＄万円くらい？
S259	J2	＄＄万＄＄千円だったかな。＄＄万＄＄千円で、日本でだったらコスパが安いから、あの中国で作らした方が安いは安いんですけど、
S260	C1	要するに、外注で中国のメーカー。うん、確かにね。
S261	J2	同じスペックで、見積もり取ったら＄＄万＄＄千円でした。
S262	C1	それは単価ですか？
S263	J2	300台ロットで、あのー、この前、見積もりっていうか聞いたのが、中国だと、＄＄万って言ってきて、どうしちゃったんだろ？と思って、最近。
S264	C1	あれは、どこのメーカーさんですか？

续表

行番号	発話者	発話内容
S265	J2	えーっと、北一、北一なんとか。
S266	C1	あー、北京周辺ですね?
S267	J2	うんー。なんか。
S268	C1	あー。やっぱりちょっと、違うんですよね。あそこなら、まあ、人件費は少し、あの、広東省と比べたら、今年は大変ですよ。あのー、人材募集の、あのー、部署は大変です。もうあの、専門学校の学生まで手を出して。
S269	J2	いま?
S270	C1	うん、あのー、もう卒業して、すぐうちに来て、あのー、その3年間の学費は一括でお渡ししますって。
S271	J2	うんー。来て下さいって?
S272	J3	行こうか。
S273	J1	ちょっと中国＃＃＃＃
S274	J3	中国の給料って25%アップって言ってなかったっけ?
S275	C1	去年は、一回、6月に、あのー、広東省だけ、要するにそのー、なんか、あの、沿海都市とか、まあ、その政府の指導ですよね。日本みたいな感じで、最低賃金、改定しています。で、改定あって、今年は年明けて、やっぱり内陸の方は、どんどん減っていて。まあ、広東省だけで、12万、13万人くらいですね。製造業の人は足りないんで。ほとんどなんか、奪い合っていて、一応きて、やっぱりあの、新入社員は25%上げて、やっぱり、あの、その熟練者は、もっと上げなきゃ。
S276	J3	もうびっくりしちゃったもん。へえーとかいって。～
S277	C1	まあ、除々に内陸の方に移すんですね。

图书在版编目(CIP)数据

新时代商务日语教育体系构建与教材开发：日文／仇文俊著．—南京：南京大学出版社，2021.8
（花津学术文丛／张德让，张孝荣主编）
ISBN 978-7-305-24377-6

Ⅰ．①新… Ⅱ．①仇… Ⅲ．①商务－日语－教学研究－日文②商务－日语－教材建设－日文 Ⅳ．①F7

中国版本图书馆 CIP 数据核字(2021)第 079178 号

出版发行	南京大学出版社
社　　址	南京市汉口路 22 号　　邮编　210093
出 版 人	金鑫荣
丛 书 名	花津学术文丛
主　　编	张德让　张孝荣
书　　名	新时代商务日语教育体系构建与教材开发
著　　者	仇文俊
责任编辑	张淑文　　　　　　　　编辑热线 025-83592401
照　　排	南京开卷文化传媒有限公司
印　　刷	江苏凤凰数码印务有限公司
开　　本	718×960　1/16　印张 20.75　字数 280 千
版　　次	2021 年 8 月第 1 版　2021 年 8 月第 1 次印刷
ISBN	978-7-305-24377-6
定　　价	85.00 元

网　　址：http://www.njupco.com
官方微博：http://weibo.com/njupco
微信服务号：njuyuexue
销售咨询热线：(025)83594756

＊版权所有，侵权必究
＊凡购买南大版图书，如有印装质量问题，请与所购
　图书销售部门联系调换